KB160476

나는
캐나다에서
일한다

나는 캐나다에서 일한다

더 나은 삶을 향한 한 가장의 해외 취업, 이민 생존기

초판인쇄 2019년 11월 11일
초판발행 2019년 11월 11일

지은이 이홍구
펴낸이 채종준
기획·편집 이아연
디자인 김예리
마케팅 문선영

펴낸곳 한국학술정보(주)
주소 경기도 파주시 회동길 230(문발동)
전화 031 908 3181(대표)
팩스 031 908 3189
홈페이지 http://ebook.kstudy.com
E-mail 출판사업부 publish@kstudy.com
등록 제일산-115호(2000. 6. 19.)

ISBN 978-89-268-9668-6 03990

더 나은 삶을 향한 한 가장의
해외 취업, 이민 생존기

나는 캐나다에서

I work in Canada

일한다

이홍구 지음

이담
BOOKS

    온 세상이 마치 무슨 큰 격변이라도 날 듯이 걱정거리의 소용돌이에 휩싸여 있던 2000년을 코앞에 두던 때였다. 그해는 수많은 한국의 직장인들이 Y2K를 핑계로 북미지역으로 진출하던 때였다. 마치 유행에 휩쓸려 남들 다 하는 대로 기웃대며 헤드헌터와 인터뷰하던 때였으니 말이다. 남들처럼 해외로 나가 일하기 위한 노력을 기울였지만, 한 번의 도전과 실패에 좌절하게 됐다. 그 후로는 여느 직장인들처럼 아주 평범하고 매우 바쁘게 돌아가는 회사 생활에 몰두했으나, 그때의 욕망은 굴뚝에서 사라져버리는 연기처럼 아주 날아가 버렸던 것은 아니었다.

    사실 뿌리 깊은 대가족 문화의 사상이 아직 곳곳에 남아 있는 한국 사회에서 혈연을 버리고 바다 멀리 떠난다는 것은, 이미 초음속 비행 시대에 접어들었음에도 한국에 남아 있는 가족과 친지들에게 죄스러움을 온전히 떨쳐버릴 수는 없는 일이었다. 그러나 그런 송구함을 뒤로하고, 내가 탄 배는 누가 움직여 주지 않고 나 스스로 키를 잡아야 앞으로 나아간다는 명확한 명제와 누가 뭐라 하든 그 중심을 내가 부여잡고 똑바로 서야 역사가 바로 선다는 나만의 개똥철학이 비교적 늦은 나이에도 낯선 해외 생활을 시작할 수 있었던 추진력이 되었다.

이국적인 낯섦과 고립된 외로움에 간혹 안정적이었던 한국의 대기업 시절이 그립기도 했으나, 강산이 조금 변할 만큼 살아온 캐나다 생활도 어느덧 조금씩 자리를 잡아 갔다. 그리고 이제는 글로써라도 캐나다 이민 생활을 정리하는 작업을 해야 할 때가 된 듯하여 이 책을 통해 갈무리하기로 마음먹었다.

이제는 어디든지 손끝에서 시작되는 인터넷 덕분에, 머나먼 여정을 준비하려 하는 사람 누구든 많고 많은 인터넷의 정보들을 쉽게 찾을 수 있게 되었다. 하지만 이민 생활 그 이면에 있는, 아무나 접할 수 없어 쉽게 드러날 수 없는 내밀한 감정과 애환은 나의 이 글을 통해 전해지기를 기대한다. 이를 통해 떠남에 관심 있는 그들의 결정에 다소나마 도움이 된다면, 그 정도로 이 책의 효용 가치는 있으리라고 자부한다.

2019년 9월
와 보면 살 만한 동네
토론토에서

Contents

Chapter 3 해리스! 두 번째 신입사원

이 부장,
캐나다로
떠나다!

Canada

01
10년 후, 다시 시작

○ ○ ○

"떨어졌습니다. 우리는 아니래요."

실패했다. 일·이십억이 아닌, 세 자리를 훌쩍 넘어가는 사업이었는데 수주하지 못했다. 영업 담당 직원이 와서 굳은 표정으로 어렵사리 한 마디 던졌다. 바람 빠진 헛웃음이 나왔지만, 얼굴 근육이 뒤틀어져서 나도 모르게 무표정하게 온몸이 굳어 버렸다.

이런! 지난 연말부터 벌써 몇 달 밤낮을 새우며 일을 해 왔다. 하늘하늘 분홍 꽃잎 휘날리는 벚꽃축제도 한번 가 보지 못했다. 동료들 모두 사무실을 내 집 안방 삼아 몇천 페이지 서류들을 글자 하나하나 교정해 왔다. 입이 터지도록 발표 연습하고, 울고 웃고 서로 싸우기도 하고, 큰소리를 치기도 했다. 얼마나 공을 들였던 일이었는지 아득할 정도였다.

나는 회사에서 공공사업부에 속해 있었다. 정부 또는 공공기관에서 규모 큰 어떤 일을 하고자 할 때 외부에 입찰하는데, 사기업에서는 어떤 사업이냐에 따라 관련된 사람과 자원을 모으고, 자금을 모아 계획을 세워 사업에 입찰해야 한다. 그러면 정부 기관에서는 입찰한 업체들을 평가해서 그중에서 기술력이 가장 높고 입찰액이 적당한 기업을 선택한다. 선택된 업체는 정부 기관의 돈을 받고 정해진 기간 동안 사업을 수행하게 된다.

이번 사업은 국가위성센터를 건립하는 데 근간이 되는 정보 인프라를 구축하기 위한 사업이었다. 회사에서는 처음 시도하는 위성 관련 사업이라서 새로이 진입하려고, 전사 차원에서 많은 공을 들인 중요한 사업이었다. 계절이 두어 번 바뀌면서 추진해 온 노력이 얼마인데 어떻게 그걸 실패했을까. 낙망한 영업담당 직원의 무너진 표정과 한 마디에 다리에 힘이 쭉 빠졌다.

우리처럼 을의 처지로 몇십억 넘는 공공기관 사업을 수주하려 몇 달을 진군한 직장인들에게는 수주결과가 발표되는 그 하루를 위해 몇 번의 계절을 넘어 고생하는 것은 일상적인 일이었다. 서로 마음을 졸이다가 다른 회사들을 제치고 수주할 때 고객으로부터 최종 통보를 받는 그 기분이란, 말로 표현할 수 없다. 하늘로 바로 날아갈 수 있는 기분이다. 그리고 그날은 여기저기서 축하 인사를 받고, 상사가 띄워주는 구름 위로 올라가 보고, 술 한잔 진탕 마시는 날이다. 물론 그날 딱 하루 그 기분으로 한잔하는 날이다. 다음날부터는 또 전투대형으로 일 년 내내 다시 고된 일에 집중해야 한다. 그래도 수주를 하면 일하느라 고생한 보상을 받은 것이니 직장인에게는 그 또한 즐거움이 아닐까. 그렇기에 이러한 즐거움도 못 보고 고생만 했던 일은 낙담할 수밖에 없는 일이다.

하지만 세상살이가 그런 걸 어쩌겠나. 골이 있어야 봉우리도 높은 법이거늘. 나 자신도 이번 사업을 수주하게 되면 그 이후 적어도 최소한 일 년 넘게 사업이행 프로젝트 매니저로 일해야 했는데, 갑자기 당장 할 일이 없어지게 됐다. 회사에서는 어디로든 나를 새로운 일거리가 있는 곳으로 배치하겠지만, 짧게 하루 이틀 공백이 생기는 것은 어쩔 수 없었다. 이왕 이렇게 된 거 천천히 작업을 마무리하면서 다음 프로젝트를 구상해야겠다고 생각했다. 그래, 좀 쉬어가자는 마음이었다.

그렇게 오랜만에 여섯 시만 되면 땡 하고 퇴근할 수 있는 여유를 맛보면서, 불현듯 이대로 계속 직장생활을 하다간 몸이 견뎌낼 수 없는 한계치에 도달할 것 같다는 생각이 들었다. 그와 함께 그동안 맨 밑바닥에 숨겨 놓았던 나의 꿈이 마치 소나기를 맞은 들풀처럼 살아나고 있었다. 그건 마치 오래전부터 머릿속에 잠들어 있었던 등대의 반짝임 같았다. 그래! 더 늦으면 이젠 평생 기회가 없을 것 같았다. 그렇게 오래된 미완의 꿈들이 다시 꿈틀대기 시작했다. 생각나는 지금 바로 실행에 옮겨야 후회가 없을 것이라고 내 머릿속에서 누군가 속삭이고 있었다. 그리고 바로 책상에서 자리를 박차고 일어났다.

1998년 여름. IMF의 혼란 속에 대한민국은 불확실성과 불안한 사회 분위기를 안고 그 시기를 위태로이 지나가고 있었다. 이런 사회적 분위기에 편승하여 직장에서도 구조조정이라는 피치 못할 칼바람이 불었다. 그에 따라 소위 블랙리스트가 유령처럼 떠돌아다녔다. 오히려 회사에서는 아무도 거스르지 못하는 분위기를 역이용하여 정리해고를 즐기는 것처럼도 보였다. 평생 직장에 대한 고정관념이 여지없이 깨지고, 그에 따라 거대한 회사에서의 톱니바퀴 나사와 같은 역할을 거부하려는 움직임도 거세졌다. 각자의 미래와 가족의 행복을 위해서는 암묵적으로 어떤 결단도 할 수 있다는 분위기가 팽배해진 것이다.

때마침 새로운 세기를 앞두고 IT 업계에서는 또 하나의 큰 과제가 시간을 다투며 밀려들고 있었다. 2000년 21세기, 그리고 1999년은 그 마지막 기회의 시간이었다. 북미권에서는 Y2K라는 거대한 프로젝트가 진행 중이었고, 그에 따라 새로운 사업은 잠시 접어두고 모든 인력은 목전에 닥친 귀찮은 치다꺼리에 골머리를 앓아야 했다.

Y2K는 1950년대 생긴 컴퓨터 처리 과정에서 연도표시에 오류가 발생하는 걸 막기 위한 대규모 프로젝트였다. 이전 컴퓨터 프로그램에서는 두 자릿수로 사용했기 때문에 발생한 문제다. 예를 들어 1983년은 '83', 1990년은 '90'과 같이 사용하는 경우다. 두 자릿수가 꽉 찬다는 생각은 너무 머나면 이야기라서 본인이 일하고 있는 동안은 닥치지 않을 거라는 막연한 생각을 했었다. 그러던 것이 90년대 말에 오니 1999년 다음 2000년, 즉 00년이 되어

버리는 시기가 이삼 년이면 다가오게 된 것이었다.

 그에 따라 모두의 발등에 불이 떨어졌다. 99 다음에는 100이 되어야 하는데 00이 된다면 프로그램이 오작동해서 큰 혼란을 야기할 것이라는 주장이 있었기 때문이다. 우리나라에서도 많은 프로그래머가 97년 즈음해서부터 두 자릿수를 네 자리, 2000으로 넓히는 작업을 시작했었다. 모든 기업에서 미리 대응을 잘 했기 때문에, 실제로 2000년 새해 자정을 넘긴 시점에는 사회적으로 큰 혼란은 생기지 않았다. 안양의 한 아파트단지에 보일러 시설에 쓰인 숫자가 00으로 바뀌어서 단지 내 난방시스템이 오작동하여 주민들이 추위에 떨었다는 뉴스 정도를 보았던 기억이 난다.

 이러한 이유로 98년부터 99년에 이르는 시기는, Y2K 프로젝트 때문에 북미권에서 프로그래머 수요가 폭발적으로 늘어나 아시아권의 프로그래머까지 손을 뻗치게 된 시기였다. 수많은 잡 에이전시들이 한국으로 몰려왔고, 마치 골드러시 때처럼 프로그래머들은 유행처럼 해외 이주를 위해 떠나갔다.

 나 역시 예외는 아니었다. 여기저기 이주공사, 잡 에이전시들을 접촉해서 인터뷰를 진행했다. 그에 따라 결국 한 군데 오퍼를 받기에 이르렀다. 한국에서도 꽤 알려진 '컴퓨웨어'는 콜로라도 한 도시의 지사에 근무하게 될 13명을 선발하였다. 그들은 모든 수속을 밟고 99년 초부터 Y2K 프로젝트에 투입되었다.

 그런데 문제가 생겼다. 다른 12명은 모두 정상적으로 수속을 밟은 후 초청장을 받고 비행기 표를 끊었는데, 나의 서류는 보류되었다는 메일을 받았기 때문이다. 무슨 일인가 알아보니, 학부 전공은 문과 출신인데 지금 하는 일은 전공과 상관없이 프로그래밍이었던 게 문제였다. 물론 한국에서도 그렇지만 서양 문화권에서는 전공과 현직의 하는 일이 다른 경우가 별로 없어서 기본 자질에 의문을 표시한 것이다. 한국 측 에이전시에 문의하니 회사 기준에 맞는 추가서류를 첨부하면 문제가 없다고 답변받았다.

그들이 요구하는 추가서류는 담당 매니저의 추천서, 선배의 추천서, 관련 기술교육을 받은 명세서, 각종 IT 협회에 등록된 회원증 등의 몇 가지 서류였다. 기술 인터뷰, 대면 인터뷰 등을 모두 거쳐서 선발했으면 됐지, 인제 와서 또 무슨 추가서류인지 답답했다. 그렇지만 어쨌든 내가 을이고 회사가 갑이니 군말 없이 추가서류를 준비해 제출했다. 그렇게 백방으로 여기저기 돌아다니며 보완서류를 마련해 다시 접수하고 또 보내야 했다. 요즘처럼 온라인 서류발급 같은 것도 없던 시절이니, 발품을 팔아 하나하나 준비해야 해서 꽤 시간이 소요됐다. 남들보다 거의 한 달 넘게 추가서류를 준비해 항공편으로 보내니, 겨울은 가고 개나리 피는 봄날이 찾아왔다.

먼저 출발한 사람들에게 연락해 보니, 그들은 이미 일을 시작했다고 했다. 회사에서 제공한 숙소에서 가족들과 함께 새로운 정착 생활에 적응하느라 정신없는 듯했다. 회사 측과의 몇 번의 무응답과 지루한 재촉 메일이 오고 간 후, 한참의 시간이 지난 다음 다시 이메일 한 통을 수신했다. 어느 정도 Y2K 사업이 끝나가고 프로그래머 수요가 갑자기 위축되어 나와의 계약을 해지하겠다는 내용의 메일이었다. 시작도 하지 않았는데 계약을 해지하겠다는 건 무엇인지 이해되지 않았다. 황당한 처우라 생각해 항변할까도 생각했지만 힘없는 을로서 할 수 있는 건 없었다. 그렇게 몇 달 동안 준비한 이민 계획은 자연스레 사그라졌고 다시 회사 생활에 충실하기로 했다.

그리고 십 년 후, 때마침 열리고 있던 해외 이주 관련 세미나를 찾게 되었다. 그리고 이주공사 부스에서 캐나다 이민을 상담해 주는 담당 이사가 나의 사정과 환경을 다 듣고 두 가지 옵션을 제시해 주었다.

첫째, 독립 이민이다. 약간의 투자금이 있으면 바로 캐나다 뉴브런즈윅(New Brunswick)으로 가서 기업(기업까지는 아니더라도)으로 혼자서 직원 몇 명을 두고 작은 자영업을 해서 영주권을 받을 수 있는 방법이었다. 하지만 뉴브런즈윅은 대서양 동부에 바로 인접한 주였기 때문에, 캐나다 중심부에서 꽤 멀다는 단점이 있었다. 또, 가더라도 막상 할 일도 많지 않고 기후 환경도 눈이 많고 겨울이 길어서 그다지 좋은 조건은 아니었다. 우선 매달 나오는 월급을 가지고 다달이 먹고사는 월급쟁이 수준에서, 들여야 하는 약간의 투자금이 부담됐다. 더구나 적어도 2년 이상은 뉴브런즈윅주 안에서 살아야만 한다는 것도 부담이 됐다. 처음 들어보는 뉴브런즈윅이라는 곳을 살펴보니 주도(州都)는 프레드릭톤이고, 몽톤이라는 프랑스풍인 듯한 도시가 주요 도시인데, 두 도시를 합쳐봐야 인구가 십만 명이 안 된다고 했다. 한인은 기껏해야 두 자릿수를 넘지 못한다고 했다. 만만치 않다는 느낌이 들었다.

그렇다면 둘째로, 기술 이민이다. 이는 캐나다에서 요구하는 일련의 해외

숙련 기술자를 대상으로 정해진 점수를 넘으면 신청할 수 있는 방법이다. 일련의 숙련된 기술자는 요리사, 화공 약품 기술자, 석유기술자, 광산기술자, 치과의사, 약사, 항공우주 기술자, 컴퓨터 프로그래머, IT 매니저 등이 포함된다. 당연하게도 쉬운 결정을 내렸다. 어쨌든 내게는 부담이 되는 투자금에서 벗어날 수 있는 기술 이민을 택하기로 한 것이다. 더하여 IT 프로젝트 매니저가 지금까지 회사에서 해 오던 일이었으니까. 문제는 기술 이민을 위한 캐나다가 요구하는 점수에 나의 경우를 대입해 보니 2점이 부족하다는 점이었다.

이주공사에서는 일단 지금 신청을 하면, 서류 검토하는데 약 일 년의 시간이 걸릴 테니 그동안 열심히 공부해서 부족한 2점을 영어점수에서 채워 넣자고 제안했다. '2점 정도야 조금만 공부하면 되겠지!' 하는 마음에 기술 이민으로 서류를 준비해 제출했다. 하지만 그때에는 일 년 동안 영어점수 2점 높이기가 얼마나 어려운 일인지 알지 못했다. 그렇게 서류를 다 준비해서 제출한 후, 여름의 시작과 발맞추어 주중에는 회사 생활, 주말에는 영어 학원과 도서관을 오가며 씨름하는 생활이 시작되었다.

02

반복되는 아이엘츠(IELTS)

○ ○ ○

오늘도 시험을 봤다. 어김없이 합격에 대한 중압감이 밀려온다. 점점 조여 오는 마감 시간에 대한 압박, 반복되는 실패에 따른 작아진 자신감이 시험 장으로 향하는 걸음을 더욱 무겁게 했다. 벌써 몇 번째 보는 아이엘츠(IELTS, International English Language Testing System) 시험인지 모르겠다. 캐나다로 갈 수 있는 티켓을 받기 위해 모자란 2점을 메우기 위해 기약된 1년의 기간이 이제 거의 종착역에 다다랐음을 느꼈다.

캐나다는 영연방국가여서 영국에서 전해진 체계들이 사회 전반에 많은 부분에서 적용되고 있었다. 아이엘츠도 영국에서 만들어져서 영연방국가 언어 시험에 많이 사용되고 있다. 아이엘츠는 구체적으로 4가지 영역으로 구성되는데, 읽기, 쓰기, 듣기, 말하기로 세분된다. 간단하다. 어느 정도 읽어서 해독할 수 있고, 논리적으로 쓸 수 있으며, 대화를 들을 수 있고, 상대방과 말을 할 수 있으면 된다. 그런데 영어로 해야 하니 간단하지는 않다.

읽기(Reading)는 한국 사람들이 강세를 보이는 과목이다. 중고등학교 때부터 영어 교과서로 읽고, 시험 문제도 대부분 영어 지문을 읽고 답을 하는 것이라서 단련이 잘 되어있다. 대학수학능력시험의 일부분이라고 생각하면 된다. 객관식 사지선다형이라는 점도 똑같다.

쓰기(Writing)는 어떤 주제를 주면 그에 대해서 자기의 견해를 조리 있게 쓰는 것인데 기승전결 논리 구조를 잘 갖추어서 써야 하고, 꽤 많은 연습을 해야 좋은 점수를 받을 수 있다. 한국에서는 그리 많이 해 보지 않은 부분이라서 별도로 이에 대한 강의를 들어서 익숙해지는 것이 중요하다. 보통 두 가지의 쓰기 문제를 주는데, 예를 들면 내가 실제로 시험을 본 문제는 아래와 같은 것이었다.

"비행기에 물건을 두고 내렸다. 관계자에게 편지를 보내시오."

첫 번째 문제는 이처럼 짧고 간단한 편지형식을 요구하는 것이었고, 두 번째 문제는

"방과 후 수업의 장단점에 대하여 논하시오."

이렇게 중편의 작문을 요구하는 문제였다. 작성자의 생각과 주장이 있고, 그 주장을 뒷받침하는 논리를 기승전결 구조를 갖추어 한 줄 한 줄 채워야 하는 문제였다.

듣기(Listening)는 방송에서 나오는 대화나 지문을 듣고 그에 대한 답을 선택하는 것인데, 우리에게는 익숙지 않은 영국식 발음이라서 BBC와 같은 영국 영어에 익숙해야 한다. 혹은 가끔 호주 영어로도 출제가 되기 때문에 호주 영어에 대한 훈련도 많이 필요하다.

말하기(Speaking)는 시험관과 영어로 주고받는 일대일 대화를 통해 평가받는 것이다. 간단한 단답식 1단계 질문과 특정한 주제를 주고 자기 의견을 말하는 2단계 응답으로 진행된다.

지난 1년간 주말엔 IELTS 학원에 다니고, 스터디 그룹에서 공부하고, 한 달에 최소한 한 번 이상 시험을 보는 반복적인 생활을 했다. 오직 모자라는 2점을 채우기 위해서였다. 대사관에 시험 점수를 제출해야 하는 마지막 날짜는 다가왔지만 좀처럼 평가점수는 올라가지 않았다. 이제는 초조하다 못해 거의 포기할 수준까지 다다르게 되었는데, 오늘은 데드라인을 앞두고 마지막 시험을 치렀다. 마지막 시험에서 평가점수 2점을 올리지 못하면 캐나다행은 물거품이 되는 상황이었다. 여기서 아예 모든 게 끝장난다는 생각에 절박해졌다.

그리고 2주 만에 시험 점수가 나왔다. '내 인생은 그렇게 쉽게 실패하지는 않을 거야'라는 막연한 기대감을 가질 수밖에 없었다. 그런데 각 과목 점수는 조금씩 올랐지만 기대와 달리 전체 평가점수는 그대로였다. 즉, 부족한 2점을 채우지 못했기에 캐나다는 가지 못하게 됐다는 의미였다. 아⋯⋯. '인생이라는 게 이렇게 잔인하게 실패하게 될 때도 있구나' 하고 생각했다.

돌이켜 보면 조금 아깝다는 마음이 생긴다. 실제로 아이엘츠 점수를 산정하는 방식이 그해를 기준으로 변경되었는데, 그 작년까지는 개별 과목 점수의 총점을 평균으로 최종점수가 결정되었고 올해부터는 단순 총점의 평균점수로 산정하도록 변경된 것이다. 각 과목 점수를 개별 산정해서 더하는 이전 방식으로 나의 점수를 계산하면 턱걸이일지라도 통과할 수 있었다. 그런데 바뀐 방식으로 적용하니 아쉽게도 탈락하게 된 것이다.

이주공사에 점수를 통보하며 그런 아쉬운 이야기를 했더니, 원칙적으로 불가능하긴 하지만 되든 안 되든 캐나다 대사관에 편지로 읍소해 보자고 했다. 그냥 나를 위안한다고 해 주는 얘기라 들어봐도 말도 안 되는 이야기지만, 또 한편 지푸라기라도 잡는 심정으로 편지를 준비해서 대사관에 보냈다.

그리고 몇 주간 잊을 만하게 지내고 마음을 다잡고 있었는데 이주공사에서 연락이 왔다. 십 년 전 한 번 경험했던 터라 이번에도 역시 공식 취소통보를 전해 주는가 싶었다.

"이 선생님! 이 선생님! 대사관에서 영주권 통과됐다고 연락이 왔어요!"

들떠 있는 목소리가 전화기 너머로 전해진다. '어! 이건 뭐지? 어떻게 그럴 수 있을까?' 순간 아무 생각도 나지 않고 오히려 차분해졌다. 그럼 캐나다로 갈 수 있게 된 걸까?

"네? 정말요?"

전화를 받긴 했지만, 반신반의하면서 바로 이주공사로 달려갔다. 사무실 문을 열고 들어가자마자 이사님이 대사관에서 온 레터를 내어 주었다. 이번엔 좀 달랐다. 레터 처음에 '웰컴'으로 시작되는 문장이 보였다. 캐나다 대사관에서 나의 억울한 사정을 고려하여 이민수속을 통과시키니, 잘 준비해서 캐나다로 오라고 했다. 이번에는 감격스럽지도 않고 허탈했다. 이제 포기하고 조용히 살려고 마음을 다잡았더니, 오히려 나보고 캐나다에 이민 와서 살라고 하는 것 같았다. 이런 허무한 사례도 있을까?

그 후로 캐나다에 이민 와서 살면서 느낀 것은, 캐나다 사회에서는 혹여 안 될 듯한 일도 반드시 규정대로만 진행되는 것이 아니라는 점이었다. 개별 사람들의 사정을 고려해서 합리적으로 처리하면서 오히려 규정을 고쳐나간다는 걸 알게 되었다. 즉, 사람이 만든 규정과 법률이지만 실제로 실행하는 과정에서 비합리적이거나 맞지 않는 부분이 발생하면 규정을 고쳐가면서 사람이 살 수 있는 방향으로 해결해 간다는 점이었다. 맞는 얘기 같았다. 사람이 먼저고 제도는 그 아래, 사람과 사람의 행위를 지원하기 위해 만들어진 것이기 때문이다.

나보다 더 기뻐해 주는 이사님에게 감사의 인사를 하고 나오자 하늘로 향해 곧게 뻗은 플라타너스가 보였다. 캐나다에서는 어떤 가로수가 나를 맞을까? 갑자기 캐나다가 막연히 좋아지려고 했다. 그리고 이제 긍정적인 마음과 기대를 하고 캐나다로 떠나기 위한 준비가 본격적으로 시작되었다.

03

얼마를 가지고 가면 될까?

○ ○ ○

준비할 것이 한둘이 아니었다. 짧은 기간의 여행이라면 몇 가지는 빼놓을 수 있다. 하지만 이제는 그런 여행하고는 차원이 달랐다. 이제 출국하면 언제 돌아올지 모르는 기약이 없는 여행이었기 때문이다. 사람의 일이라는 게 한 치 앞도 모르는 것이라서 백일 만에 돌아올 수도 있고, 그렇지 않고 아예 오지 않을 수도 있었다. 정해진 기약이 없으므로 아예 오지 않는다는 가정을 하고 준비를 해야 했다. 비행기도 왕복으로 끊을 필요가 없었다. 그런 마음가짐으로 준비하려니 모든 부분이 아쉬웠다.

한국에서 살던 이삿짐을 보내야 하는데 큰 짐들이 있어서 당연히 선박 편으로 보내려 했다. 선박은 적어도 한 달 넘게 걸린다고 했다. 나의 이삿짐은 한국에서 화물선을 타고 태평양 건너 대륙의 서쪽 끝 밴쿠버에 도착하고, 거기서 트레일러로 갈아타고 동쪽 끝 토론토까지 가야 하는 험난한 여정을 보내야 했다. 토론토에 도착해서는 창고에 넣어 놓을 테니 집이 정해지고 입주하는 날을 알려 주면 때맞춰서 보내 주겠다는 답변을 받았다.

해외로 이삿짐을 보낼 때, 대부분의 사람은 혹시 몰라서 이것저것 다 챙겨서 짐을 부치고 화장지, 라면, 옷가지 등 많은 한국 제품들을 새로 사서 보내기도 한다. 그런데 배로 운송을 하다 보니 무게는 고려사항이 아니고 부피로 견적을 내서 보내게 된다. 그것도 꽤 큰 운송비를 차지한다. 하나하나 추가하다 보면 몇백만 원은 족히 견적이 나온다. 게다가 배로 보낼 경우, 여러 겹으로 잘 포장하더라도 아무래도 파도에 의한 충격도 있고 짐 안에서 속이 비어 있으면 서로 부딪혀서 미세하게 파손되기도 한다. 때문에 있는 짐이라면 모를까 굳이 새로 사서 보낼 필요는 없다.

캐나다도 어차피 사람이 사는 동네이고 각양각색의 문화가 섞여 사는 곳이기에 대부분의 물건이 들어와 있다. 그렇기에 괜히 바리바리 싸 들고 오기보다는, 장기적으로 캐나다 사회에서 사용할 만한 물건들을 사용하며 미리미리 적응하면서 사는 것이 더 바람직한 것 같다.

"이민 가려면 얼마를 가지고 가야 할까?"

다른 사항보다 그것이 가장 알고 싶은 질문일 것이다. 처음 영주권이 확정

되고 캐나다에 벌써 십 년째 사는 지인에게 연락했다. 제일 궁금했던 건 '얼마면 한 달 정도 살 수 있을까'였다. 그런데 그는 생활비는 다 하기 나름이니 대충 '한국하고 비슷하다면 보면 된다'라고 했다. 하지만 이는 나에겐 전혀 도움이 되지 않는 무의미한 말이었다. 마치 요리 프로그램에서 참기름 10ml가 아닌, '참기름 적당량'이라고 하는 것과 마찬가지로 들렸기 때문이다.

"그럼 한 달에 백만 원이면 먹고 사냐? 삼백만 원? 오백만 원? 아니면 천만 원은 있어야 먹고 사냐?"

객관식 4지 선다형 질문을 던졌다. 그냥 캐나다에서 십 년 이상 생활했으니 감은 잡았을 테고 하나 찍어서 대답해 주길 바랐다. 그런데 이번에도 연필 굴릴 생각은 하지 않았다.

"다 하기 나름이다. 한국에서 먹던 것만큼 먹고살면 된다"라고 우겼다. 더 이상 파고들어 봐야 정확한 답도 나오지 않을 것 같아서 더 이상 질문은 하지 않았다. 나는 그에게서 캐나다 사회를 엿볼 수 있는 작은 팁을 원했는데 그는 그냥 '한국과 똑같다'라는 말로 그 대답을 대신했다. 처음에는 전혀 도움이 안 된다고 생각했지만 그의 대답을 유추해 보면, '한국 생활과 비슷하니 너무 걱정하지 말고, 한국에서만큼 열심히 살면 된다'라는 얘기가 된다. 나 또한 캐나다에서 몇 년을 살아 보니, 누가 똑같은 질문을 하면 그와 같이 답변해 줄 것 같다.

신규 이민자는 대부분 어느 정도 초기 정착금을 가져오기 마련이다. 그것으로 최소 생활비를 보태어 사용하고 잔고가 바닥이 날 때쯤이면 생계형 일자리, 즉 'Survival Job'을 하면서 자기가 하던 본업에 진출할 수 있는 틈을 노린다.

캐나다의 최저 임금은 시간당 $14로* 정해져 있다. 점심시간 30분을 근무 시간에서 제외하면 보통 하루에 7.5시간을 근무하니, 한 달에 22일을 출근한다고 치면 $2,300 정도 수입을 번다. 이 정도면 $1,500 정도를 렌트 비용으로 사용하고, 나머지 $800으로 일주일에 $200을 식료품값으로 사용하게 되면 그야말로 최저 생계비 정도의 수입이다. 물론 이는 최저 임금 기준이니 조금 더 받으면 4인 가정이 모자라지만 그럭저럭 생활할 수 있다고 판단된다.

캐나다에서는 우선 집값에 대한 비용이 가장 많이 든다. 집을 렌트해서 살게 되면 보통 렌트비가 $1,500(150만 원) 이상, 혹은 방의 개수에 따라 $2~3,000 정도가 매월 필요하다. 자동차 보험료는 한국에서 일 년 치가 캐나다에서의 한 달 치라고 생각하면 딱 맞다. 캐나다에 처음 와서 어마어마한 보험료에 입이 딱 벌어졌지만, 어쩔 수 없는 사회적 비용이니 울며 겨자 먹기 식으로 지급했다. 단지 기름값이 한국보다 조금 싸다는 게 위안거리가 된다.

---

* Hourly Minimum Wages in CANADA for Adult Workers, 2018년 기준, Government of Canada, http://srv116.services.gc.ca/dimt-wid/sm-mw/rpt2.aspx

그렇게 하나하나 따지기 시작하면 처음 이민 와서 넉넉하게 사는 건 쉽지 않다. 부부가 같이 둘이서 벌어야 웬만큼 산다는 말을 심심치 않게 들을 수 있다. 단, 한국에서 아이들에게 몇십에서 몇백만 원씩 들어가는 사교육비가 캐나다에서는 보통 없으며, 있다고 하더라도 일부이고 그리 크게 들어가지 않으니 전체적으로 보면 비슷하다고 말할 수 있다.

또한, 영주권이나 시민권을 가지고 있으면 아이들을 학교에 보내는 학비가 들지 않으니 한국과 많은 차이가 생긴다. 한국도 초등학교, 중학교는 무상 교육이지만, 캐나다는 고교 과정까지 모두 무상 교육이다. 또 미성년 아이들을 위한 보조금(보통 한국인들은 우윳값이라 칭한다) 제도가 잘 되어 있어서, 아이 한 명 당 매달 몇십만 원씩 받을 수 있다. 즉, 아이들은 태어남과 동시에 자기 스스로 먹을 것을 해결한다고 볼 수 있다. 대학교는 대부분 주 정부에서 학생 개인마다 개인 대출 제도를 마련해서 시행하고, 졸업 후 조금씩 갚아 나가기 때문에 돈이 없어서 대학교에 못 간다는 얘기는 들어보지 못했다.

여러 가지 종합해서 판단해 보면, 선진국이라 사회 전반의 기반시설은 믿음직하게 잘 되어 있지만 그 토대 위에 개인이 어떻게 살아가느냐는 개인이 하기 나름이라는 교과서적인 이야기는 캐나다의 상황을 가장 정확하게 표현한 이야기라 하겠다.

TIP 1

캐나다 이민의 종류

○ ○ ○

캐나다에 이민 갈 방법에는 몇 가지 경로가 있다. 크게는 일정한 기술을 가진 사람들에게 개방하는 전문인력 이민이 있고, 어느 정도 자금의 여력이 있는 사람에게 열려 있는 투자 이민, 또는 각 지방정부에서 특별히 개방하는 이민, 그리고 취업을 통한 이민이 있다.

1. 연방 전문인력 이민

연방 전문인력 이민은 크게 6가지 그룹의 직종에 대해서 인력을 오픈하고 있다. 6가지 그룹 안에 세부 직업들의 예를 들자면 전기기사, 요리사, 제빵기사, 메카닉, 자동차 정비사, 항공정비사 등의 전문인력이 해당한다.

학력, 언어능력, 나이, 경력 사항 등에 대해서 점수를 부여하여 통과 여부를 결정한다. 추가로 캐나다 내에서 고용보증 여부, 캐나다 내 친인척 존재 여부, 캐나다에서 교육 이수 여부 등에 대해서는 가산점이 있다. 전문인력 판정을 받으면 영주권이 부여되며 아무 제한 없이 이주할 수 있다.

2. 순수투자 이민

투자 이민은 최소 얼마 이상 투자해서 소규모 기업을 운영하려는 사람에게 개방하는 정책이다. 기술 이민과 마찬가지로 몇 가지 항목의 포인트를 합산해서 통과하면 주어지나 크게 어렵지 않다. 캐나다 이주 후 최소 1년간 최소 2명의 고용인을 두는 자영업을 운영해야 한다.

3. 아틀란틱 주 정부 이민

대서양에 속한 주 정부(뉴브런즈윅, 노바스코샤, PEI, 뉴펀들랜드)에서 제공하는 이민 프로그램. 1년 이내의 짧은 수속기간과 낮은 영어점수가 장점이다.

4. 취업비자를 통한 이민

취업비자는 캐나다에서 노동 인력을 충원하지 못하는 부족한 인력자원을 채우고자 제공하는 프로그램이다. 지원자는 캐나다 내 사업체의 고용주로부터 고용허가서(LMIA, Labor Market Impact Assessment)를 받아야 한다. 회사에 종속되어 부당하게 대우받는 역기능도 간혹 있으나, 건실한 회사를 통해 취업을 보장받고 영주권도 보장받을 수 있는 순기능이 있으니 도전해 볼 만하다.

04

무식해서 용감했다

o o o

모든 것을 잘 준비했고 비행기만 타면 된다고 생각했는데, 공항에 도착하니 또 수속할 것이 많아 이리저리 돌아다녀야 했다. 하나둘 챙기느라 동분서주하다 보니 가족들도 하나둘씩 모여들었다. 가족이 다 모여 손 흔들고, 손수건을 꺼내는 식으로 공항 트랩을 오르는 모습은 촌스러워서 그러지 말자고 했지만 그런 모습으로 모이게 됐다. 이민이라는 단어의 무게가 주는 묵직한 여운이 있기 때문이었던 것 같다. 가족들은 정말 이민을 가는 건지 마지막으로 눈으로 직접 확인하러 오신 듯 보였다. 떠나는 우리 뒷모습을 보고 있는 가족들의 숨길 수 없는 아련한 마음을 애써 무시하고 싶었다.

지금까지 살아오면서 처음 겪는 모든 것들은 나 혼자 결정해 왔던 터라 출

33

국 날도 예외는 아니었다. 마지막 관문인 게이트 앞에서 잠깐 멈춰서 이제 당분간 오기 힘든 한국 생활을 나름대로 정리해 보았다. 막상 몇십 년 넘게 생활한 터전을 아예 접고 떠난다고 생각하니 말로는 형용할 수 없는 복잡함이 머릿속에서 마구 교차했다. 인생의 순간마다 새로운 경험과 개척을 즐겨하는 나로서는 이런 아무나 쉽게 느껴 보지 못한 감정의 신세계가 신나는 일이었지만, 마냥 신나는 감정으로만 보내긴 어려웠다.

그리고 바다를 건넜다……

설렘과 두려움으로 토론토에 도착하니 정신이 혼미해지고 아무런 감흥도 없었다. 입국심사대까지 모두 무사히 통과했지만 다음은 어디로 찾아가야 하는지 신경이 곤두서서 전방 180도 내에 가야 할, 바로 다음 목표만 보였고 그 이후는 생각할 수 없었다. 시야가 좁아져 우선 급한 첫 번째 목표만 처리하기에도 벅찼기 때문이다. 마치 PC방에서 총 한 자루 들고 마우스를 두드리듯, 긴장해서 총구가 향하는 목표물만 하나하나 찾아갔다. 그리고 다음 목표물을 조준했다. 이민이라는 게 쉽지만은 않은 일이라고 다시 느낄 수밖에 없었다.

어둠이 깔린 공항을 뒤로하고 고속도로로 바로 연결해 나왔다. 피어슨 공항에서 시내 쪽으로 향하는 '401' 도로 양편으로는 낮게 깔린 넓적한 쇼핑몰들이 군데군데 자리하고 있었다. 워낙 땅덩어리가 넓어서 쇼핑센터들이 대부분 높지 않은 이 층 정도의 건물들로 넓게 퍼져 있었고, 그 주위로 차들이 딱정벌레처럼 옹기종기 모여 주차되어 있었다.

한국에서는 기차를 타고 서울에 처음 상경하는 지방 사람들이 종착역에서 나가면 바로 광장 건너에 옛날 대우빌딩이 시커멓게 자리 잡고 있어서, 그 모습을 본 순간 숨이 탁 막히고 질려 버렸다고 하던 것처럼. 괜히 그러지 않아도 되는데 주눅이 들었다. 싸 들고 간 짐 보따리들은 지방 출신 친구가 말했던 것처럼 꼭 끌어안게 됐다. 마치 처음 시골에서 상경한 기분이었지만, 토론토는 낮게 깔린 건물들이 주변 나무들과 함께 어우러져 있어서 그렇게 주눅 들 것만은 없었다. 서울역에 비하면 낮은 건물들이 오히려 더 만만하게 보일 수도 있으므로 이국땅에서 도전 정신을 가지기로 했다.

처음 낯선 땅에 도착했을 땐 모든 시스템이 다르고 언어가 생소해서 마치 기본 사회 지식이 부족한 어린아이처럼 실수를 연발했다. 버스를 타려고 지하철과 버스가 연계되는 환승역 표시가 있는 곳에서(버스에서 내리는 사람들이 바로 보이기에) 버스정류장 입구로 당당하게 들어갔다. 그런데 왠지 사람들이 나만 이상하게 쳐다보는 듯하여 얼굴이 뜨듯해졌다. 하지만 아무 거리낌이 없었다. 나중에 알게 된 사실이었지만, 내가 당당하게 들어갔던 통로는 버스만 다닐 수 있는 개방된 차도였고 사람들은 지하철 입구를 통해서 요금을 내고 버스를 타는 곳으로 들어가야만 했다. 몇 달 지난 후에야 그쪽으로 통과하면 $500의 벌금을 물린다는 표지판을 보았다. 무식해서 용감했다.

막상 낯선 땅에 도착하면 그런 기본적인 사항이 잘 보이지 않는다. 뭐든 처음부터 시작해야 하니 받아들여야 하는 정보와 지식이 너무 많기 때문이다. 그리고 모든 것이 너무나 생소했다. 눈이 있어도 보이지 않고 귀가 있어도 잘 들리지 않았다. 너무 많은 정보가 사정없이, 무더기로, 한 번에 들어오기 때문이다. 그런 모든 정보를 한꺼번에 받아들여야 하는데, 이는 능력의 한계치를 넘어서는 일이었다.

그렇기에 처음 경험하는 실수와 시행착오는 기본적으로는 어쩔 수 없는 일이다. 한계치를 넘으면 넘는 만큼 어떤 부분은 그냥 지나칠 수밖에 없다. 물론 지나친 만큼 스스로 시간적으로, 금전적으로, 감정적으로 손해를 입을 수 있다. 하지만 이 모든 것이 다 이민 초기의 수업료라고 생각한다. 그저 수업료가 너무 비싸지지 않도록 바라기만 할 뿐이다.

임시 하숙집으로 돌아가는 길, 내가 머물렀던 숙소 바로 옆을 지나니 창문 블라인드 사이로 익숙한 주황빛이 새어 나왔다. 부엌인 듯 모락모락 김이 나고, 두어 명이 이리저리 바쁘게 움직이는 모습이 얼핏 보였다. 그들은 저녁을 준비하는 듯했는데, 그 모습이 너무나 행복해 보였다. 행복에 차고 넘친 백열등 온기가 어찌할 바 모르고 짙은 나무 갈색의 가로 블라인드 사이를 비집고 나왔다.

아! 남들은 가족이 모두 모여 저녁 식사를 준비하는데, 우리는 어찌 이리도 춥고 배고플까? 비좁아도 좋으니 아이들과 함께 거처할 따스한 방 한 칸만 있으면 좋으련만. 그마저도 멀고 험한 고개 너머로만 느껴졌다. 왠지 쉽지 않을 것 같았다. 나를 믿고 함께 바다 건너 아무도 없는 낯선 땅을 따라나선 아내와 아이들을 생각하면 앞으로의 길이 너무나 어렵고 막막할 것 같아 마음이 편치 않았다.

05
자동차 구하기

○ ○ ○

    토론토는 대중교통이 잘 배치되어 있어서 1~2년 정도 단기간 어학연수 또는 유학을 왔다면 자동차 없이도 아무 문제 없이 생활할 수 있다. 하지만 아이들이 있는 가족들과 생활을 하려면 아무리 절약한다고 하더라도 자동차는 필수다.

    답답하게 건물들이 다닥다닥 붙어 있는 한국과 달리, 캐나다는 땅덩어리가 워낙 넓어서 낮고 평평한 건물들이 듬성듬성 모여 있다. 캐나다는 전체 국토 면적의 0.7% 면적에 전체 인구의 95% 이상이 모여서 살고 있고, 다운 타운을 가면 빌딩 숲들이 들어서 있지만, 외곽지역 부근에서는 건물이 넓고 여유 있게 자리 잡고 있다. 그 때문에 눈앞에 바로 보이는 건물들도 서로 이동하려면 꽤 오래 걸리는 경우가 많다.

토론토는 이제 도심 및 외각 부심뿐 아니라 그 외각까지 생활권이 넓어지고 있다. 그에 따라 좀 멀리 다니기 위해서는 자동차가 필수다. 차가 없으면 보통 십여 분 걸어 다니는 것이 흔한 일이다. 대중교통이 잘 발달되어 있어서 지하철과 버스 노선들을 잘 공부하고 익힌다면 다닐 만도 하지만, 처음 캐나다에 와서 한 번 버스를 타는데 한국의 세 배는 족히 넘는 요금을 내기 시작하면 무척이나 아까워서 웬만하면 걸어 다니는 것이 일상이 된다. 건강에 대한 보상이 있다고 애써 위안하며 걸어 다니는 것이 가난한 초기 이민자의 공통된 사항일 것이다.

이민을 떠나기 한 달 전부터 이래저래 아시는 분들이 환송회를 해 준다고 매일 저녁 삼겹살에 소주와 맥주로 입가심을 할 정도로 술과 안주에 푹 절어 지냈다. 그래서 한 달 만에 뱃살이 무려 3kg이나 더 늘어서 캐나다에 입국했었다. 짐도 무거워서 고생한 것도 있지만 사실은 여기저기 원치 않게 들어찬 군살들 때문에 짐 옮기기가 버겁기까지 했다. 그런데 랜딩 후 일주일이 지나고 이 주일째 접어들자 여기저기 군살이 빠지기 시작했다. 배낭 하나 등에 메고 여기저기 열심히 쫓아다니니 따로 운동할 필요도 없이 몸이 가벼워지고 튼실해지는 게 여실히 느껴졌다.

그렇게 걸어 다니는 것의 장점이 꽤 큰 데에 비해서 마음이 바쁜 나에게는 시간의 낭비도 꽤 신경 쓰였다. 오 분에서 십 분이면 갈 수 있는 거리를 걸어서 족히 삼십 분은 빨빨거리며 움직여야 하니 시간 소모가 신경 쓰였다. 주말에 마트라도 가서 장거리를 채워 와야 하는데 배낭 정도로는 한계가 있었다. 결국 혼자 온 것도 아니고 가족들의 먹거리도 책임져야 하니 자동차를 구매하기로 했다.

우선 벼룩시장이나 여기저기 광고를 찾아보고, 전화를 돌려서 접근성이 좋고 느낌이 괜찮은, 즉 속일 것 같지 않은 몇몇 딜러를 찾아갔다. 캐나다에서는 한국처럼 아무 대리점이나 불쑥 들어가서 상담할 수 없다. 예약을 하고 가야 했다. 캐나다는 모든 사람 관계가 약속으로부터 시작하기 때문이다. 자동차 같은 고가의 물건을 구매할 때에도 그렇고 치과, 병원, 학교 선생님과의 면담 등도 동일하다. 캐나다에서는 거의 모든 것이 이처럼 예약을 통해서 이루어진다. 그렇기에 오늘 일정을 위해서는 어제 이미 전화로 예약해 두는 것이 매우 중요하다. 보통은 관공서의 'Information Desk'만이 예외이고, 미리 약속이 없으면 눈인사 정도 이외에는 다른 상담이 불가능한 것이 당연한 문화다. 더구나 은행 같은 곳에서도 개인 사정에 따라(휴가 등의 이유로) 근무시간에 자리를 비우는 경우가 많으므로 예약은 필수다. 예약하지 않고 찾아가면 제대로 상대도 해주지 않는다. 심지어 누가 오고 가는지도 신경 쓰지 않는 곳도 있다.

여하튼 믿을 만한 딜러를 선택해서 몇 번의 실랑이 끝에 가격에 대한 거리가 좁혀져 계약서에 사인하고, 번호판을 달고, 바닥에 녹 방지(Rustproof)까지 처리한 이후 다음 날부터 운전할 수 있게 되었다.

토론토는 겨울에 눈이 꽤 많이 내리는 곳이다. 물론 제설작업은 정말 잘 이루어진다. 지난겨울에는 유난히 눈이 많이 와서 일 년에 사용할 염화칼슘이 단 열흘 만에 동날 정도였다. 그만큼 토론토의 제설은 확실하다. 그렇게 강력하게 제설작업이 되는 것만큼 도로에는 염화칼슘이 정말 많이 뿌려진다. 도로가 온통 하얗게 변하는데 가로수들이 잘 견디는 것을 보면 신기했다. 그렇게 뿌려지는 염화칼슘 때문에 차량 바닥 녹 방지는 반드시 해 두는 것이 좋다.

자동차에 대해 말이 나왔으니 몇 가지 더 이야기하자면, 우선 캐나다에서는 대부분 차량 창문에 검게 코팅이 되어 있지 않다. 워낙 실용적인 문화이다 보니 현지인들은 꼭 필요한 것이 아니면 돈 들이지 않는 게 당연한 분위기다. 그래서인지 웬만하면 차량 유리 코팅을 하지 않은 차가 많다. 물론 법적으로도 앞 운전석, 조수석 유리창은 코팅을 못 하게 되어 있어서 뒤쪽만 코팅한 차도 많이 보이지만, 여름철에 뜨거운 햇살이 그대로 투과하고 신호 대기 때 옆 차량에서 힐끗 넘겨보아도 다 보일 정도로 맨 유리창인 경우가 많다. 더구나 나이 드신 노인분들은 그냥 굴러가기만 하면 된다고 하여, 한국에서는 이미 볼 수 없는, 손으로 열심히 돌려서 유리창을 내리는 차를 여전히 운전하고 계시기도 한다.

한국에서는 봄비도 자주 오고 공해 먼지에 시시때때로 중국발 미세먼지, 몽골발 황사 등으로 세차한 지 일주일만 되면 차량이 얼룩지지만, 토론토는 워낙 공기가 좋아서 겨울철이 아니면 세차는 거의 할 필요가 없다. 그나마 겨울철에는 눈이 많이 내려서 차가 많이 더러워지기 때문에 보통 조금 따뜻해지는 날에 세차한다. (물론 토론토에도 세차장은 따로 있지만, 한국처럼 세차를 자주 하지 않기 때문에 캐나다에서 세차장을 운영할 생각은 그다지 좋은 생각은 아니다.)

자동차 하면 자동차 보험을 빼놓을 수 없다. 보통 자동차 보험은 1년 단위로 계약하는데, 보험사마다 가격이 꽤 차이가 나기 때문에 여러 곳에 전화해서 알아보고 비교해 정해야 한다. 이민 오기 전에 한국 보험사에서 무사고 경력 증명을 영문으로 발급해 받을 수 있는데, 그런 한국서류를 보험사마다 2~3년 정도는 인정해 주는 편이다.

자동차 보험은 자기가 사는 지역이 번화가라서 차가 많이 다니는 지역인지, 사고가 자주 났던 지역인지에 따라 다르다. 또한 자동차 종류가 도난을 많이 당하는 차종인지, 큰 차인지 낡은 차인지, 운전자가 나이가 어떻게 되는지 등 여러 조건에 따라서도 다르게 적용되기 때문에 정확하게 얼마라고 말하긴 어렵다. 입이 떡 벌어질 얘기지만 실제로 한국에서 대략 1년 동안 지급했던 보험금액 총액이 캐나다에서는 한 달 보험금액으로 지급한다고 보면 정확하다. 캐나다에서 운전 경력이 없으면 일반 승용차 기준으로 보통 한 달에 $300~400 정도의 보험료가 산정된다. 캐나다에서 혹독한 겨울 운전 경력이 쌓이면 쌓일수록 계속 할인되니 한국보다 많다고 투덜댈 것만은 아니다. 한국보다 비싼 건 사실이지만 나름대로 공평하게 적용되는 것이니 그다지 나쁘다고 할 수는 없겠다.

캐나다에서 운전하는 건 눈치가 많이 필요하다. 보통 큰 사거리에서는 좌회전 신호가 있어서 좌측 화살표가 나오면 줄줄이 좌회전하면 된다. 큰 사거리가 아니면 대부분 신호는 적신호와 청신호 두 가지밖에 없다. 즉 거의 모든 교차로에서는 따로 좌회전이 없고 비보호 좌회전이 허용된다. 그래서 반대편에서 차가 오지 않거나 반대편의 청색 직진 신호가 노란 화살표로 바뀌어서 차들이 정지하는 순간을 이용해 좌회전하면 된다. 물론 모두 비보호 좌회전이기 때문에 좌회전하는 운전자가 전적으로 책임져야 한다.

작은 사거리에서는 정지 표지판이 있으면 네 방향에서 3초간 정지했다가 출발하는데 한순간이라도 먼저 온 운전자가 먼저 출발하는 게 불문율처럼 되어있다. 즉 선입선출의 규칙이 있다. 그런데 정말 신기한 건, 법규 같은 건 지키지도 않을 것 같은 운전자, 예를 들면 크게 음악을 제멋대로 틀어 놓고 꽝꽝거리며 다니는 스포츠카 운전자도 선입선출에 따라 정확하게 정지했다가 출발한다는 점이다. 아무리 작은 법규와 규칙도 지켜야 하는 것은 꼭 지키는 것을 보면 선진국이 괜히 선진국이 아니구나 하는 존경심까지 든다.

시도 때도 없이 좌회전 시도하는 차들 때문에 처음에는 정신이 없지만, 몇 주 정도 운전을 하다 보니 이렇게 빈도수가 적은 좌회전에 대해서는 권한을 자유롭게 주되 책임도 함께 묻는 문화에 익숙해져서 편해졌다. 알아서 각자 권한을 받고 그에 대해 책임지고 협상하는 문화가 합리적인 것일 수도 있겠다는 생각이 든다.

TIP 2

토론토 지역 소개

○ ○ ○

지리적으로는 서울보다 규모가 작은 토론토지만 생활권은 점점 넓어지고 있다. 이제는 토론토 외곽에도 많은 유동 인구들이 자리 잡고 그 규모를 북으로 넓혀가고 있다. 토론토 외곽의 위성 도시들까지 함께 엮어서 GTA(Great Toronto Area)라고 하는데 반, 마캄, 리치몬드힐, 미시사가 등이 있다.

반(Vaughan)은, 토론토 북쪽 끝단 스틸스 에비뉴(Steels Ave.)와 맞닿아 있는 경계 지역이다. 한국인들은 항상 이 지역을 이야기할 때 발음에 주의해야 한다. 한국어에는 없는 유성음 '바~ㄴ'이기 때문이다. 이는 목젖이 떨리도록 발음해야 현지인이 알아들을 수 있다. 초창기에 캐내디언과 이야기할 때 몇 번 못 알아들어서 되풀이해서 이야기했던 기억이 있어서, 그 이후로 특별히 신경 써서 말하게 됐다. 이곳은 토론토 생활권이라 한국 사람들도 많고 유대인들도 많이 사는 전형적인 주거지역이다.

마캄(Markham) 지역은 토론토 동북쪽에 치우쳐서 있는, 중국인들도 많이 사는 지역이다. 중국인들의 자본으로 세운 퍼시픽몰, 간단히 'C-mall'이라고도 하는 큰 규모의 상가도 있다. 또 한 쪽에는 마치 서울 남단 평촌, 판교처럼 IT 기업들이 많이 들어서 있다. IBM, Bell, AMD 등 많은 기업이 이곳에 있다. 유니온빌(Union Ville)이라는 오래되고 한적한 유럽풍 마을도 있는데, 근래에는 인구가 많아지고 북쪽으로 주거지역이 넓게 퍼지다 보니 더 이상 외곽의 한적한 마을이 아니게 되어 아쉬움이 있다. 마치 옛날 학교 다닐 때 교외선을 타고 갔던 일산 쪽 백마가 더 이상 백마가 아닌 것 같은 느낌이랄까?

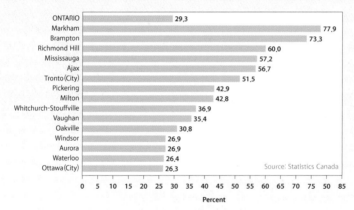

온타리오 주요도시 유색인종 비율(2016년)*

---

* Visible Minorities in Ontario's CMAs, 2016 CENSUS HIGHLIGHTS: Minister of Finance, Ontario. https://www.fin.gov.on.ca/en/economy/demographics/census/cenhi16–9.html

미시사가(Mississauga)는 인디언 말로 'Great River Mouth'라는 뜻이다. 한강보다 훨씬 작은 크레디트 강(Credit River)이 있는데, 이 강이 옛날 인디언들에게는 크고 넓게 보였던 것 같다. 혹은 바다 같은 호숫가로 나가는 강 언저리에 위치해서 그렇게 이름을 지은 듯하다. 이곳은 토론토 서쪽 편에 있는 인구 70여만 명의 토론토 배후 도시로 1970년대부터 생겨난 신흥 주거밀집지역인데, 중심부에 있는 스퀘어 원이라는 아주 큰 쇼핑몰을 중심으로 점점 규모가 커지고 있다.

브램튼(Brampton)은 토론토 북서쪽 편에 위치하는 도시인데, 토론토 피어슨 공항 바로 북쪽이다. 여기는 인도 계열 사람들이 북적이게 많이 산다. 이곳 인구의 거의 70%가 넘는 비율의 유색인종들 대부분이 인도인들이어서 이곳은 마치 인도의 한 마을을 옮겨온 듯하다. 어디를 가도 인도 사람들이 매장에서 손님을 응대한다. 특히 공항에서 일하는 사람들도 대부분 인도 사람들로 보인다.

피커링(Pickering)은 토론토 동쪽 호숫가에 있는 작은 도시이다. 여기는 OPG(Ontario Power Gerneration) 원자력발전소가 호수 면에 붙어 있는데, 어떻게 토론토 같은 대도시와 30km도 떨어지지 않은 곳에 원자력발전소를 위치시켰는지 의아했다. 하지만 그만큼 안전에 자신이 있다는 이야기일 수도 있다. 그 옆에는 오샤와(Oshawa)라는 작은 도시가 있는데 이곳은 GM 공장의 배후 도시이다.

런던(London)은 토론토 서쪽으로 200km 정도 멀리 떨어져 있다. 이곳은 서쪽 오대호 중의 하나인 휴런(Lake Huron)호수와 더 가까워서 습한 공기의 영향으로 겨울철 눈이 많이 내린다. 1월 평균 50cm 적설량을 보인다. 때때로 집 사이사이 쌓인 눈을 뚫고 터널을 만들어야만 하는 곳이기도 하다. 토론토와 밀접한 생활권은 아니지만, 꽤 많은 한국 사람들이 사는 곳이기도 하다. 이곳에 한국인이 많은 이유는 시(市)에서 외국인에게도 학교를 무상으로 다닐 수 있게 해주기 때문이다. 그래서 아이들 유학 목적으로 생활하는 기러기 엄마들이 많이 있다. 보통 아이들은 초, 중, 고등학교까지 여기서 다니고 그러는 동안 영주권을 취득해서, 아이들이 토론토 쪽 대학교에 진학하면 함께 토론토로 지역을 옮기는 경우가 많다. 더불어 기러기 생활을 했던 아버지까지 아예 이민을 오는 경우도 많다.

06
인터넷 뱅킹

○ ○ ○

혹시라도 한국의 인터넷 뱅킹을 사용하려고 한다면 불편함을 느끼는 일이 한둘이 아니다. 그래도 요새는 모든 브라우저에서 사용할 수 있지만, 수년 전까지만 해도 꼭 익스플로러(MS Explore) 브라우저를 이용해야만 했다. 모든 한국 사이트들이 익스플로러에만 최적화되어 있었기 때문이다. 그리고 접속만 하는데도 뭘 그리 많이 설치해야 하는지, 게다가 접속할 때마다 다시 업그레이드되는지 허구한 날 설치를 거듭해야 했다. 그리고 또 보안 프로그램도 가끔 업그레이드를 해 줘야 했다. 더불어 꼭 한국의 은행이 아니더라도 무슨 사이트에 가입하려고 하면 꼭 휴대폰으로 인증을 하라고 한다. 휴대폰이 없다면 무슨 아이핀을 사용해 인증해야 한다. 해외에서 가입하려면 불가능한 방법이기에 이는 해외 생활의 불편한 점이다. 이럴 때마다 물리적으로도 한국과 단절되어간다는 걸 피부로 느끼게 된다. 하여간 한국 금융 사이트를 접속하려면 적어도 삼사십 분에서 한 시간 소요가 기본이기에 적잖은 인내심을 요구했다. 때문에 인터넷 뱅킹을 사용할 때에는 푹푹 거리는 한숨 소리가 자연스레 섞여 나왔다.

그런데 신기한 건, 캐나다에서 인터넷 뱅킹을 할 때면 아주 간단하게 본인의 접속 아이디와 패스워드만 입력하면 쉽게 접속해 일을 처리할 수 있다는 것이다. 처음에는 너무도 다른 인터넷 환경에 불편한 점이 많았는데, 가만히 알고 보면 그게 다 문화의 차이에서 기인한 것 같다. 캐나다에서는 인터넷 뱅킹을 통해서는 다른 사람의 계좌로 송금할 수 없다는 점이 한국과는 크게 다른 점이다. 계좌번호를 미리 등록해 놓지 않으면, 다른 사람의 계좌로 송금 자체가 불가능하다. 그래서 인터넷 뱅킹 해킹을 당해도 어차피 돈을 빼갈 수 없으니 해킹의 위험도 크지 않다. 그래서 그렇게 한국처럼 이중삼중으로 겹겹이 보안장치를 해야 할 필요가 없다. 그렇다면 다른 사람에게 송금은 어떻게 할까? 몇 가지 소개하자면 다음과 같다.

· *직접 은행에 가서 창구에서 수수료를 내고 송금한다.*
· *개인 수표(cheques)를 발행한다.*
· *머니 오더(Money order)를 발행한다.*
· *이메일을 통한 Interact e-Transfer를 이용한다.*

은행 창구에서 송금하는 것은 만국 공통이니 더 이상 말할 필요가 없겠지만, 개인 수표를 통한 방법은 한국에서는 흔치 않은 방법이다. 예를 들어 내가 'David Kim'에게 7월 15일에 $100을 주어야 할 일이 있다면, 미리 은행에서 발행받은 나의 이름이 인쇄되어 있지만, 금액이 쓰여 있지 않은 빈 수표용지(Cheque)에 $100을 쓰고 받는 사람에 'David Kim'을 기재한다. 그리고 인출 가능한 날짜를 July 15로 써 놓고, 마지막으로 내 서명을 작성해 David Kim에게 직접 주거나 우편으로 보내면 된다. 그러면 David는 7월 15일부터 아무 때나 은행에 가서 수표를 제시하면, 은행에서는 내 계좌에서 현금을 인출해서 David에게 지급한다.

머니 오더도 비슷한 방식이다. 단, 머니 오더는 은행에서 직접 발행해 주고 머니 오더에 적힌 금액만큼 은행에 잔고가 있어야 하므로, 절대 부도난 수표가 있을 수 없다는 점이 다른 점이다. 이와 같은 방식은 좀 불편하긴 해도 아주 안전한 방법이고, 캐나다의 금융시스템 자체가 원래 그러하므로 누구 하나 불편해 하는 사람이 없다.

여기까지는 좀 전근대적으로 느껴질 수 있다. 최근에는 한국에서도 이미 사용하고 있겠지만, 받을 사람의 이메일만 알려 주면 간단하게 본인의 은행 계좌와 연결된 이메일로 링크를 보내서 돈을 주고받을 수 있는 e-Transfer 방법이 도입되어 아주 간편하게 송금 서비스를 이용할 수 있게 되었다.

추가로 이야기하자면 공공요금 고지서를 처리하는 방법은 주로 지로 방식이다. 예를 들어 내가 벨(Bell)이라는 전화 서비스 사업자에게 사용요금 고지서를 매월 받으면, 벨이라는 전화 서비스 사업자가 부여한 나의 고유번호를 내 거래은행 인터넷 뱅킹에 등록해서 인터넷으로 송금할 수 있게 하는 방법이다. 한국에서 '인터넷 지로'라 실시하는 방식과 같은 방식이다.

회사 급여는 대개 이 주마다 한 번씩, 한 달에 두 번 지급 받게 되어 있다. 매달 15일, 그리고 말일, 이렇게 두 번에 걸쳐서 지급된다. 아마도 저축에 대한 개념이 크지 않은 사람들이 많아서 그들이 급여를 받으면 받는 대로 모두 써 버려서, 한 달에 한 번 받는다면 월급을 받은 처음에는 풍족하게 쓰다가 나중에는 쫄쫄 굶는 경우가 많아서 두 번으로 나누어 지급하지 않았을까 생각한다.

처음 이민 왔을 때는 실시간으로 인터넷 송금도 할 수 없던 것이 너무 불편했다. 더구나 요즘에는 누구나 스마트폰으로 더 쉽게 송금할 수 있는 환경이기에 그렇게 할 수 없다는 것이 불편했다. 하지만 한국처럼 동창회비, 경조사비 같은 친목 교제용 품앗이 문화가 거의 없고, 있다고 하더라도 현금을 주고받지 않고 선물로 하는 경우가 많아서 크게 개인 송금에 대한 요구가 없다. 게다가 이젠 모든 사회구성원이 그리하니 당일 바로 처리하지 않고 하루 이틀 걸려도 크게 불편함을 알지 못하게 되었다. 오히려 안전하고 피싱 사기도 없으니 이게 더 합리적이라는 생각이 든다. 사람은 다 환경에 곧 익숙해지는 사회적 동물이라는 게 맞는 말인 것 같다.

07
한인 커뮤니티

○ ○ ○

    토론토에 새로 들어오는 이민자들은 자신이 직접 투자해서 작은 사업체라도 운영하는 경우(Self-employed)가 아니라면 이민 오기 전 고국에서 종사했던 전문성을 살려서 취업해 생계를 꾸려 나가고자 한다.

    하지만 보통 캐나다 회사에 취업하려면 평균적으로 6개월에서 1년은 족히 소요된다. 이것 또한 평균적으로 그렇다는 것이고, 잘 안 될 때는 1년 넘게, 심지어 2년까지도 취업에 매달리는 경우를 종종 볼 수가 있다. 6개월 이내로 직장을 구하는 것은 운이 좋은 경우다. 막연하게 생각하면 6개월이라는 기간은 길어 보이지만, 생판 다른 새로운 사회에 와서 적응한다는 점에서는 최소한의 투자 기간이며 제로 상태에서 시작하는 데는 짧은 기간이라고 생각된다.

랜딩 이후, 첫 달은 시차 적응과 일반적인 정보를 수집하며 보내기로 했다. 어디에 뭐가 있는지, 업계 현황은 어떠한지, 어느 지역으로 가야 할지 등, 사회 초년생으로 회귀했으니 사회가 어떻게 돌아가는지에 대해 알아야 했기 때문이다. 아무리 인터넷으로 찾아보아도 직접 발로 뛰는 정보와는 질적으로 차이가 있을 수밖에 없었기에 직접 정보를 수집했다.

우선 영어를 아무리 연습하고 왔다고 하지만 평생을 사용했던 한국어에 비할 수 없는 터라 한인 사회를 먼저 두드렸다. 가장 손쉽게 한국에서 인터넷으로 살펴보았던 YMCA와 한인여성회를 찾아갔다. 이런 비영리 기관에서는 토론토에 사는 한인들이 잘 살 수 있도록 지원하는 역할이 주요 일거리이기 때문에 생각보다 많은 도움을 받을 수 있다. 또 매월 정기적인 스케줄이 있어서 한 달여 동안 여기서 제공하는 세미나, 강의 등을 무조건 찾아다니면 귀한 정보들을 그 어느 곳보다도 정밀하게 취득할 수 있다.

인터넷에서 찾은 일정을 보고 '취업대비 이력서 작성 및 인터뷰 연습' 강좌를 찾았다. 이곳은 젊은이들 사이에서 짧게 유오브티(U of T, University of Toronto)라고 불리는 토론토 대학의 북쪽 끝 거리 근처에서 갈라진 한적한 주택가에 자리 잡고 있다. (예전에는 2층의 일반 가정집이었던 것 같은데 지금은 사무실로 개조해서 작은 간판을 달고 사용하고 있다.)

세미나라고는 하지만 전체 약 열네 명 정도가 모여 가족회의 같은 모임 분위기로 한국 강사분의 설명을 듣는다. 모인 분들은 한국에서 신입사원 채용할 때 같은 또래만 모이는 사람들의 집단과는 사뭇 다르다. 워킹홀리데이 신분의 이십 대 젊은이부터, 유학을 와서 눌러앉으려는 듯한 삼십 대 후반 몇명, 나처럼 영주권을 새로 받아서 이민 온 사오십 대 중장년층도 보인다.

첫 시간은 우선 영문 이력서 작성하는 방법, 커버레터 작성하는 방법 및 샘플 리뷰 등으로 진행했고 둘째 시간은 영문 인터뷰 대응 요령을 들었다. 역시 한국에서 인터넷으로만 찾아서 작성한 영문 이력서는 현지에서 통용되는 영문 이력서와는 크게 다르다는 것을 느꼈다. 직접 현장에서 뛰어본 강사의 한 줄 한 줄 작성 요령을 직접 말로 듣고 나서야 이 사회에서 통용되는 이력서로 탈바꿈될 수 있음을 느낀다.

그리고 다음 주에는 '스쿨버스 기사 되기(How to become a School Bus Driver)'라는 직업안내 세미나가 있어서 참여했다. 한인 커뮤니티가 아니고 캐나다 정부 보조 지원금으로 운영되는 액세스(ACCES, Accessible community Counselling and Employment Services)라는 기관에서 한인 커뮤니티와 연계하여 지원 온 프로그램이다. 아마도 스쿨버스 기사는 초보적인 영어 수준이면 가능한 직업이라 초기 이민자를 대상으로 한인 커뮤니티로 소개를 하러 온 듯하다. 이런 곳의 세미나가 좋은 점은 직접 캐나다 커뮤니티에서 설명회 할 때와는 달리 중간에서 한국말로 중계하면서 세미나를 이끄는 한인 코디네이터가 있다는 점이다. 그래서 그런지 캐나다 현지 커뮤니티 모임에서는 한 번도 나타나지 않던 한국 이민자들이 어디서 그렇게 다 모이는지 신기할 따름이다.

스쿨버스 기사는 등굣길, 하굣길만 잠깐씩 일하고 급여를 받기 때문에 시간도 많이 나고 좋겠다고 생각했지만, 자세히 설명을 들으니 운전한 만큼만 시간당 급여를 지급한다고 했다. 정규직 풀타임 직업을 찾는 사람에게는 그리 매력적인 직업은 아닌 듯했다. 대신 시간 여유가 있고 다른 일과 함께하려는 파트타임 일거리를 찾는 사람에게는 도전해 볼 만한 직업인 듯하다.

그 외에도 연방정부에서 일하기, 항공정비사 되기, 시청공무원 되기 등 각종 직업소개 세미나가 개최되어 관심 분야를 찾아다니면 많은 도움이 될 듯하다. 한인 커뮤니티에서 열리는 세미나 중에는 가끔 '캐나다 회사 취업 성공담'과 같은 주제도 있다. 캐나다 지역시청 공무원, 연방정부 군인, 은행 프로그래머와 같은 사람들이 캐나다 회사에 취업하기 위해서 무엇이 필요하며, 어떻게 이력서를 작성해야 하고, 어떻게 인적 네트워크를 만들어야 하고, 직장생활에서 유의할 점은 무엇인지 등에 관해 본인의 경험담을 위주로 설명하고 질문에 대해 답해주는 세션이 있다. 전체 십만의 한인 사회에서 이민 1세대 중 캐내디언 회사에 근무하는 사람들은 정말 흔치 않으므로 이런 세션은 그들의 어려움을 함께할 수 있어서 많은 도움을 받을 수 있는 좋은 기회다.

앞서 언급한 액세스에는 나중에 직접 찾아가서 내 이름과 이력서도 등록해 놓고, 가끔 열리는 세미나도 참석하곤 했다. 그런데 몇 달 후 액세스의 코디네이터가 나와 맞는 공고가 있다고 면접을 보라고 연락을 해왔다. 그렇게 직접 내게 면접까지 연결해 주어 고맙기는 했지만, 흔치 않은 경우라서 반신반의하며 알려준 회사로 정장을 갖춰 입고 찾아갔다.

이력서를 여기저기 뿌리고 연락이 오면 별의별 케이스를 접하게 된다. 이번에 기회가 온 회사는 한국 사람이 운영하는 웹 컨설팅 회사인데 직접 찾아가 보니 직원 두 명과 사장님이 웹 포탈을 운영하면서 광고수익으로 어렵게 꾸려가는 아주 작은 회사였다. 직접 사장님과 대면하여 설명을 듣다 보니 사장님은 이상한 이야기를 한다. 처음 이민 와서 구직하는 일이 무척 어려울 테니, 그렇게 고생하지 말고 이민 올 때 한국에서 가져온 돈이 있으면 몇만 불 정도를 투자하는 게 어떻겠냐고 의중을 떠보며, 부사장 자리를 줄 테니 같이 회사를 운영해 보자고 은근히 설득했다. 원래 내 목적과는 다른 방향이라 그냥 사장님 이야기만 듣고 좋은 경험이라 여기며 인사 후 나올 수밖에 없었다. 사장님이 액세스를 통해 구인하게 된 전후 사정을 알고 보니 새로 온 한인 이민자를 액세스를 통해 연락을 취하고, 전후 사정을 잘 모르는 이민자를 이용하겠다는 심보처럼 보였다. 이런 경우를 경험해 보니, 더더욱 좁디좁은 한인 커뮤니티에 발을 담그고 싶은 마음은 사라졌다. 물론 좋은 경우가 더 많겠지만, 물정 모르는 같은 동포 이민자를 이용하려는 사람도 꽤 있는듯하여 꺼려졌다. 그래서 가급적 캐나다 땅에 발을 내디뎠으니 캐내디언 커뮤니티 안으로 더 들어가고자 하는 마음이 더 커졌다. 어쨌든 처음에는 나와 맞든 맞지 않든 여기저기 손에 닿는 대로 발바닥이 부르트도록 찾아다니면 어딘가 좋은 정보들이 나오리라 생각한다. 새롭게 정착한 이 사회가 어떻게 돌아가고 있는지 한인 커뮤니티를 통해서나마 캐나다 사회

의 퍼즐을 하나하나 짜 맞추어갈 수 있는 듯하여 좋은 경험을 했다고 스스
로 위안했다.

08
링크에 가다

○ ○ ○

이민자들이 매년 30만 명씩 캐나다로 들어오기 때문에 캐나다 정부에서는 그들에 대한 새로운 교육에 많은 신경을 쓰고 있다. 새로 사회구성원이 된 이민자들은 각기 문화도 다르고, 언어도 다르고, 경제 수준도 다르고, 생각하는 바도 다르기 때문이다. 더불어 최근엔 시리아같이 내전 때문에 캐나다로 오게 된 난민들도 인도주의적 견지에서 받는 상황이기에, 캐나다 문화에 적응할 수 있도록 돕는 교육에 관한 관심이 높다.

2016년에 시리아 내전 문제가 한창 불거졌을 때, 일시적으로 2만여 명을 선별해서 받아들여 총리가 공항에 나가 난민들을 맞이하기도 했다.

나와 인연이 있던 재크는 시리아에서 의사로 일하다가 난민으로 토론토에 와서 지금은 병원에서 의료조사원(Medical researcher)으로 일하고 있다. 딸과 아내와 함께 어렵게 왔던 그는 나중에 부모님도 모시고 올 수 있었다. 그가 시리아에서 탈출하려고 얼마나 고생했는지 모르겠지만, 시리아 이야기는 물론 캐나다 국내 정치 이야기도 절대 하지 않았다. 대화하다가 정치 이야기 근처만 가도 자신은 절대 정치 이야기는 할 생각이 없다고 딱 자르고 도망가는 식이었다.

반면 시리아 내전이 본격적으로 시작되기 전인 2009년 이민 온 소산은 내전이 한창일 때 시리아 내부에서 유출된 잔혹한 영상들을 유튜브를 통해 보여주면서 적극적으로 분개하곤 했다. 직접 참혹한 실상을 몸소 뚫고 온 재크와 간접적으로 전해 들은 소산이 시리아 내전을 대하는 다른 방식이 이해가 갔다. 시리아인의 외모는 백인하고 똑같아서 구별이 안 되는데, 영어 발음은 딱딱한 동구권 계통 발음을 하고, 오히려 불어권 영향이 커서 불어에 대한 이해도가 높다.

이처럼 다양한 이민자를 하나의 캐나다인으로 통합시키기 위해서 새로운 교육은 필수적이다. 이에 캐나다 정부에서는 신규 이민자들이 이 사회에 잘 적응하고 유능한 인력으로 활용될 수 있도록 많은 정부 보조 교육 프로그램을 제공하고 있다. 더불어 이민자를 위한 무료 어학 교육도 많이 있다. 토론토에서 대표적인 프로그램은 링크(LINC, Language Instruction for Newcomers to Canada)다. 이는 토론토 교육청(TDSB)에서 주관하는 프로그램으로 토론토 곳곳에 있으며, 시민권을 획득하기 이전 영주권자를 대상으로 레벨에 따라 단계적 영어 교육을 시행하고 있다. 이 프로그램은 네 가지 영역의 테스트를 시행한 후, 수준에 맞는 레벨이 결정되면 자기가 사는 근처의 LINC로 가서 등록하면 된다. 회화를 위주로 한 영어 교육과 더불어 에세이 작성까지 다양한 수업 방식을 제공하고 그 외에도 캐나다 문화, 역사, 관습에 관한 내용도 교육한다. 이러한 프로그램을 통해서는 한국뿐만 아니라 다른 나라에서 온 세계 각국의 친구들과 문화도 접할 수 있는 장점이 있다.

보통 레벨 1에서 레벨 4까지는 어학 능력 향상에 초점을 맞추어서 진행되지만, 레벨 5에서 레벨 8까지는 각 기술 그룹별로 모아서 진행하기도 하므로 LINC 이후 대학과 연계된 브릿지 프로그램 또는 취업과도 연계가 될 수 있다는 장점도 있다. 대학교에서 진행하는 기술과정을 수강할 수 있는 정도라면 레벨 7, 8 정도를 요구한다. 레벨 4까지는 곳곳에 강의를 진행하는 기관이 많이 있어서 시험을 본 이후엔 집 가까운 곳에서 얼마 기다리지 않고 바로 수강을 할 수 있다. 높은 레벨에 올라갈수록 일단 인원이 줄어들기 때문에 해당 레벨의 사람들을 모아서 강의가 열리게 된다. 따라서 집 근처에 강의가 열리지 않고, 드문드문 개설된 곳을 찾아가야 한다.

LINC는 보통 일반인들을 대상으로 하는 프로그램이다. 반면 전문적인 기술이 있는 사람을 대상으로 열리는, 각 기술 분야 사람을 모아서 직업 관련 용어나 캐나다 직장문화 등에 대해서 배울 수 있는 프로그램도 있다. 바로 Enhanced Language Program(ELP)이라고 한다. Accounting, IT(Information Technology), Architecture, Banking/Finance 등 각 분야의 전문가들끼리 모아서 교육을 받을 수 있게 하고 더 나아가서 각 분야의 기업과 연계되어 트레이닝을 받을 수 있다.

만약 정부에서 많은 이민자를 받아들여 놓고, 각자 알아서 살라는 식으로 대책이 없다면, 사회 체제와 제도에 익숙하지 않은 이민자는 개인적으로도 사회적으로도 문제가 될 것이다. 그렇기에 캐나다에서는 위와 같은 신규 이민자들이 잘 먹고살 수 있도록 인도하는 정책을 마련해 두었다. 이러한 이민자 프로그램들이 모두 캐나다 정부와 주 정부에서 실시하고 있는 무료 프로그램이고, 각 단체에서는 정부 보조금을 받기 위해, 앞다투어 신규 이민자를 더 좋은 프로그램으로 유치하려고 노력하고 있다. 그래서 세계 어느 나라에서 왔는지는 크게 상관없다. 스스로 어느 정도 영어가 가능하고 본인만의 기술을 가지고 있다면 취업하여 일상적인 경제활동을 하는 것에는 큰 문제가 없다.

내가 시험을 보고 간 곳은 켄톤(Kenton) 링크라는 곳인데, 이곳은 마치 초등학교와 같은 큰 건물과 운동장을 갖춘 곳이었고, 한국인을 포함해서 다양한 인종과 연령의 사람들이 모여 있었다. 이곳에서 만난 사람들은 대부분 이민 온 지 1년 미만의 초보자들이었다.

무상 교육이기 때문에 부담은 없었지만, 생계와는 무관하므로 중간에 아무 때라도 직업을 찾거나, 정식 고등학교 과정 또는 대학에 편입하게 되면 바로 그만두는 경우가 많았다. 내가 다닐 때도 한 중국인 여성은 최상급 반을 끝내고 칼리지 과정에 입학한다고 졸업하였다. 나는 새로운 영어 교육의 필요성보다는 직업을 구하는 게 목적이었기 때문에 짧게 2개월을 다녔고, 그 후에는 전문직들만 모아서 영어 교육을 시행하는 다른 기관으로 옮겨 다녔다.

따지고 보면 하루에 팔백 명, 매년 삼십만 명 정도의 해외 이민자들이 캐나다로 들어오는데, 그중에서 반 정도가 토론토를 포함한 인근 GTA(Great To-ronto Area) 지역으로 유입된다. 대부분의 이민자는 처음 이민 올 때 기본적인 정착비, 생활비 정도는 들고 와서 생활한다. 그 이후에는 무슨 방법으로든 장기적인 계획의 실천을 통해 무언가 캐나다 경제에 도움이 되는 경제 활동을 이어간다.

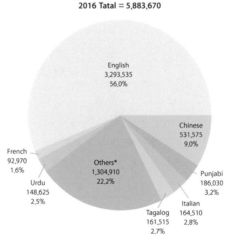

2016 Tatal = 5,883,670

English
3,293,535
56.0%

Chinese
531,575
9.0%

French
92,970
1.6%

Others*
1,304,910
22.2%

Punjabi
186,030
3.2%

Urdu
148,625
2.5%

Italian
164,510
2.8%

Tagalog
161,515
2.7%

* Others = Total minus sum of the listed languages.
Source: Statistics Canada

토론토 인구별 모국어 사용분포(2016)

일부 중동이나 아시아 국가에서 들어오는 사람들은 모국에서 가지고 있던 자산을 지리적으로만 이동해 처음부터 윤택하게 생활을 하기도 한다. 그러나 대부분의 이민자는 보통 개발도상국이나 내전으로 정정이 불안한, 즉 자국의 정치, 사회, 경제 여건들이 좋지 않은 상태에서 생활 수준의 상향을 목적으로 들어오기 때문에 최소한의 생활 자금만으로 초기 이민을 시작하는 경우가 많다.

사실 넓디넓은 캐나다 땅을 제대로 개발하기 위해서는 인구가 적어도 일억 명은 되어야 한다. 그래야 미국처럼 G2 정도의 강대국으로 진입할 수 있기 때문이다. 하지만 삼천육백만 명 밖에 안 되는 턱없이 부족한 인구가 캐나다의 큰 고민거리이다. 캐나다 정부에서는 1960년대 후반부터 인구 부족의 해결책을 이민을 통해 찾고자 노력해 왔다. 그에 따라 앞서 말한 이민자를 위한 정착 교육들을 여러 가지 방면으로 무상으로 실시하고 있다. 그래서 이러한 프로그램들을 잘 활용하면 초기 정착에 많은 도움을 받을 수 있다. 캐나다라는 큰 배를 제대로 운영해 나가기 위해서는 지금보다 더 많은 사람이 필요할 것이다. 그렇기에 캐나다 정부에서 새 이민자에 대해 이렇게 많은 예산을 쏟아붓는 게 이해는 간다.

09
캐나다에서 직장 구하기

○ ○ ○

　무슨 일이든 일에는 순서가 있다. 요리를 해도 무슨 요리를 해야 할지 우선 정하고, 레시피를 수집해서 어떻게 해야 하는지 머릿속으로 숙지해야 한다. 그 이후 재료를 사 와서 준비하고 요리 도구를 세팅해 재료를 다듬고 자르고 끓이고 익혀서 완성한 음식을 준비된 접시에 적절히 분배하면 오늘 저녁 가족이 함께 먹을 수 있는 훌륭한 상차림이 완성된다. 캐나다에 와 직장을 구하는 것도 이와 마찬가지로 몇 단계로 나누어 볼 수 있다. 처음 이민을 결정했을 때 우선 적당한 일을 찾아서 직장을 구하기로 했었다. 그래서 캐나다에 랜딩 후에는 원하는 직장을 잡는다는 목표를 달성하기 위해 그에 맞는 절차대로 진행하기로 했다. 직장을 구하는 것은 다음과 같은 단계로 진행된다.

1) 자료 수집

2) 이력서 작성

3) 이력서 보내기

4) 전화 인터뷰

5) 대면 인터뷰

6) 레퍼런스와 계약

1) 자료 수집

먼저 캐나다 현지에 도착하면 생생한 최신 정보를 모아야 한다. 캐나다 사회를 전혀 모르고 비록 안다고 하더라도 한국에서 책으로만 얻는 정보는 시기상 오래되어 이미 효력 없는 정보일 수도 있기 때문이다. 또 지역적으로 특화된 내용이면 알고 있는 내용과 다를 수 있다는 점도 염두에 두어야 한다. 그리고 남이 전해주는 정보에는 전달하는 사람의 개인적인 주관이 들어가기 때문에 내가 손수 취득하는 정보가 더욱 정확한 나만의 맞춤 정보일 수 있다.

자료 수집을 위해서는 지역의 공공기관들을 방문하는 것부터, 예를 들어 YMCA, Job Resource Center, 도서관, 학교, 한인 관련 단체를 이용하는 방법 등이 있다. 자료 수집 단계는 두 달 정도로 예상했는데, 이 기간을 한국에서 알 수 없는 현지 캐나다 문화를 익히는 과정으로도 생각했다. 작게는 교통수단 및 도서관 이용하는 방법부터 사람을 만나 네트워크를 형성하는 방법까지, 내가 새로운 캐나다 사회의 일원으로 제대로 녹아들 수 있는 것들을 생각해 볼 수 있다.

처음 한 달은 이곳의 정보를 최대한 수집해서 분석하기로 계획했다. 손에 잡히는 가능한 모든 정보를 얻기 위해서 앞서 언급한 각종 기관, 단체에서 운영하는 세미나와 미팅들을 거의 모두 참석해서 토론토의 생활과 직업에 관한 정보들을 수집하였다. 한인 커뮤니티는 다른 나라 커뮤니티보다 인구 비례로 생각하면 크다고 할 수는 없어서, 캐나디언 커뮤니티에 참여하는 것도 고려해야 한다. 일단 한 달 정도면 관련 기관들을 섭렵하니, 중복되는 정보들이 눈에 들어오게 된다.

2) 이력서 작성

두 번째 단계인 이력서 작성에 관해 이야기해 보자. 캐나다에서 직업을 구하려면 일단 이력서를 잘 써서 지원해야 한다. 이력서 작성은 한국처럼 십여 분만에 일필휘지로 휘리릭 써지지 않는다. 지원자와 채용 업체 간의 첫 대면이 이력서이기 때문에 그만큼 얼마나 한정된 지면 내에서 어필할 수 있느냐가 관건이다.

우선은 자신과 비슷한 경력의 이력서를 구해 참고하는 게 가장 좋다. 캐나다 내의 구직 사이트도 다양하게 많이 있어서, 이중에서 자기가 관련된 지원 회사채용 공고를 볼 수 있고, 역시 이런 곳에서 참고할 만한 이력서도 구할 수 있다.

이력서는 워드 포맷으로 한 장에서 두 장 정도로 작성한다. 그러나 한두 장은 최종본을 말하는 것이고, 처음 이력서를 작성하면 자기가 가진 프로필과 경력을 가능한 한 상세하게 더 이상 쓸 것이 없을 때까지 줄줄 몇 장이고 써 놓아야 한다. 그러면 그것을 원본으로 저장해 놓고 고이고이 잘 모셔 놓는다. 그리고 거기서부터 새로운 잡이 나올 때마다 모집공고에 나온, 필요한 스킬과 업무 내용이 매치되는 부분만 남기고 나머지 필요 없는 부분은 과감하게 삭제한다. 즉, 매번 지원할 때마다 지원해야 할 업무에 맞게 수정(커스터마이징)해서 보내야 한다는 것이다.

코카콜라와 스코샤뱅크에서 같은 프로그래머 직종을 모집한다고 하여도 코카콜라에서는 제조 또는 물류 업무 경험을 더 중시할 테고, 스코샤뱅크는 은행이니 금융, 보험 분야 업무 경험을 더 중시할 테니 각각 그에 맞게 표기하는 게 좋다는 의미다. 또 약간의 커스터마이징이 된 이력서를 여러 회사에 보내다 보면 나중에 지원회사에서 연락이 왔을 때 혼란이 올 수 있으니 다른 이름으로 각각 저장해서 보관하는 것이 바람직하다. 그러면 이력서를 보낼 때마다 매번 다른 아주 다양한 이력서가 쌓인다. 나는 한 번도 같은 이력서를 두 번 이상 보내본 적이 없다.

여러 Job Resource center에서 강의할 때 반드시 한 장으로 작성하라고 유도하는 카운슬러들이 있다. 그러나 세상에 절대 진리가 없듯이 이 사람들이 이야기하는 것은 융통성 있게 참고하는 것이 좋다. 몇 년에서 몇십 년 이뤄온 경력과 기술들을 어찌 한 장으로만 표현할 수 있겠는가. 물론 너무 길지 않게 두 장 정도 안에서 요약해 기술하면 좋다.

우선 가장 대표되는 기술과 특징 위주로 자신의 대표성을 첫머리에 요약하고, 그 이하로는 최근 순으로 자신이 일했던 경력과 일한 곳을 나열 기술한다. 자신이 했던 업무 내용을 기술하는 데 무슨(What) 일을 했다는 것보다는 어떻게(How) 그 일을 수행해서 스스로 어떤 발전을 하고 회사에 기여했는지 기술해야 한다. 또한 정성적인(Qualitiative) 내용을 적되 정량적인(Quantitative) 내용이 가미되어야 신뢰도가 높아진다. "Developed a large system for many years"보다는 "Developed Insurance system to interact with Java S/W for 3 years"가 더 구체적이고 정량적이다. 더 기억하기 쉽고 이해가 빠르다.

이력서와 함께 자기소개서(Cover Letter)를 함께 작성해서 보내는 것은 기본 중의 기본이다. 비록 채용회사에서 이력서만 보내라고 되어있다 하더라도 커버레터를 같이 보내는 것이 더욱더 유리하다. 내가 누구인지, 또 어떤 사람인지 어필할 유일한 기회이기 때문이다. 가능한 상세하고 구체적으로 나의 히스토리를 언급하는 것이 좋다.

자기소개서는 아래와 같은 내용을 고상하게 담아낼 수 있도록 기술해야 한다.

· 나는 '누구'이기 때문에 본 업무의 최적임자이다.
· 나는 그동안 '무슨 무슨' 업무들을 해 왔다.
· 그 '무슨' 업무를 하는데 '어떤' 방식으로 잘 처리해 왔다.

· 나는 '어떤' 일들에 강점이 있다.

· 그 강점들이 당신의 업무에 '어떻게' 도움이 될 것이다.

· 그래서 이 일에 있어서 내가 최고다.

· 그러니 나를 뽑아 달라.

이력서도 그렇고 자기소개서에도 회사의 채용공고에 표현된, 회사가 요구하는 스킬을 포함하는 것이 좋다. 예를 들어 채용공고에 SQL이라는 기술이 필수 요건 키워드로 표현되어 있다면, 내가 SQL이 가능하다는 전제 하에, SQL이라는 단어가 이력서와 자기소개서에도 같은 단어로 여기저기 표기되어야 한다는 것이다. 혹시라도 큰 기업에서는 하나의 채용공고에 과다한 이력서가 몰려서 지원되다 보니 제출한 이력서 파일에서 특정 키워드만이 들어 있는 지원서를 선별해 내는 프로그램을 사용한다는 믿을 만한 소문도 들려오기 때문이다. 단, 가장 기본이고 중요한 점은 사실 그대로를 언급하는 것이다.

이력서의 첫 번째 목적은 무엇일까? 무엇보다도 제일 중요한 목적은 대면 면접을 갈 수 있도록 선택되는 것이다. 아무리 잘 쓴 이력서라 해도 면접을 가기 위한 선택에서 탈락하는 이력서는 소용이 없다. 그래서 어떤 나라 출신들은 자기 이력서가 아닌, 화려한 업무 경력을 갖춘 다른 사람의 이력서를 조금 수정해서 자기 이름을 붙여 제출하는 예도 있다고 한다. 하지만 그렇게 거짓으로 작성하면 인터뷰 때 심도 있는 질문을 통과하기 어렵고 바로 퇴출

당할 수 있다. 또 한두 번 그렇게 거짓이 들통나면 해당 국가에 대한 선입견을 심어주는 결과도 초래한다. 따라서 기술적인 과장의 표현은 가능하지만 반드시 사실에 입각한 자랑이 되어야 한다.

이민자는 캐나다 내에서 일한 경험이 전무하기 때문에 문화적 차이에서 오는 미숙함으로 채용이 꺼려진다. 한국에서는 이름만 대면 다들 인정하는 대학교라도 캐나다에 와서 번역된 한국 졸업장과 성적증명서를 가져다주면, 그저 무리 중의 하나(One of them)가 되고 만다. 세계 도처 여기저기 아시아, 중동, 동유럽, 아프리카 등의 대학교들은 그 대학교가 뭐 하는 대학인지 아니면 사설 학원인지 구별하기 어렵다. 그래서 WES(World Education Service)라는 공인 기관을 활용한다. 이는 한국 대학교에서 직접 졸업장을 WES로 보내고, WES에서는 캐나다의 4년제 대학과 맞먹는 종합 대학이라고 공인하는 의미로 도장을 찍은 서류를 발급받는 방법이다. 그런 후에야 한국의 졸업장을 인정받을 수 있다. 대부분의 기업이나 국가기관에서 이를 활용한다.

3) 지원서 보내기

본격적으로 이력서 지원을 다뤄 보겠다.

캐나다의 채용공고는 다양한 웹사이트를 통해서 찾을 수 있다. 시기에 따라 부침이 있겠지만 캐나다에서 오랫동안 또, 지속해서 유지되고 있는 채용 관련 웹사이트는 대략 아래와 같다.

· *Workopolis* : *https://www.workopolis.com*

· *Monstor* : *https://www.monstor.ca*

· *Indeed* : *https://www.indeed.ca*

· *Linked in* : *https://www.linkedin.com*

· *CraigsList* : *https://toronto.craigslist.ca*

이 같은 웹사이트에서 자신의 업무에 맞는 검색어를 검색해서 찾을 수 있다. 이 외에도 각 기업이나 공공기관, 지방자치단체의 웹사이트들도 주기적으로 눈여겨봐야 한다. 또 작고 흔하지 않은 웹사이트들도 있는데, 나의 경우에 한 번은 의외의 웹사이트를 통해서 직장을 구한 예도 있었다.

기본적으로 이런 웹사이트에 매일 출근 도장을 찍어야 한다. 아침 또는 저녁 상관없이 매일 일정한 시간에 사이트를 골고루 방문하는 것이 좋다. 새로 업로드되는 공고가 있는지 면밀하게 검토한다. 일찍 일어난 새가 먹어도 많이 먹을 수 있다. 공고를 올린 회사에서도 마감 날까지 기다리지 않고 적당한 지원자가 있다면 먼저 인터뷰해서 공고를 일찍 마감할 수도 있기 때문이다. 그러니 공고가 나오는 즉시 미리미리 지원하는 게 좋다.

웹페이지에 올라온 잡 공고상에서 직접 로그인해서 이력서와 자기소개서를 업로드하는 경우도 많아졌다. 그렇지 않은 경우 본인이 직접 잡 공고에 소개된 담당자 제출 이메일로 이력서를 보내야 한다. 이메일을 보낼 때는 정형화된 형식은 없으니, 그냥 간단하게 '이번 공고된 잡 타이틀에 지원하니 확인해 달라'는 정도로 작성하고 이력서와 자기소개서를 첨부해서 보내면 된다. 이력서와 자기소개서 이외에 첨부할 서류가 있으면 첨부하라는 사이트도 간혹 있다. 예를 들어서 자격증, 수료증 등 객관적으로 증명할 수 있는 유리한 서류들은 반드시 최종본으로 스캔해 놓고 바로 이용할 수 있도록 해 놓아야 한다.

때에 따라 다르겠지만 지원서를 보내는 작업은 하루에 네 군데 정도는 할 수 있다. 오전에 두 건, 오후에 두 건 정도다. 각 회사의 채용공고에 맞게 이력서와 자기소개서를 수정하고 회사에 관해 공부하다 보면 어느새 한두 시간 이상은 소요된다.

지원한 각 회사 리스트는 반드시 엑셀 차트로 업무타이틀, 회사담당자, 지원 일자, 공고사이트 등 항목별로 만들어서 보관해야 한다. 한두 군데만 지원하는 것이 아니므로, 십여 군데가 넘어가기 시작하면 어느 곳이 어느 곳인지 헷갈리기 시작한다. 지원회사 리스트를 잘 정리해 놓으면 나중에 실제로 연락이 왔을 때 찾아보기가 용이하다.

4) 전화 인터뷰

회사에서는 이력서를 어느 정도 추리고 난 후, 실제로 지원자들을 만나 인터뷰를 하며 어떤 사람인지 파악한다. 특별히 캐나다에서는 외국에서 온 이민자들이 많다 보니 그들의 커뮤니케이션 능력이 어느 정도인지를 먼저 파악(Screening)한다. 가장 쉽게 스크리닝할 수 있는 것이 바로 전화 인터뷰다. 물론 전화 인터뷰의 목적은 커뮤니케이션 능력 파악이라기보다는 대략의 이력서 사실을 확인하는 과정이다. 하지만 만약 지원자가 영어를 하지 못한다면 더 이상 볼 것도 없다. 즉 기본적으로 영어 소통이 원활하다는 전제 하에 전화 인터뷰가 진행된다고 보면 된다. 먼저 대상자의 이력서를 놓고 전화를 걸어 의사소통도 잘 되고 사실관계가 명확하다고 싶다면, 다음 단계인 실제 대면 인터뷰로 넘어가게 된다. 이 단계에서는 보통 인사담당자가 연락하는 게 보통이다.

전화 인터뷰는 실제 대면 인터뷰와는 달리 보디랭귀지를 사용할 수 없기에 더 어려울 수 있다. 더구나 통화 음질이 안 좋을 수 있고, 주위 소음 등이 있어 더 집중해야 한다. 전화 인터뷰가 잘 끝나면 이미 합격한 것처럼 두근두근 신나지만 더 큰 난관이 이후에 기다리고 있으니 미리 김칫국은 마시지 않는 것이 좋다.

실제로 전화 인터뷰는 '인터뷰'라기보다는 인사담당자가 지원자에게 연락하여 간단한 인적사항, 지원동기 등을 묻고 인터뷰 일정이 잡히면 연락을 주겠다는 식으로 끝나는 경우가 많기 때문이다. 세부적인 인터뷰는 전화 인터뷰에서는 생략되는 경우가 많다. 이렇게 전화 인터뷰를 하게 되면 새로 해야할 일이 생긴다. 우선 회사 홈페이지를 샅샅이 뒤져 회사 전반에 대한 정보를 최대한 많이 습득해야 한다.

이력서를 보낼 때 개략적인 내용은 당연히 훑어보았겠지만 앞으로 있을 '대면 인터뷰'를 위해 회사에 대한 정보를 꼼꼼하게 살펴보아야 한다. 공개된

연간보고서(Annual Report)는 기본적으로 숙지하는 것이 좋다. 해당 회사의 매출이 어느 정도이고, 이익은 얼마나 나는지, 마켓의 구성은 어떻게 되어있고, 지금 어떤 사업에 주력하고 있는지, 또 경영진은 어떤 사람들로 구성되어 있는지 살펴보는 것이 도움이 된다. 그래야 인터뷰 때에 대화가 부드럽게 진행될 수 있기 때문이다. 보통 인터뷰를 담당하는 사람은 중간 관리자들이기에 회사에 대해서 자기 손바닥 안처럼 아는 사람이 지원자라면 더 호감이 갈 수밖에 없다.

5) 대면 인터뷰

내가 첫 직장을 잡았을 때는 거의 백여 통의 지원서를 보냈었다. 그 이후 두 번째 회사로 옮길 때는 거의 이백여 통을 보내 지원했었다. 회사에 지원하고 나면 평균 열흘 정도 지나서 연락이 오기 시작한다. 심한 경우엔 두 달이 지났을 때 연락이 오는 예도 있었다. 지원자에 따라 편차가 있겠지만 백여 통 정도 지원하면 열 번 정도 연락이 온다고 생각하면 된다.

이메일로 연락이 오기도 하지만 전화로 오는 경우가 더 많다. 전화로 연락이 오는 경우는 두 가지다. 에이전트에서 오는 경우와 지원회사 인사담당자에게서 직접 오는 경우다. 에이전트에서 오는 경우는, 내가 미리 웹사이트에 올려놓은 이력서를 보고 회사를 찾아보고 중계를 해 주겠다고 연락을 주는 경우다. 잡링크라는 에이전트사에 이력서를 등록해 두었더니 한 담당자가 TD 뱅크에서 의뢰해 온 잡에 대해 잡링크 이름으로 지원해 주겠다며 연락을 준 예도 있었다. 이런 경우 담당자의 이야기를 믿고 합격한 것처럼 생각하면 안 된다. TD 뱅크에서 여러 에이전트에 의뢰한 것이기에 수십 명이 한 자리를 놓고 서류 전형에 지원한 것으로 보아야 한다. 서류를 넣은 이후 대면 인터뷰 대상자가 된 이후에야 나에게 다시 연락이 오게 된다.

내가 직접 찾아 지원한 회사의 인사담당자가 연락해 오는 경우가 오히려 더 긍정적이다. 간단한 인적사항과 지원 의사를 묻고 바로 대면 인터뷰 일정을 잡게 되기 때문이다. 이렇게 드디어 실무자와 대면 인터뷰를 진행하게 된다. 전화 인터뷰를 통과해 대면 인터뷰에 가게 된다면, 보통 두 명 내지 세 명 정도 인터뷰를 진행한다. 인터뷰에는 인사담당자, 실무담당자, 매니저 또는 임원 등이 참여한다. 회사나 업무에 따라 다르기는 하지만 인터뷰 내용은 대략 아래와 같다.

· 간단한 자기소개를 해 보세요.
· 우리 회사에는 어떻게 지원하게 되었습니까?
· 지금은 무슨 일을 하고 있나요?
· 본인이 했던 업무 가운데 어떤 것이 제일 힘들었나요?
· 상사와 의견이 안 맞을 때 어떻게 풀어 가겠습니까?
· 앞으로 5년 후에는 어떤 계획이 있습니까?

인사담당자들은 이런 의례적인 질문을 던진다. 이에 대해 바로바로 대답할 정도는 되어야 한다. 물론 영어로 말이다. 그런데 사실 본인의 스토리를 머릿속에 잘 짜 놓았더라도 생각 속의 이야기는 한국말로 짜졌을 것이다. 그렇게 머릿속에 있는 것을 입을 통해서 '영어'로 내보내려면 그건 또 다른 이야기다. 비록 아주 간단한 내용이라도 원어민이 아니니 영어로 스피킹하려면 갑자기 단어가 막히고, 심지어 'bank' 같은 아주 간단한 단어도 생각이 안나서 당황할 때도 있다. 그러니 미리 인터뷰 답변은 집에서 영어로, 가족 앞에서라도 꼭 연습해야 한다. 왜냐하면 우리는 원어민이 아니기 때문이다.

그리고 이후 본론으로 들어간다. 본론은 지원하는 분야의 기술적인 내용에 대한 것이다. 아주 깊숙하게 세세한 부분까지 인터뷰가 진행된다. 그래서 거짓으로 채워 넣은 이력서는 절대 이 과정을 통과할 수 없다.

인터뷰에서 기술적인 테스트를 받았던 내용은 다양하다. 프로그램 랭귀지를 코딩해 본 적도 있고, 국가공인 자격증 시험처럼 장황한 테스트도 있었다. 또 한 번은 주어진 업무를 간략하게 설명해 주고는 바로 데이터베이스를 디자인하라며 보드마카를 쥐여준 적도 있다. 삼십 분 넘게 하얀 칠판에 세밀한 그림과 도표를 땀을 뻘뻘 흘리며 그린 적도 있다. 내 이력서에 적혀 있는 한국 회사에서 구축한 시스템의 구성도를 상세히 그려보라는 질문을 받기도 했다. 사실 기술 인터뷰는 상상외로 구체적이고 집요해서 실제로 업무를 모르고 관리만 했다면 대답하기 어려운 것들이 많이 있었다.

그리고 마지막으로 주어지는 두 가지 질문이 있다.

· 원하는 보수는 어느 정도 되나요?

이 질문의 정답은 무엇일까? 마냥 높여서 부를 수도 없고, 너무 낮추면 실제 채용되면 그대로 굳어지니 아쉬워질 수도 있다. 대략 구간을 설정해서 '백 달러부터 이백 달러 정도 생각하고 있는데, 회사에서 책정한 금액이 있을 테니 협상 가능합니다'라는 정도가 괜찮다.

또 한 가지 꼭 묻는 질문은 아래와 같다.

· 마지막으로 하고 싶은 이야기가 있습니까?

"글쎄요. 지금 당장은 별로 없는데요."

라는 대답은 정답이 없는 이 질문의 답변 중 백 퍼센트 오답이다. 정답은 여러 가지가 있겠지만, 예를 들자면,

"회사 홈페이지를 찾아보니 보험 분야 사업이 확장 예정이던데 제가 하게 될 업무가 그쪽과 관련이 있나요?" 또는

"만약 제가 채용되면 업무 시작 전에 어떤 스킬을 준비하면 좋을까요?"

등이다. 잘 생각해서 미리 질문 한두 개는 만들어 놓고 가야 한다. 지원한 업무와 회사에 매우 적극적으로 관심이 많다는 것을 어필하면 좋겠다.

6) 레퍼런스와 계약

대면 인터뷰까지 끝났다면 마지막은 진인사대천명, 기다림이다. 보통은 일주일 이내로 연락이 오지만 회사 사정에 따라 이삼 주 소요되는 예도 있다. 애가 타는 기간이지만 을의 처지에서는 어찌할 수 없기에 잊어버리고 다음 회사로 이력서를 보내는 것에 집중하는 게 좋다.

이런 과정으로 계속 채용 연락을 기다리게 된다. 채용이 결정되면 회사에서는 지원자에게 레퍼런스를 요구한다. 레퍼런스는 보통 두세 명 정도의 레퍼리(Referee)를 요구한다. 축구에서만 레퍼리가 있는 것이 아니다. 직장에 들어갈 때도 레퍼리가 있는데 이는 쉽게 말해 추천인, 보증인으로 생각하면 된다. 지원자는 레퍼리를 선정해서 지원한 회사에 이름, 이메일, 전화번호 등의 정보를 넘겨준다. 회사에서는 전달받은 레퍼리에게 직접 연락해 지원자의 회사 생활, 업무성과, 기타 정보 등을 확인한다. 아니면 지원자가 직접 이전 회사에 가서 직접 레퍼런스를 써 달라 하고 레퍼리는 지원자가 보지 못하도록 공식 편지봉투에 밀봉해 받는 예도 있다. 지원자는 이를 회사에 전달하게 된다. 요즘은 백 체크(Back Check)를 하는 독립된 회사가 있어서 그들에게 채용회사에서 의뢰하는 방법이 많이 사용되고 있다.

그렇기에 레퍼리 요청을 받게 되면 본인에 대해 잘 이야기해 줄 수 있는 전직 매니저나 담당 교수 등의 연락처 정보를 전해주면 된다. 회사에서는 레퍼리를 통해서 나의 업무 능력, 태도에 대해 파악할 수 있고 이를 통해 문제가 없다면 계약서에 사인하라고 지원자를 부른다.

대면 인터뷰에서 합격했다고 하더라도 이와 같은 레퍼런스를 가볍게 보면 절대 안 된다. 어떤 사람은 이전 회사에서 매니저와 업무 스타일이 잘 맞지 않아 사사건건 충돌했는데, 결국 견디지 못하고 퇴사하게 됐다고 한다. 그리고 나중에 다른 회사를 지원하면서 여러 번 인터뷰를 보았는데, 매번 인터뷰까지는 잘 통과했지만 번번이 레퍼런스 단계에서 떨어져 취업이 어려웠다고 했다.

이처럼 이전 직장 매니저가 레퍼런스 요구에 대해 앙심을 품고 좋지 않은 이야기를 하는 경우가 생길 수 있다. 물론 노골적으로 나쁜 놈이라 표현하는 경우는 없다. 일은 잘하지만 다른 사람들과 화합을 잘 못 해서 팀 분위기에 녹아들지 못한다는 식으로 살짝 돌려 평가하는 경우가 많다. 이렇게 되면 해당 지원자는 취업하기 어려워진다. 그래서 캐나다의 직장에서는 가급적 매니저와는 충돌하지 않으려 하는 분위기가 있다. 자연스레 매니저는 그를 무기로 삼아 막강한 힘을 지니게 된다. 캐나다에서 직장을 옮기는 것은 그리 어려운 일이 아니다. 언제 어떻게 될지 모르기 때문에 언제나 동료, 상사들과 좋은 관계를 잘 유지하고 다니는 것이 좋다. 다음 직장을 가기 위해서는 반드시 이전 직장의 레퍼런스를 요구하니, 관계가 원활하지 않은 사람들은 관계회복을 위해 노력해야 하고 뒤통수 맞을 일은 절대 하지 말아야 한다.

계약서에 사인하는 것은 더 이상 이야기할 필요도 없다. 단, 중요한 것은 계약서는 꼼꼼하게 살펴보아야 한다는 것이다. 한 번은 어떤 회사에 인터뷰하게 되었는데, 인터뷰가 끝나자마자 계약하자고 계약서를 들이민 적이 있다. 이때 처음 한 달은 교육 기간, 그 이후에는 일한 만큼 몇 퍼센트 인센티 브가 있다는 식으로 구구절절 설명하기에 이상하다는 생각이 들어 사인하지 않고 뛰쳐나온 적도 있다. 알고 보니 다단계판매 회사였다. 캐나다에서는 이처럼 새로 온 이민자들을 상대로 사기를 치는 예도 있으니, 이런 나쁜 짓을 하는 사람들을 조심해야 한다. 계약서에 잘못 사인하게 되면 이를 다시 돌리는 데에 어려움이 많이 생길 수 있기에 더욱 신중히 처리하자.

10
모자이크 커뮤니티 안으로

○ ○ ○

처음 랜딩하면서부터 한두 달은 한국 커뮤니티를 주로 찾아다니며 많은 정보를 얻을 수 있었다. 하지만 이제는 꼭 그렇게 국한할 필요가 없다는 생각이 들었다. 어쨌든 내가 여기까지 오게 된 것도 새로운 캐내디언 사회에 진입해서 적응하고 겨뤄보자는 생각이 첫 번째였고 그러기 위해서는 캐내디언 커뮤니티에 들어갈 수 있는 길을 열어야 한다는 생각을 하게 됐기 때문이다.

그래서 다음은 토론토 교육청(TDSB)에서 연관된 일자리 찾기에 관련한 세미나를 한다고 하여 참석했다. 강의실에 모인 사람들을 보니 인도계, 아프가니스탄계, 이란계, 러시아계, 라틴계 등 다양하게 모였는데 동양인은 달랑 나

하나뿐이었다. 강사는 아디쉬라는 사람이었는데 알아듣기 어려운 중동 영어로 열강을 하고 있었다. 한국에서는 미국식 영어를 교육받기에 주로 미드에 나오는 미국 발음에 익숙해 있었다. 그러나 한국 밖으로 나와서 실제로 접하는 영어는 인도식 영어, 아랍식 영어, 아프리카식 영어, 동구권 영어, 중국식 영어, 남미식 영어까지 출신에 따라 다양했다. 그 때문에 리스닝을 잘 하기 위해서는 다양한 영어 억양에 익숙해져야 했다. 그런데 신기하게도 캐내디언들은 그 많은 사투리 영어(?)들을 쏙쏙 잘 이해했다. 어쨌든 이러한 기관에서는 이민을 오면 처음 알아야 할 기초지식부터 사회 전반의 프로그램을 상세하게 설명해 준다.

캐나다에서 이런 소그룹 워크숍은 강사의 강의와 함께 참석자 개개인의 의견 개진, 소그룹 토의 등 개인의 생각을 충분히 반영하고 경험을 나눌 수 있는 토론 문화가 그대로 반영되어 진행된다. 그래서 세미나나 강의를 가면 강사의 일방적인 강의에만 익숙해져 있던 한국 사람으로서는 영어 때문에 귀를 쫑긋 세우고 긴장하는 것과 더불어 끊임없이 내 생각과 의견을 만들어 내야 하는 일정에 쉽게 피곤해질 수 있다. 강사와 함께 수강생 모두의 의견이 함께 개진되어 진행되기 때문에 자신이 강의의 일부가 되었다는 주인의식이 자신도 모르게 자리 잡고, 마지막 날 강의 평가용지를 쓸 때는 알게 모르게 자신의 책임감을 떠올릴 수밖에 없어서 강의의 만족도는 당연히 높아지게 된다.

아직 익숙하지 않은 '영어' 강의에서도 역시 한국대표는 달랑 나 혼자였다. 몇 군데를 다녀봤지만 영어로 진행되는 신규 이민자를 위한 프로그램에서는 한국 사람을 만나지 못했다. 요새 한국에서 새로 들어오는 이민자가 많이 감소한 이유도 있겠지만 영어에 대한 두려움이라는 무시하지 못할 장벽 때문인 것 같다. 이번 워크숍 참석자들은 브라질, 스페인, 베네수엘라, 싱가포르, 필리핀, 파키스탄, 이란 등지에서 온 사람들로 구성됐다.

브라질에서 온 데니스는 역시 나보다 영어가 유창하고 키도 큰 건장한 메스티소 여성이다. 그녀는 마케팅 전문가로 5년 전에 이민 왔지만, 처음 왔을 때는 캐나다에서 공부하다가 다시 브라질로 돌아갔었고 이번에는 아주 정착하러 왔다고 했다. 그녀와는 옆자리였기에 소그룹 토의를 하며 친해질 수 있었다. 역시 옆자리라 소그룹 토의를 많이 했던 사하는 테헤란에서 은행직원으로 일했고 남편과 함께 온 지 한 달밖에 되지 않았다고 했다. 이란에서는 여자들이 차도르를 써야 하지 않느냐고 물으니, 테헤란에서는 그냥 스카프 정도만 하는 사람이 많고 요새는 보통 차도르를 쓰지 않는다고 했다. 그녀의 영어 발음은 별로 좋지 않았지만 자기 할 말은 신기하게도 잘 했다. 대부분의 이란 사람을 포함한 외국인들은 구어체 사용에는 전혀 문제가 없는 경우에도 단어나 어려운 문장 해석은 대화만큼 못 따라가는 경우가 많았다. 우리나라 사람들이 독해에 높은 점수를 받고도 회화는 잘 못 하는 것과는 반대였다. 아마도 우리나라에서는 입시 위주로 문어체 영어 교육에만 집중했던 탓인 것 같다.

파키스탄에서 온 할아버지는 파키스탄 항공에서 기술자로 일한 경력자라고 했다. 그는 파키스탄과 국경을 접하고 있는 아프가니스탄과 하루가 멀다고 여기저기에서 분쟁이 많이 일어나 불안해져 이민을 결정했다고 말했다. 그의 아들은 이민 온 지 10년이 되었지만 요즘은 실직해서 실직수당을 받는다고 했다. 이처럼 캐나다에서는 직장을 다니다가 해고를 당하면 1년 동안은 실직수당을 받을 수 있다. 원래 다니던 회사에서 받던 급여의 55%까지도 받을 수 있다.

파키스탄 출신 할아버지는 환갑을 훌쩍 넘었는데도 구직을 위해 이런 세미나를 찾아다니고 있다니, 역시 캐나다는 나이, 성별, 결혼, 인종 여부 등에 따라서는 차별하지 않는 곳이라고 느낄 수 있었다.

호세는 베네수엘라에서 온 젊은 청년인데, 혼자 이민 왔다고 했다. 그는 남미 쪽 몇몇 나라에서 일한 경력도 있어서 캐나다에 적응하기는 어렵지 않을 것 같았다. 컴퓨터 컨설턴트라고 했는데, 알고 보니 요즘 한참 잘 나간다는 SAP 컨설턴트였다. IT 관련 종사자라면 물론 알겠지만, SAP 컨설턴트는 어느 나라에서건 수요가 많은 직군으로 캐나다에서 경력만 좀 쌓이면 아주 잘 팔리고 고소득을 올릴 수 있는 직종이다.

아르미는 필리핀에서 온 이십 대의 젊은 여성이다. 필리핀에서는 자기 혼자 어디 나가본 적이 없다면서, 캐나다에 온 지 얼마 되지 않았지만 이젠 혼자 외출할 수 있어서 좋다고 말했다. 원래 필리핀에서는 성인이 되어서도 여자 혼자 잘 못 다니게 하는 엄한 문화가 있는지, 아르미 집안이 그랬는지는 모르겠지만, 그렇게나 문화적 차이가 있다는 게 신기했다. 유색인종 가운데 가장 많은 이민자는 필리핀 사람들이다. 주로 여자들이 간호사로 많이 진출하고, 보모로도 많이 일하고 있다. 그 때문에 어느 병원을 가더라도 반드시 만날 수 있는 사람이 필리핀 출신 간호사이다. 아마도 필리핀 출신은 영어에 능통하므로 더욱 많이 진출할 수 있는 것 같다.

이민 온 지 석 달 된 조지와 린다 부부는 조지가 싱가포르 항공에서 기술자로 일하다가 노조가 없는 싱가포르 환경에서 해고당해 일자리를 찾아 이민 오게 된 경우였다. 같은 동양인이라서 그런지 린다는 마지막 날 인터넷 서핑하다가 찾았다며 IT 프로그램 일자리를 몇 장 뽑아서 친절하게 가져다주기도 했다. 역시 갖가지 인종이 같이 모여도 첫 번째는 한국인, 두 번째는 머리 색 같은 동양인, 세 번째는 비슷하게 마이너를 구성하고 있는 소수 민족에게 더 친숙함을 느끼게 되는 것 같았다. 참 신기한 기분이었다.

캐나다 직장문화에 생소한 이민자들에게는 아주 유익한 직업 구하기 워크숍이었다. 많은 정보를 새롭게 찾을 수 있게 된 것도 새로운 소득이었지만, 역시 캐나다 이민 사회에 대한 작은 축소판이라고 할 수 있을 정도로 세계 각지에서 모인 사람들을 통해서 이 사회가 왜 이민을 받아들일 수밖에 없고, 그런 새로운 이민자들을 어떻게 쓸 만한 인력으로 변환시키는지에 관해서도 약간의 실마리를 얻을 수 있었다. 흔히들 캐나다는 다양한 소수 민족이 모여서 그들의 고유 민족의 정체성을 지키면서 캐나다라는 커다란 모자이크 사회를 이루는 나라라고 한다. 역시나 캐나다 사회의 한 단면을 엿볼 수 있었던 시간이었다.

TIP 3

영문 이력서 작성 가이드

○ ○ ○

David Park

123 Christie Ave, Toronto, ON

(647) 239-1234 / david.park@gmail.com

최상단 중앙에 본인의 이름과 연락처를 기재한다. 혹자는 우편 주소 전체를
기재하기도 하지만, 바로 연락이 가능한 전화번호와 이메일 주소만 있어도
무방하다.

2. 목적(Objective)

> **CAREER OBJECTIVE**
>
> To obtain a challenging DBA position in a highly quality database environment

이 부분은 지원하는 회사에 지원자의 목표와 경험, 그리고 어떤 일을 원한다는 것을 간단명료하게 제시할 수 있다.

Sales Representative for IBM focusing on new business development

Quality Assurance working with database modeling in the banking industry

3. 자격요건(Highlights of Qualifications) 또는 기술요약(Technical Skills)

> **SUMMARY OF QUALIFICATIONS**
> - Advanced proficiency in a variety of database applications
> - Proven knowledge of data handling through certified OCA, OCP, OCE, MCP, MCSA
> - Team player with proven ability to use negotiation and supervision skills
> - Equipped with Strong SQL and T−SQL script skills on DDL, DML and DCL

자신의 기술과 특징을 한눈에 대표할 수 있는 자격요건에 대한 요약문장이 필요하다. 회사 관점에서는 수많은 이력서를 일일이 보기가 쉽지 않으므로 첫 장 첫 문단에 요약된 스킬과 특징을 축약해서 기재해 관심을 끌 수 있도록 하자. 보기 좋게 'Bullet point'로 나열한다. 더불어 다음과 같은 사항이 포함될 수 있다.

· 한두 문장으로 축약된 주요업적에 관한 기술

· 업무 관련 경험, 기관, 특화된 내용

· 특징적인 *Hard and Soft* 기술 내용 및 자격 사항 등

예를 들면,

· *Two years of attentive care in a variety of wards in Humber Hospital*

· *Technical expert in 5 years as a DBA and Data analyst in various banking system environments*

· *Proven knowledge of data handling through certified OCA, OCP, OCE, MCP, MCSA*

TECHNICAL SKILLS
- Database : Oracle 11G/12C, MS SQL Server 2012, MySQL, MS Access
- Database Tool : MS SQL Server Integration Services(SSIS), Oracle RMAN, RAC, ASM, EM
 11g, Visual Studio, phpMyadmin
- Programming : C++, VBA, HTML, PL/SQL, T-SQL, Oracle Forms, Javascript
- Operating System : Windows, Linux Redhat, Unix, Apache

---

4. 시간순 이력서 vs. 기능 순 이력서

이력서는 시간순 이력서(Chronological Resume)로 할 것인지, 기능 순 이력서 (Functional Resume)로 할 것인지 한 가지로 전략을 정해야 한다. 대부분은 가장 최근 것, 즉 현재 종사하고 있는 업무로부터 시간의 역순으로 기재하는 시간순

이력서가 바람직하다. 만약 부득이하게 경력단절과 같은 사례로 인해 최근의 업무보다는 더 오래된 경력을 우선으로 보여주어야 할 때는 적절히 기능 위주로 재배치하면 된다. 단, 경력이 너무 많더라도 꼭 필요한 경우가 아니면 최근 10년 정도 경력 위주로 기재하는 것이 좋다.

5. 업무 경험

실질적으로 가장 중요한 본인의 업무 내용에 관해서 기술할 때는 본인이 실질적으로 이룩한 업적 위주로 기술한다. 그러나 '무엇무엇을 했다'보다는 '무엇무엇을 어떻게 했다'가 중요하다. 예를 들어 '무슨 프로젝트에서 어떤 프로그램을 만들었더니 생산성이 2배가 되었다'라든지, '무슨 세미나를 기획해서 주최했더니 사원 만족도가 몇 퍼센트 늘었다'와 같은 정량적인 수치가 가미되면 더욱 좋을 것 같다. 그런데 사실 가장 중요한 것은 실질적인 업무 경험이지 그럴듯한 단어의 나열이 아니다. 업무 경험에 대한 의미전달이 잘 되게 표현한다면, 어떻게 기술하든 (엉터리 영어 문장만 아니라면) 선택받는 데 큰 문제가 없다.

ABICO Business Soft Inc. Toronto, On   Feb 2016 ~ Mar 2017
Oracle DBA

- Installed Oracle Enterprise Database over Windows Server and Linux system
- Managed and administrated Oracle Enterprise Manager Gird Control in multiple database environment
- Configured Oracle Active Data–Guard and Data Guard broker for switch over in times of production or live databases automatically
- Resolved issues of moving files on primary databases without effect on standby

---

학력도 물론 최근 것부터 연대순으로 기술한다. 추가로 자격증이 있으면 대표되는 자격증부터 기술한다. 캐나다에서는 이력서로 나이를 판단하지는 않는다. 법적으로는 나이에 따라 채용 여부가 결정되어서도 안 된다고 되어 있다. 하지만 너무나 많은 나이는 채용하는 회사 처지에서도 부담이 될 수 있다. 그래서 한 가지 방안이 바로 고등학교 또는 대학교 졸업 연도로 지원자의 대략의 나이를 가늠하는 것이다. 그래서 47세에 캐나다 이력서를 뿌리기 시작한 나로서는 고등학교, 대학교 졸업 연도를 살짝 생략했다.

(학력 사항 예시)

EDUCATION

Advanced Diploma in Software Engineering, Centennial College, Toronto, ON   **Jun 2014**

Bachelor of Computer Science, Dongsan University, Seoul, Korea   **Feb 2002**

(자격 및 상벌 사항 예시)

CERTIFICATIONS / AWARDS
- **MCSA** (Microsoft Certified Solutions Associate), Apr 2014
- **OCP** (Oracle Database 11g Administrator Certified Professional), May 2009

그리고 이력서의 맨 마지막에는 혹시 레퍼런스가 필요하다면 언제든지 연락처를 제공할 수 있다고 기재하여 마무리한다.

(영문 이력서 Resume 예시)

David Park

123 Christie Ave, Toronto, ON

(647) 239–1234 / david.park@gmail.com

CAREER OBJECTIVE

To obtain a challenging DBA position in a highly quality database environment

SUMMARY OF QUALIFICATIONS

- Advanced proficiency in a variety of database applications
- Proven knowledge of data handling through certified OCA, OCP, OCE, MCP, MCSA
- Team player with proven ability to use negotiation and supervision skills
- Equipped with Strong SQL and T–SQL script skills on DDL, DML and DCL

TECHNICAL SKILLS

- Database : Oracle 11G/12C, MS SQL Server 2012, MySQL, MS Access
- Database Tool : MS SQL Server Integration Services(SSIS), Oracle RMAN, RAC, ASM, EM 11g, Visual Studio, phpMyadmin
- Programming : C++, VBA, HTML, PL/SQL, T–SQL, Oracle Forms, Javascript
- Operating System : Windows, Linux Redhat, Unix, Apache

PROFESSIONAL EXPERIENCE

ABICO Business Soft Inc. Toronto, ON   **Feb 2016 ~ Mar 2017**
Oracle DBA

- Installed Oracle Enterprise Database over Windows Server and Linux system
- Managed and administrated Oracle Enterprise Manager Gird Control in multiple database environment
- Resolved issues of moving files on primary databases without effect on standby
- Designed logical ERD, physical database with MySQL for installing and customizing the Magento e–Commerce CMS(Content Management System)

Dennis Insurance Limited. Brampton, ON   Sep 2013 ~ Dec 2015
Computer Operator

- Monitored and controlled computer and peripheral electronic data processing equipment to process business, scientific, engineering, and other data according to operating instructions.
- Performed commands at a computer terminal and set controls on computer and peripheral devices.
- Designed, upgraded equipment; worked with engineers and read blueprints
- Analyzed, designed and created logical, physical database for Pharmacy management system
- Created weekly/monthly status reports and presented system performance status regularly

EDUCATION

Advanced Diploma in Software Engineering, Centennial College, Toronto, ON   **Jun 2014**

Bachelor of Computer Science, Dongsan University, Seoul, Korea   **Feb 2002**

CERTIFICATIONS / AWARDS

- **MCP** (Microsoft Certified Professional), Jun 2017
- **MCSA** (Microsoft Certified Solutions Associate), Apr 2014
- **OCP** (Oracle Database 11g Administrator Certified Professional), May 2009

References Available Upon Request

TIP 4

영문 자기소개서(커버레터) 작성 가이드

○ ○ ○

커버레터는 한 장 정도로 요약해서 작성하는 게 좋다. 커버레터는 입사 지원하는 데 있어서 내가 왜 이 편지를 쓰게 되었으며, 내가 가진 것이 무엇이며, 내가 가진 그것을 어떻게 지원회사에 이롭게 쓸 수 있는지 기재하는 일종의 세일즈를 펼치는 요약본이라 할 수 있다. 편지의 형식은 다음과 같다.

맨 위에는 이력서와 동일한 표지(이름, 주소, 연락처)가 있어야 한다.

두 번째는 편지를 쓰는 날짜를 기재하고, 두 줄 정도 띄워서 지원회사 담당자와 지원회사의 회사명, 주소를 적는다.

다음에는 'Dear 누구누구'라는 첫머리가 공식처럼 들어가야 한다. 보통 지원회사 담당자의 이름이 공개되는 경우가 드물어서, 그럴 때는 'Dear Hiring Manager', 혹은 'Dear Manager' 정도로 해 주어도 괜찮다.

첫 번째 단락은, 내가 왜 이 편지를 쓰게 되었는지를 담는다. 'Why am I writing this letter?'에 답한다고 생각하면 된다. 지원회사의 모집공고에 따른 지원서라면 어디 어디에 올라온 모집공고의 어떤 Job Title에 대해 지원한다고 기재한다. 본 직종에 대해 최적의 기술을 갖춘 최고의 지원자라는 것을 어필할 수 있어야 한다.

두 번째 단락은, 내가 가진 것이 무엇이 있는지를 담는다. 'What can I offer to the company?'에 대한 답이다. 즉, '나'라는 제품을 잘 팔 수 있는 'Selling point'가 이 부분에 나와야 한다. 내가 가진 열정과 기술이 회사에서 필요로 하는 요건을 어떻게 잘 해결할 수 있는지 어필해 주어야 한다. 필요업무와 관련해서 나의 업무 실적에서 어떻게 그런 것들을 성공적으로 완수했는지 알려주는 단락이다.

마지막 단락은, 감사 인사 혹은 후속 조치다. 끝까지 읽어주셔서 감사하다는 간단한 문장으로 마무리하면 된다. 추가로 인터뷰할 수 있거나 혹시라도 질문이 있다면 언제든지 답변할 수 있다고 첨언한다.

그리고 맺음 문구와 이름으로 마무리한다.

(영문 Cover Letter 예시)

Robert Chang
3-720 Fairview Dr, Pickering, ON
(415) 330-2787 / rchang2580@yahoo.ca

September 2nd, 2019

Canadian Aircraft Engineering Inc.
#93-300 Steels Ave West,
North York, ON,
M3Z 1X8

Dear Hiring Manager,

I would like to apply for the Aircraft Repair Technician position now available at your company. I am confident you will find a perfect match between your needs and my strong skills and experiences in this position.

First of all, what I had learned at Centennial Aviation College was a typical aircraft maintenance technique processes just as same as this job description. During my 3 years training as a maintenance technician, I have handled all the responsibilities that come with this position. I have an ability to use the correct tools, methods, techniques and equipment required to perform aircraft maintenance. I am highly knowledgeable with the overall aviation maintenance process.

During the period I had worked in Barrie Aviation Center as a senior technician, I had equipped myself with leadership and enthusiasm, and I obtained excellent communication and interpretation skills. These abilities also help me when I am working in group. With strong communication, organizational and management skills, I am very sure I would be an asset to your company and maintain its high standards.

I thank you for your attention to my resume. I appreciate your taking the time to read and consider my letter. I look forward to hearing from you at your earliest convenience.

Sincerely,

Robert Chang

Robert Chang

11
Harris라 불러 다오

○ ○ ○

이력서를 여기저기 뿌리며 직업소개소, 아니 잡 에이전시(Job Agency)를 쫓아다니다 보니 참 다양한 에이전트들을 만날 수 있었다. 그중 콜롬비아 출신 앙드레가 지나가는 말로 내게 제안했다.

"이름을 좀 더 캐나다에 맞는 거로 바꾸면 어때?"

라고 말이다. 뭐, 이름을 바꾸라고? 멀쩡한 내 이름이 있고 누구나 부르기 쉽고 괜찮은데 왜 바꿔야 하는지 이해할 수 없었다. 이민 와서 몇 달 되지 않은 시점이었지만 외국에 사는 사람들이 흔히들 영어 이름으로 바꿔서 생활하는 데 반해 나는 별로 그럴 필요를 못 느끼고 있었다. 예를 들어 '최정철'이라 하면 'Jeong Chul, Choi'로 불릴 텐데, 이는 외국인에게는 '종철', '용출', '융철'이 최선인 어려운 발음일 것이다. 하지만 그에 반해 내 이름 '홍구'는 외국인들에게도 그다지 어려운 이름이 아니라 생각했다.

하지만 앙드레의 말은 각 회사담당자는 그 많은 몇백 개 이력서들을 볼 때 이름부터 보게 될 텐데, 익숙하지 않은 이름은 눈에 잘 들어오지 않을 수 있다는 거였다. 또한 분명하게 말할 수 없는 부분이지만 무시하지 못할 인종차별도 있을 수 있다고 했다. 예를 들어 'Michael Zhao'라고 하면 바로 중국인이라는 걸 알 수 있다는 거다. 내 이름 'Lee'의 경우 서구에서도 쓰이는 성씨이기는 하지만, First Name을 좀 더 서구적인 이름으로 바꾼다면 나쁠 것은 없다는 제안이었다.

듣고 보니 어느 정도는 일리 있는 이야기 같았다. 내 이름은 비교적 영어로 부르는 데 발음이 어렵지 않아서 깊게 생각해 보지 않았는데, 캐나다 사람이 기억하기 쉽고 보다 부르기 쉬운 이름으로 바꿔서 일자리를 구하는 데 조금이라도 이득이 된다면 못 바꿀 것 없다고 생각했다.

사실 한국 이름을 그대로 사용하다 보니 한국 이름이 '이홍구'라고 말하면, 'Hong Koo Lee'보다는 'Hong Lee'로 불리는 경우가 더 많았다. 이는 한국에서 여권을 만들 때 동사무소에서 영문명을 'Hongkoo'로 붙여서 등록해야 했는데, 한국 사람들은 이름 사이에 여백을 넣어 한 음절 한 음절 띄어 쓰다 보니 Koo가 Middle Name처럼 되어버린 것이다. 그 때문에 대부분 한국인의 여권에는 Middle Name이 있는 것처럼 표기되어 있다.

이는 한인타운의 신문만 봐도 알 수 있다. 많은 부동산 소개인 중에 'Hong Lee', 'Sung Kim'과 같이 동명이인이 많은 것은 이 때문이다. 아마 주한미국 대사를 지냈던 'Sung Kim' 씨도 거의 같은 경우로 '김성용'이라는 이름에서 세 번째 글자가 떼어져 나간 경우인 것 같았다. 김성용 주한미국대사도, 내 대학교 친구 김성희도, 방송인 김성주 씨도 모두 'Sung Kim'으로 동명이인이 된다.

서구사회에서는 조금 친해지면 서로 이름을 불러주는 것이 서로 더 익숙해지고 친근함을 표시하는 것으로 여긴다. 그런데 이런 서구문화를 잘 받아들이지 못하는 사람들도 있다. 조금 지긋한 나이에 캐나다에 이민 온 '최영준'이라는 분이셨는데, 링크에서 젊은 선생님들이 'YoungJoon, YoungJoon' 하고 몇 번 불렀더니, 어르신 이름을 함부로 부른다며 기분이 상해 젊은 캐나다 선생님에게 조용히 타일렀다고 한다.

"Don't call me YoungJoon. Call me Mr. Choi."

함부로 어르신 이름을 부르면 외람되니, 적어도 '최 선생님' 즉, 'Mr. Choi'로 불러달라고 했다고. 젊은 캐나다 선생님은 왜 그러는지 한동안 이해하지 못했다고 한다. 이런 분들은 캐나다에 살면서도 굳이 한국의 '에헴!' 하는 대감 문화 관습을 버리지 못하고 고집하는 경우가 많다. 이름뿐만 아니라 다른 일에서도 문화 차이 때문에 적잖이 고생했을 것 같다.

어쨌든 앙드레의 말을 듣고 난 후, 며칠간 새로운 이름 찾기에 골몰했다. 남들이 많이 사용하는 너무 흔한 이름은 싫고 입에 잘 안 감기는 이름도 맘에 들지 않았다. 더불어 좋지 않은 역사에 휘말린 이름도 빼기로 했다. 하여 엄선을 거듭하여 'Harris'로 결정했다. 마침내 다시 태어난 나의 이름은 'Harris Lee'가 되었다. 이제 새로운 이름을 갖게 되었으니 열심히 노력해서 좋은 일자리만 찾으면 됐다. 그렇게 해서 나는 캐나다에서 비공식적이지만 새로운 이름, 'Harris'로 사회생활을 시작하게 되었다.

왜 비공식적인 이름이냐면, 공식적인 이름까지는 바꾸지 않았기 때문이다. 2001년 9 · 11 테러 이전에는 이민 오기 전 살던 나라에서 사용하던 이름을 캐나다에 이민 온 이후엔 아무런 제약 없이 새로운 이름으로 바꿀 수 있었다. 예를 들자면, 'Jamil Husein'이 'John Hopkins'가 될 수 있었다는 뜻이다. 2001년 전 이민 온 한국인 중에는 한국 이름을 버리고 'John Lee', 'James Kim'으로 신분증의 이름을 바꾼 사람들이 많이 있다.

9 · 11 테러 이후에는 신분 세탁 후 테러리스트로 활동하는 걸 원천 봉쇄하기 위해, 원래 나라에서 사용하던 이름을 버리고 새로운 이름을 만들려 하면, 꽤 설득력 있는 근거가 필요해졌다. 즉, 생명의 위협을 받는 난민이거나 그에 상당한 이유로 법원의 판단을 받은 후에야 새로운 이름을 사용할 수 있게 되었다. 그래서 한국인 대부분은 여권에 있는 이름 그대로를 공식 이름으로 사

용하게 되었다.

따라서 계약서나 은행 같은 경제활동 등 모든 공식문서에는 변함없이 'Hong Koo Lee'와 같이 사용한다. 그러나 캐나다에서는 이민자가 많다 보니 'Prefered Name'이라 불리는 애칭을 많이 사용한다. 한번은 회사에서 야근한 것이 있어서 야근 수당을 받았는데 급여와 달리 별도 체크로 받게 되었다. 그런데 회사에서 통용되는 내 이름이 'Harris Lee'다 보니 체크에도 그렇게 적혀 있었다. 은행 내 계좌로 입금하러 갔더니, 은행 계좌에 등록된 이름은 한국 이름 철자기 때문에 입금이 되지 않는다고 했다. 당연히 은행 창구 텔러는 문서와 신분증을 대조해 보고 일을 처리하는 것이니 맞는 말이었다. 그래서 회사에 돌아가 처음 들어갈 당시 고용계약서를 카피해서 은행에 가져다주었다. 다행히 고용계약서에는 법적 이름(Legal Name)과 애칭(Preferred Name)이 같이 쓰여 있어서 은행에서 인정해 주었다. 이 일이 있고 난 후, 이후로도 계속 애칭을 사용하기 위해서 은행 계좌에 애칭을 등록해 두었다. 그 이후로는 등록된 애칭인 'Harris Lee'로 발행된 체크도 은행에서 인정해 주었다.

한번은 독일에서 온 샤를린이라는 할머니가 물은 적이 있다.

"이름이 Harris인 걸 보니 영국에서 왔구나?"
"엉? 아닌데, 영국엔 가본 적도 없는데……."

"오! 그래. 그럼 홍콩에서 왔니?"

"미안……. 홍콩도 가본 적 없어. 난 한국에서 왔어."

"아 그래? 이름을 보고 영국 출신인 줄 알았어."

영국에는 해리 왕자도 있고 해리 포터도 있다. 더불어 해리슨 포드도 영국 출신이다 보니 '해리'라는 이름은 영국에서 흔한 이름인 것 같았다. 서구문화의 깊은 디테일까지 알고, 언어에서 오는 감정과 어원까지 잘 알았다면 이름에서 오는 뉘앙스를 더 잘 알고 까만 머리 한국인에게 잘 어울리는 이름을 지었을 텐데 그렇지 못했던 것 같다. 한국인인데 영국식 이름으로 불리니 간혹 나의 정체성에 의문이 들기도 했다. 그만큼 어색한 점도 있지만 우여곡절 끝에 새로운 이름을 덤으로 갖게 되었으니, 일도 두 배로, 좋은 일도 두 배로, 그리고 놀기도 두 배로 하는 두 배의 인생을 살아야 할 것 같은 의무감이 들었다.

어쨌든 이제부터 내 이름은 Harris! 해리스라 불러 다오. 앞으로도 내 이름은 쭉 해리스다!

12
브릿징 프로그램

○ ○ ○

　이곳저곳 회사를 두드리다 보니 브릿징 프로그램(Bridging Program)이라는 것을 찾게 되었다. 이 프로그램은 외국에서 이민 온 사람 중에서 특정 분야의 숙련된 기술자(Skilled worker)들에게 생소한 캐나다 사회 경험과 짧은 영어에 도움을 주고자 토론토 내 대학교에 개설된 프로그램이다. 정부에서 재정적 지원을 하고, 대학교에서는 실제 대학 수업과 똑같은 프로그램을 고학력 이민자들에게 제공함으로써 이민자들 모국의 대학교육을 캐나다 대학교육에 수평적으로 이전하는 효과를 도모하는 과정이다. 본 과정을 통해 단기간 응축된 캐나다 대학교육을 맛봄으로 캐나다에서 대학을 졸업한 것과 같은 효과를 주고자 하는 것이다. 단, 캐나다에 거주한 지 3년 이내의 초보 이민자들에게만 오픈되는 이민자 전용 프로그램이다. 모국에서 고학력 전문가로 활동했지만 생소한 캐나다에 이민 와서 그들의 장점을 살리지 못하고 단순 일용직으로 생활해야 하는 사람들도 많으므로, 정부에서도 그런 개인적인 손실을 사회적인 손실로 여겨 지원하고자 하는 의도로 보인다.

세부항목 프로그램으로는 경영(Business) 분야에서 회계(Accounting), 금융(Finance), 경영(Management), 마케팅(Marketing), 공공경영(Public Administration), 그리고 인사(HR, Human Resource) 분야, IT(Information Technology) 분야가 개설되어 있다. 실제 생업에 종사하는 사람들이 많아서 수업은 주로 야간과 주말에 수업이 오픈되고, 중간중간 소그룹 세미나와 전체 모임 등이 지정된 날짜에 전개된다.

프로그램의 실제 과정은 대학교 수업과 똑같이 학점을 취득하는 방식으로 진행된다. 마감 일자를 앞두고 겨우 턱걸이해서 허겁지겁 지원서를 넣고 프로그램에 합류할 수 있었다. 본 과정이 시작되기 전에는 두 달간 집중적인 영어 교육이 있었고 학기가 시작되면서는 일반 대학생들과 똑같은 방식으로 수업이 진행되었다.

수업내용은 지식을 전하는 것이 첫 번째가 아니고, 캐나다의 학교문화를 배우라는 의미가 더 짙다고 느껴졌다. 실제로 어떤 수업은 내가 이미 한국에서 경험해서 알고 있던 내용이라 그다지 어렵게 느껴지지 않았다. 이 프로그램의 좋은 점은 수업 외에 자기 전문분야로 진출할 수 있도록 도와주는 소규모 프로그램이 병행된다는 점이다. 그중에는 경력지도(Career Coaching), 취업 관련 워크숍(Job Search Workshop), 인턴십(Internship), 전문분야 멘토링(Professional Mentoring), 커리어 페어(Career Fair) 등이 있다.

일례로 전문분야 멘토링 프로그램을 받았는데, 토론토 내 유수의 컨설팅 회사에서 일하고 있는 프로젝트 매니저, 세르게이가 일대일 멘토로 선정되어 개인적으로 만나게 되었다. 그는 내가 한국에서 일했던 똑같은 분야에서 현직으로 종사하고 있어서, 어떻게 캐나다 회사에서 일하고 있고 어떻게 하면 그 분야에 진입할 수 있는지를 상담해 주어 많은 도움이 되었다. 업무가 다 끝나고 모두 집에 갈 시간에 그의 회사 빌딩 지하 커피숍에서 덩그러니 둘이 만나 그의 경험담을 들었었다. 그도 오래전 나와 똑같은 이민자였기 때문에, 자신이 받은 혜택을 처음 이민 온 다른 이민자에게 전해 주고자 하는 노력이 엿보여서 무척이나 감동했었다. 특별히 브릿징 프로그램을 통하지 않았다면 세르게이와 연결될 수 있는 고리도 없었을 것이고 별도로 받는 보수 없이 개인적으로 내게 시간을 내주지도 않았을 것이다. 어떨 때는 귀찮을 정도로 그의 달란트를 내게 나누고자 노력하는 모습이 보여서 파란 눈의 다른 인종인 그가 너무나 고마웠다.

같이 교육받던 동료들은 다양한 국적, 나이, 인종, 성별의 사람들로 구성됐다. 콜롬비아, 페루, 우즈베키스탄, 에티오피아, 러시아, 이란 등 전 세계 각지에서 이민 온 사람들을 만나 같이 수업받다 보니 가끔 내가 한국인이라는 사실을 잊게 됐다. 개인적으로 모두 친구가 되고 서로 도움을 주고받다 보면, 나는 한국 사람도 캐나다 사람도 아닌, 단지 지구인이라는 생각이 들기도 한다.

강의하는 교수는 수업 중간중간 여기저기서 자기 이야기를 하거나 질문을 하기 위해 손을 들어도 무시하지 않고 모두 받아 주었다. 그렇게 토론식으로 진행되다 보니, 토론식 교육에 익숙하지 않았던 나는 어떻게 이 수업을 따라 잡아야 하는지 매 순간 신경을 곤두세워야만 했다. 내 딴에는 한참을 입속에서 되뇌며 준비한 문장을 손을 들어 이야기하려 했지만 이미 다른 주제로 넘어가 버리기 일쑤였다. 이 프로그램을 통해서도 우리나라의 주입식 교육의 문제를 처절하게 느꼈다. 그나마 캐나다에 와서 사회 분위기에 맞추어 나 스스로도 조금은 말이 많아진 것을 느낀다. 평생 똑같은 사람들을 만나고 정지된 화면만 보고 살았던 농경사회 민족과 달리, 여기저기 떠돌아다니며 많은 사람을 만나고 이야깃거리가 많은 유목민이나 해적의 후예들과는 대화의 방식이나 토론문화에 많은 차이가 있는 듯 보였다.

다양한 나라 출신 친구들과 수업을 같이 듣고, 토의하고, 조별모임을 가지고, 과제물을 같이 만들다 보니 매우 친해지고 서로의 나라에 대해서도 더욱 이해가 깊어졌다. 각자의 고유문화를 유지하면서 서로 깊은 공감대를 갖도록 함으로써 더욱 발전적인 사회 공동체 문화를 만들어가는 캐나다만의 국가 경쟁력을 엿볼 수 있었다. 더불어 이와 같은 캐나다의 대학교 시스템과 체계에 대한 짧은 경험을 통해, 이민 오기 전에 한국에서 쌓았던 전문 기술을 캐나다에서는 어떻게 사용할지, 또한 그 기술을 가지고 어떤 방식으로 캐나다 사회에 진출해야 할지 방향을 잡는 데 많은 도움을 받을 수 있었다.

한편으로는 내 돈 한 푼 들이지 않고 이런 귀한 경험을 쌓을 수 있어 행운이었다고 생각했다. 더불어 앞으로 내가 캐나다 사회에서 나의 분야에 제대로 뿌리를 내리게 된다면 내가 받은 만큼 나의 재능과 경험을 새로운 이민자들이 잘 정착할 수 있도록 도움을 줄 수 있는데 사용해야겠다는 생각도 해 본다.

13
인터뷰

○ ○ ○

구직 사이트에 이력서를 올려 둘 때는 주기적으로 새롭게 업데이트하는 것이 좋다. 사이트에서는 최근의 이력서가 제일 위로 올라가기 때문에 최신 이력서일수록 에이전트나 회사에서 확인할 확률이 높기 때문이다. 입사 지원서도 매일매일 보내다 보니 십여 군데나 넘게 넣게 되었다. 그러다 세 자리를 넘기기 시작했고, 또 어느새 이백 건이 넘어갔다. 지원을 시작하면 이처럼 이력서를 기계처럼 반복해서 넣는 스스로의 모습을 발견하게 된다.

그렇게 반복하다가 기다리던 연락을 받게 되었다. 워커폴리스(Workopolis)에서 내 이력서를 확인해 보니 그들의 회사에 필요한 조건을 갖추었으므로 정식으로 이력서를 보내 달라 요청한 것이다. 그 이후 연락받은 회사의 정보를 더 자세히 살펴보고, 메일을 보낸 사람 정보도 링크드인(Linkedin)에서 찾아본 이후 이력서를 수정하여 보냈다. 그리고 바로 다음 날 오전에 전화 인터뷰를 하자는 연락을 받게 됐다. 약속한 시각에 모든 준비를 마치고 대기했다. 이력서를 새로 인쇄해 놓고 직무기술서, 관련 인터뷰 연습 내용, 회사 정보 등을 모두 프린트해 책상과 벽 전체에 넓게 붙여 한눈에 볼 수 있게 해 놓았다. 더불어 인터넷 검색창을 띄워 놓고, 물 한 잔 떠 놓고, 마지막으로 이어폰을 연결하여 만반의 준비를 했다.

임박해 오는 시간에 초조하게 시계 초침 소리를 들으며 기다리고 있었는데, 웬걸 삼십 분이 지나도 전화가 조용했다. 십 분 더, 십 분 더……. 그렇게 한 시간을 더 기다려도 연락이 없길래 담당자인 미스 애나에게 전화했다. 역시나 음성사서함으로 연결되어 자초지종을 메시지로 남기고 메일도 보내 놓았다. 착잡한 마음을 진정하고 있었더니 늦은 오후가 되어서야 답장을 받았다. 회사에 긴급한 일이 생겨 연락을 못 했으니 다음날 다시 하자는 내용이었다. 절박하고 아쉬운 을의 처지에서는 어쩔 수 없는 일이었다. 공손히 괜찮다고 답하며 다시 약속을 잡을 수밖에 없었다. 결과적으로는 잘 되진 않았지만 돌이켜 생각해 보니 별로 좋지 않던 회사였던 것 같다.

그리고 얼마 후 다운타운 서쪽에 있는 벤처빌딩에서 면접 연락을 받았다. 이곳은 잡 에이전트에서 다리를 놓아 준 곳이었다. 연결받은 회사에 가서 인터뷰하는 중, 인사담당자에게 이상야릇한 이야기를 듣게 됐다. 자기네 회사는 고객들의 웹사이트를 서비스해 주는 회사인데 그중에는 포르노 사이트가 있다는 말이었다. 혹시 업무를 하는데 섹슈얼한 이슈 등에 거부감이 있냐고 물었다. 어느 한 곳이라도 아쉬운 입장이었던 나는 불법만 아니라면 괜찮다고 답했다. 인사담당자는 그럼 됐다고 말하며 사이트 몇 개를 알려주었다. 다음 2차 실무자 면접 때까지 이 사이트를 숙지해 오라고 했다.

집에 돌아온 이후, 알려준 사이트에 들어가서 회원가입을 하고 갖가지 이상한 것들을 살펴보게 되었다. 참으로 다양한 사람들이 그곳에 있었다. 사이트를 살펴보는 일은 기분이 썩 좋은 일은 아니었지만, 일이니 쿨하게 넘기려 했다. 다음날 2차 면접에서는 면접관의 질문에 답하고 있는데 갑자기 면접실에서 강아지 짖는 소리가 들려 왔다. 놀란 표정을 지으니, 회사가 자유로운 분위기라 강아지를 회사에 데려와도 문제 될 것이 없다고 설명했다. 다행인지 불행인지 모르겠지만, 결국 이 회사와도 인연이 없었다.

가을이 깊어지는 만큼 수심도 깊어져 갔다. 그럴 때마다 울리는 낯선 목소리는 당황스럽지만 놀랍고 반가웠다. 거의 이력서를 서른 번 정도 보내면 한 번 정도 인터뷰 약속이 잡혔다. 이 정도면 괜찮았다. 이 정도면 얼마든지 이력서를 보낼 수 있었다. 가뭄에 콩 나듯 하여도 끊어지지 않는다는 것이 얼마나 희망적인가. 그럴 즈음 비록 에이전트지만 한 군데 약속이 잡혔다. 깔끔하니 짙은 슈트로 차려입고 다운타운으로 갔다. 아주 휘황찬란하지는 않지만 작은 건물의 고풍스러운 엘리베이터에서 내렸다. 그다지 크지 않은 사무실이지만 층 전체를 사용하고 있어서 기대감이 커졌다. 이내 전화 통화했던 중년의 백인과 마주 앉았다. 한참 회사를 설명해 주는데 회사 정체가 약간 묘했다. 에이전트라고는 하지만 회사에서 진행하는 교육 프로그램을 장황하게 설명했다. 1차 설명이 끝나고 다른 담당자가 왔는데 본인을 리처드 김이라 소개했다. 의외로 한국인이었다. 서로 모른척하며 영어로 진행하는데 이상하게도 취업을 위한 이력서 작성 및 인터뷰 연습 등의 교육이 있고, 교육비로 오천 불 정도가 소요된다고 했다. 이 교육을 받고 나면 취업이 보장되냐고 물어봤지만 그럴듯한 말로 얼버무렸다. 그 순간 이 건 사기라는 생각이 불현듯 들었다. 이를 여기서는 스캠(Scam)이라고 한다. 찾아보면 캐나다 연방 정부나 주 정부에서 새로운 이민자를 위해 직업교육을 무료로 제공하는 곳이 얼마나 많은데, 사설 기업에서 몇천 불씩 주고 교육을 받는다는 게 이해가 되지 않았다. 어수룩한 처음 온 이민자를 등쳐먹으려는 곳임이 확실했다. 나중에 구글 해서 회사 이름을 검색해 보니, 많은 사람이 스캠이라며 코멘트를 달아 놓았다.

그렇게 이런저런 회사에서 몇 번의 인터뷰를 보며 기대도 해 보고 실망도 해 보며 경험을 쌓아갈 무렵 쌀쌀해져 첫눈이라도 내릴 것 같은 어느 날이 됐다. 그날도 채용 사이트를 확인하고 있는데 핸드폰이 울렸다. 부랴부랴 이어폰을 꽂고 볼펜을 쥔 이후 통화 버튼을 누르니 익숙하지 않은 목소리가 들렸다.

"헬로? Harris 씨입니까? GuestLink라는 회사인데, 우리 회사에 오픈된 Job에 지원하지 않았나요?"

"아, 네 맞습니다."

"당신 이력서를 보니 우리 업무에 맞는 것 같은데, 면접을 보러 올 수 있겠습니까?"

"아……. 그럼요."

오케이, 됐다. 요즘 좀 뜸하더니 오랜만에 면접 제안을 하나 받게 됐다. 면접 전화를 받을 때마다 기분이 좋아지는 것은 너무나 당연했다. 하지만 좋은 기분은 잠시 접어두고 다음 날을 준비해야 했다. 지원했던 회사가 한둘이 아니니 내가 어떤 업무에 지원했었는지, 무슨 회사인지 잘 생각나지 않았기 때문이다. 지원할 때의 회사는 그저 원 오브 뎀(One of Them)이었는데, 지금 이 순간 이후 명확한 하나의 내 타깃이 되었다. 면접을 잘 보기 위해서는 정확하게 조준을 잘 해야 했다. 영점이 흐트러지지 않도록 호흡을 가다듬고 최후의 방아쇠를 당길 때까지 방심하면 안 된다.

익숙하지 않은 회사 이름을 되뇌며 홈페이지를 샅샅이 찾아보았다. 공고되었던 업무 기술서를 다시 훑어보고 나와 맞는 부분, 맞지 않는 부분을 골라내어 내가 어떻게 대응해야 할지 스토리를 만들어 냈다. 그리고 일반적인 인터뷰 예상 질문에 대한 답변을 나와 회사에 맞게 커스터마이징하고 발음이 잘 안 되는 부분을 몇 번씩 다시 허공에 대고 스피킹 해 보았다.

14

캐나다에서 첫 직장

○ ○ ○

그날은 오전에 학교에서 작문 수업이 있는 날이었다. 항상 친절하고 상냥한 강사, 이베트가 글쓰기 주제를 주고 수강생들은 모두 머리를 굴리며 작문을 시작했다. 그러던 중 갑자기 핸드폰 진동이 느껴졌다. 익숙하지 않은 번호에 의아해하며 전화를 받았다. 혹시나 해서 급히 강의실을 나와 복도 한쪽에서 전화를 받으니 지난주 통화했던 존슨의 목소리가 들려 왔다.

"여보세요……. 게스트링크 인사팀 존슨입니다. 지난주 면접 본 것, 채용 결정이 났습니다. 축하합니다."
"아, 정말입니까? 정말 감사합니다."

"예. 그럼 다다음 주부터 출근할 수 있을까요?"

"네, 그럼요. 바로 출근 준비하겠습니다."

"참, 그리고 마지막 단계로 레퍼런스(Reference)가 필요한데요. 내일까지 레퍼런스 연락처 두 군데를 알려 주실 수 있나요?"

"네, 문제없습니다. 그렇게 하겠습니다. 감사합니다."

할렐루야! 하늘로 날아갈 것 같은 기분이 이런 것이구나 싶었다. 첫눈이 내리지 않아도 온 동네가 화이트 크리스마스인 것 같았다. 멀리서 은은히 축복의 노래가 들려오는 것 같았다.

교실에 들어가서 채용 확인 전화(Hiring confirmation call)를 받았다고 이야기했더니 친절한 강사 이베트가 마치 자기 일처럼 활짝 웃으며 축하해 줬다. 그리고 같이 공부하던 세네갈 출신 실바인, 인도인 바실 등이 역시 축하의 말을 건네주었다. 그들의 목표도 오직 취업이다. 나에게 축하의 말을 건네면서도 한편으로는 그들의 영혼 없는 표정을 읽을 수 있었다. 부러움과 함께 본인들에게는 아직 오지 않은 기회에 대한 아쉬움 때문일 테다. 그 순간 후회가 물밀듯 밀려왔다. 아, 너무 들떠서 말하지 말았어야 하는데. 그들의 기분은 생각하지 못했다.

그래도 이민 온 이후 혼자 웃을 수 있는 시간이 없었기에 마음 놓고 혼자 웃을 수 있는 그 하루의 기분을 그날만큼은 느껴보고 싶었다. 전화기 넘어 기뻐하는 아내의 들뜬 목소리를 통해 먼 이국땅에서 오직 한 사람, 날아갈 것 같은 이 기분을 함께 나눌 수 있는 아내가 옆에 있다는 것에 다시 감사했다.

레퍼런스 준비로 한국에 있는 전 직장 상사 두 명에게 연락해 확인을 받았다.

"여기 캐나다 시스템이 이러저러해서요. 들어가려는 회사에서 직접 연락이 갈 거예요. 그러면 저에 대해서 있는 그대로 얘기해 주면 됩니다."

"그래 내가 연락 오면 잘 얘기해 줄 테니 걱정하지 마라. 너 잘 되니 나도 기분이 좋다. 언제 한번 놀러 가마."

라고 기약 없는 방문 약속까지 덧붙였다.

"네, 감사합니다. 근데 영어로 해야 해요."

"뭐 영어로? 그럼 얘기가 다르지. 영어로 어떻게 하냐?"

"천천히 하시면 돼요. 아니면 통역이 붙을지도 모르고요."

"그래? 어쨌든 알았어. 어찌어찌 해 볼게."

그렇게 레퍼런스 확인이 끝나자 계약서에 사인하러 오라고 연락이 왔다. 존슨이 근로계약서 조건을 하나하나 설명해 주는데 공손한 태도로 알겠다고 대답했다. 내가 이 마당에 계약서의 조건을 일일이 따지고 고치고 할 처지는 못 된다고 생각했기 때문이다. 그저 얼른 사인이나 하고 이 오랜 여정을 끝

마치고 싶은 마음뿐이었다.

　잠시 지나온 시간이 필름처럼 지나갔다. 인천공항에서 아이들을 데리고 비행기에 몸을 실은 후, 산 넘고 물 건너 가시밭길 헤쳐 겨우 내 인생 2막을 이 자리에서 시작할 수 있다고 생각하니 가슴이 벅찼다. 누구에겐 별것도 아닌 일일 수 있겠으나 나에게는 어디로 흘러갈지 모를 불확실과 혼돈의 사막에서 쉬어갈 수 있는 오아시스를 찾게 된 것이었다. 여기에 오기까지 도와준 이들에게 다시금 감사하다는 마음을 전하고 싶다.

해리스,
캐내디언 컴퍼니로
출근하다!

Canada

01
첫 출근

o o o

캐나다에서의 첫 직장이 된 회사 게스트링크(GuestLink)는 신흥벤처 기업으로 소프트웨어 개발 회사다. 항공 여행할 때에 기내에서는 면세품을 사고, 캐나다 국내선에서는 무료 음식 서비스가 없기에 간단한 음식을 사 먹어야 할 때 카드로 결제할 수 있도록 하는 결제기를 항공사에 납품하고 그에 수반되는 결제 소프트웨어도 개발하는 회사였다. 회사는 휴대용 결제기를 항공사에 판매하여 매출을 올리고, 또 매번 승객이 결제할 때마다 소량의 수수료를 챙겨 이익을 얻는다. 즉 비행기에서 승객들이 카드를 많이 긁어야 내 월급이 나온다는 의미다.

이곳은 캐나다에서 자생한 벤처기업으로, 지난 십여 년간 미국과 캐나다 등 북미지역 마켓셰어의 90%를 차지하는 리더로 요즘은 런던, 홍콩에도 지사를 개설하여 유럽, 아시아, 중동까지 영역을 확장하는 중이다. 내가 입사하기 몇 년 전에는 캐나다의 코스닥이라 할 수 있는 TSX(Toronto Stock Exchange)에서 상장이 되었다고 한다.

회사는 원래 여덟 시 반 출근이다. 첫 출근이라서 오리엔테이션을 두 시간 먼저 진행하였다. 같은 날 입사해서 일을 시작하게 된 매튜라는 백인 친구와 둘이 앉아서 회사 전반에 관한 브리핑을 두어 시간 듣고 내 자리에 앉았다.

캐나다의 백인 사회를 뚫고 고정적으로 일할 수 있는 자리를 마련했다니 이 얼마나 뿌듯한 일인가. 나의 큐비클 박스에 들어가 앉아 나만의 업무를 시작했다.

한국에서처럼 따로 부서별, 동기별 입사환영회 같은 것은 없었다. 그냥 전체 사무실을 돌며 자리에 있는 직원들과 인사하는 것으로 끝이었다. 총무 업무를 하는 수잔이 나를 데리고 다니며 한 명 한 명 소개 인사를 시켜주었다.

"Welcome on Board!"

항공 관련 업무를 하는 곳이라 그런지 많은 사람이 '웰컴 온 보드'라고 인사했다. 아! 회사 자체를 항모에 비교해서 '온 보드'라고 말하는 것 같았다.

한 명 한 명 누가 누군지 잘 기억나지도 않는 사람들과 인사하려니 그 말밖에는 기억이 나지 않는다. 더구나 이름도 다 영어라서 잘 기억나지 않았다.

다 비슷한 이름 같았다. 그런데 딱 한 명, 머릿속에 남은 이름이 있다. 바로 브릿짓이었다. 애드민 수잔이 한 명 한 명 소개할 때 브릿짓이 아래와 같이 말했기 때문이다.

"어머, 반가워요. 제 남편 이름은 Lee Harris이에요."
"앗! 정말이요? 참 반갑습니다."
"네, 이런 우연이 있네요. 우리 남편은 성이 Harris예요."

라고 말이다. 이런 재미난 우연의 일치가 있을까? 내가 그토록 신경 써서 엄선한 이름인데, 나와 성과 이름이 바뀌어서 사용하는 진짜 Harris가 있었다니! 해리스라는 성이 있구나. 그런데 어떻게 이름은 Lee로 했을까?

첫날 점심이니 매니저 스티븐이 같이 점심을 먹자며 나가자고 했다. 사실 캐나다 회사는 회식이라는 문화가 없어서 누가 들어오든 나가든 회사 비용으로 같이 식사하는 경우는 거의 없다. 누군가 퇴사한다고 하면 점심때에 같이 나가 식사하는 경우는 종종 있지만, 그럴 때도 각자 시켜서 먹고 각자 계산하는 경우가 일반적이다. 하지만 매니저 스티븐은 누가 퇴사한다고 할 때도 나가는 사람의 몫은 자신이 계산했다. 사실 매니저와 단둘이 한 시간을 영어로 떠들다 보니 그에 익숙지 않은 나로서는 그 상황이 부담됐다. 더듬더듬 한 문장씩 뱉어내며 힘겹게 대화를 이어갔다.

오후에는 팀 미팅을 했다. 스티븐이 팀장이니 그에 속한 팀원들이 모두 모였다. 나에게 잘 들어왔다고 환영 인사를 하는데도 내 마음은 편치 않았다. 점심때와 마찬가지로 두 번째 리스닝, 스피킹 시간이 또 시작되었기 때문이다. 피곤했다. 이민 온 후 그 많은 교육과 세미나, 상담 등을 모두 영어로 진행했었는데, 그때 지나왔던 시간은 어디로 갔는지 머릿속이 백지상태가 된 듯했다. 한국에서 배워 온 학원 영어는 전혀 소용이 없어 보였다. 고용계약서를 작성할 때 모든 고생은 끝났고 이제 내 인생 앞에는 제2의 꽃길을 밟고 가는 아름다운 길이 펼쳐지리라 생각했다. 하지만 아니었다. 나는 너무 우물 안 개구리였다. 이제 인생 1막의 커튼이 내려지고 2막의 커튼이 올라간 것이다. 그러니 다시 긴장감을 가지고 2막의 공연을 준비해야 한다.

02

나인 투 파이브

○ ○ ○

    돌리 파튼이 열연하는 〈나인 투 파이브(Nine to Five)〉라는 영화도 있듯이 북미에서의 근무시간은 대부분 아침 아홉 시부터 저녁 다섯 시까지다. 한국에서는 항상 아홉 시부터 여섯 시였고, 이는 점심시간을 한 시간 포함한 여덟 시간과 점심시간으로 결국 아홉 시간 근무였다. 한국에서 직장생활을 하며 익숙해진 근무시간에 북미 쪽에서는 왜 여섯 시가 아니고 다섯 시까지일까 궁금했었다. 이는 캐나다 회사에서는 공식적으로 점심시간이 없기 때문이다. 그러다 보니 나인 투 파이브, 여덟 시간 중 중간에 삼십 분을 점심시간으로 활용해서 7.5시간을 일하게 된다. 그래서 실제 고용계약서에는 하루 7.5시간, 일주일에 37.5시간으로 명기되어 있다. 더불어 공식적으로는 일하는 중간에 오전에 한 번, 오후에 한 번 15분씩 휴식시간(Break Time)을 갖는다.

우리 회사의 출근은 아침 8시 반, 퇴근 오후 4시 반이다. 한국에서 그렇게 밥 먹듯 하던 야근을 캐나다 회사에 다니고부터는 거의 일 년에 한 번, 불가피한 경우에만 했던 것을 기억한다. 그것도 한두 시간 정도다. 오히려 너무 늦게 남아 있는 것은 거꾸로 남들에게 이상하게 보이거나 오해를 살 수 있다.

동료 중에는 10시에 출근하는 사람도 있고, 7시 출근하는 사람도 있다. 이곳에서는 출근 시간이 중요하지 않다. 10시부터 3시까지의 집중근무시간(Core Time)에만 사무실에 있으면 된다. 근무시간을 자기가 알아서 가변적으로 사용하기 때문에, 10시나 되어야 같이 근무하는 모든 직원이 모여서 북적거린다. 이처럼 IT 업계의 사람들뿐만 아니라 북미에서는 재택근무가 많고 실적과 결과를 중시하는 업무 형태이기 때문에 근무시간을 어떻게 활용하든지 큰 문제가 되지 않는다. 그저 정해진 목표 일자까지 해야 할 일만 해 놓으면 된다. 즉 일과시간에 은행을 가든 집안일로 쉬든 더욱 자율적으로 시간을 활용할 수 있게 하되, 그에 따른 결과는 본인이 확실하게 책임지라는 결과 중심의 직장문화이다.

한국에서처럼 선배가 철야할 때, 옆에서 혼자서 영화를 보더라도 같이 '우정 철야'를 해 주는 경우는 절대 없다. 이와 같은 서구의 성과 중심의 합리적 문화는 서구사회를 선진국으로 올려놓은 데에도 많은 기여를 했을 것이다. 반면에 한국의 유교 문화에 바탕을 둔 집단주의 문화는 한국의 유구한 역사를 이어오는 데 기여한 점이 클 것으로 생각된다. 이처럼 각 문화에는 일장 일단이 있다. 어떤 문화가 더 각 사회발전에 기여하고 좋은 것인지에 대해서는 단순히 비교하기에는 어려움이 있다.

한국 직장인들의 점심시간은 보통 한 시간이다. 보통 회사 근처 식당을 이용하거나 큰 회사에서는 구내식당에서 점심을 해결하는 경우가 일반적이다. 한국에서는 학교 급식도 어느 정도 자리 잡았지만, 캐나다에서는 점심을 직접 준비하는 경우가 많다. 학교에서도 급식을 제공하지 않으므로 어느 가정이든 아이들이 있다면 도시락을 준비해 주어야 한다. 도시락은 대부분 간단한 샌드위치, 햄버거 등이 주류다. 덕분에 샌드위치를 준비하기 위한 갖가지 도구도 많이 발달해 있다. 학교에 다니는 자녀들을 위한 샌드위치를 만들기 때문에 더불어 직장 다니는 엄마 아빠도 같은 메뉴를 도시락으로 준비해 점심으로 가져갈 수 있다. 바쁜 아침에는 시리얼, 베이글, 베이컨, 달걀 프라이 등으로 간단히 해결하고 점심은 자리에서 바로 해결 가능한 샌드위치로 먹는다. 반면 저녁은 온 가족이 모여서 푸짐하게 즐기는 것이 보통의 캐나다 식사 패턴이다.

그래서 점심시간은 보통 자기 자리에서 집에서 가져온 도시락을 혼자 먹거나 회사 식당에서 몇몇이 모여 간단히 해결한다. 식당이라고 해서 한국처럼 정찬식사를 제공하는 구내식당을 생각하면 안 된다. 그냥 냉장고, 커피메이커, 그리고 전자레인지 정도를 구비해 놓은 간단한 탕비실이라고 생각하면 된다. 직원들은 이곳에서 도시락이나 건물 1층의 샌드위치 점, 카페 혹은 근처 음식점에서 사 온 음식을 가볍게 먹는다. 보통 식사시간도 30분 이내로,

빵만 간단히 먹는 정도로 해결한다. 바쁘다면 그냥 자기 자리에서 일하면서 먹는 때도 있다. 한국의 국이나 탕 종류처럼 냄새가 나는 음식도 없어서 사무실에서 먹는 것도 그다지 다른 사람에게 피해를 주지는 않는다.

나는 비빔밥을 좋아하듯 샌드위치, 햄버거, 피자와 같은 서구식 간편식도 매우 좋아한다. 캐나다에 오래 살다 보면, 식성도 어느 정도 변하는 것 같다. 주말이면 자주 만나 커피 한 잔을 하며 캐나다 이민 생활에 대해 담소를 나누는 한국의 직장 선배님이 있다. 그는 이민 오기 전에는 피자를 별로 좋아하지 않았다고 했다. 그런데 10년 넘게 캐나다 회사에서 매일 서구식 간편식으로 점심을 먹다 보니 맥도날드와 피자헛을 좋아하게 되었고, 지금은 피자헛의 피자 뷔페를 즐겨 먹는 마니아가 되었다.

내 경우도 남들과 다르지 않게 보통 샌드위치를 가져와서 먹는다. 내가 좋아하기도 하고, 혼자 쉽게 만들어 먹을 수 있는 점심 메뉴이기 때문이다. 그중에서도 쉬운 매쉬드 포테이토 샌드위치, 햄&에그 샌드위치, 치킨 샌드위치 등이 단골 메뉴다. 점심때에는 집에서 싸간 샌드위치를 커피 혹은 우롱차 한 잔과 함께 내 자리에서 먹기도 하고, 회사 키친에서 책을 읽으며 천천히 즐기기도 한다.

그렇게 점심시간이 지나고 오후에는 좀 긴장이 늦춰진다. 하지만 밀도 있는 업무로 한가한 틈은 없다. 몇 가지 메일도 챙기고 하루를 마무리하고 가방을 챙겼다.

4시 반이 되어 사무실을 나오면 해가 중천에 떠 있어서, 매일 별과 달만 보고 퇴근하던 한국과 달라서 처음엔 무척이나 어색했었다. 한국에서는 '워라밸', 즉 'Work-Life Balance'라는 신조어가 생겨서 직장에서의 일과 생활의 균형을 중시하기 시작했다. 하지만 캐나다에서는 그런 신조어가 필요 없이 원래부터 균형 잡힌 워라밸의 직장생활, 개인 생활이 당연시되어왔다. 시간 활용 면에서 나아졌기 때문에 5시 이후의 시간을 어떻게 활용해서 앞으로 캐나다에서 직장생활과 개인 생활의 질을 높일 수 있을까 하는 또 다른 숙제가 생겼다.

그 외에도 직장에서 마주하는 여러 가지 소소한 다른 문화를 간략하게 짚어보자면 다음과 같다.

첫째, 넥타이를 맨 사람이 없다. 은행이나 보험 등 직접 고객을 상대하는 서비스 업종은 다를 것 같다. 하지만 보통 임원 정도 되더라도 비즈니스 캐주얼이라 불리는 남방과 면바지 정도를 입는다. 회사에 따라 다르겠지만 청바지나 운동화 등은 금한다. 그렇기에 캐나다의 직장인들은 일하기 편하게, 또 너무 튀지 않도록 입고 다니면 된다. 그렇지만 금요일은 대부분 'Jean's Day'라 하여 청바지와 티셔츠도 허용한다. 나의 경우엔, 양복은 회사 면접을 볼 때 하루와 연말 크리스마스 파티 때 파티복으로 넥타이 없이 싱글로 편하게 갖춰 입은 것 정도였다.

두 번째, 점심 이후 양치하는 사람을 보기 어렵다. 햄버거나 샌드위치 등 간단한 식사종류라 그런지 몰라도 양치하는 사람을 본 적이 거의 없다. 김치나 감자탕 등 냄새가 강한 음식을 먹으면 양치를 꼭 해야겠지만 간단하게 때우는 점심때에는 양치를 건너뛰는 경우가 많은 것 같다.

세 번째, 슬리퍼를 신지 않는다. 한국에서는 회사 내에서는 대부분 슬리퍼를 신고 사무실 내에서 다니는데, 캐나다에서는 그런 사람이 없다. 신으면 마음부터 느슨해지는 슬리퍼는 강도 높은 근무환경과는 어울리지 않기 때문일까.

네 번째, 회식이 없다. 저녁 회식을 한 기억이 전혀 없다. 연말에 한 번씩 회사 전체 크리스마스 파티 정도가 있고, 점심 회식은 누군가 퇴사할 때 친한 사람들끼리 모여서 자기 돈 내고 먹는 경우가 있다. 이 경우 회식은 단지 같이 모여서 밥을 먹는다는 데에 그 의미가 있다. 저녁 시간은 오로지 개인의 것이기 때문에 회사에서 개인의 시간을 빼앗으려는 시도는 하지 않는다.

다섯 번째, 직급이 없다. 아니, 사실 직급이 있긴 하지만 직급이 불리는 경우는 없다. 사장에게도 'Tom', 부사장에게도 "Hi Brett!" 하고 이름을 부르기 때문이다. 직급은 단지 회사 조직도에서 찾아볼 수 있다. 약간의 농담 삼아 딱딱하게 사장님을 부를 때 그냥 'Mr. President!'라고 공식적으로 부르는 경우는 어쩌다 들어본 것 같다.

마지막으로 명함이 없다. 나는 캐나다에서 명함을 만들어 본 적이 없다. 외부 사람을 자주 만나야 하는 영업직 외에는 대부분 명함이 없다. 명함에 개인 핸드폰 번호도 없다. 핸드폰은 개인정보이므로 특별히 친한 경우가 아니면 알려주지도 않고, 알려달라고 하는 사람도 없다. 그래서 회사에서 제공되는 핸드폰과 개인 핸드폰을 두 개 들고 다니는 사람도 더러는 있다. 우습게도 이민 초기에 한번 한국 사람들 모임에 가서 처음 만난 한국분에게 명함을 달라 했더니, '여기 이민 오신 지 얼마 안 되셨나 봐요.'라고 살짝 면박을 주어 머쓱한 적이 있었다. 캐나다에서는 한국에서처럼 회사와 상관없는 친척 모임에서 먼 친척분이 살갑게 자기 명함을 건네면서 내 명함을 달라고 하는 일은 절대 없다.

이처럼 눈에 띄게 보이는 자질구레한 것들도 다른 것처럼, 가장 중요한 부분인 일하는 방식에서도 한국과 캐나다는 다른 점이 많이 있다.

우선 노동 강도가 다르다. 한국에서 여덟 시간을 일하면 아침에 출근해 커피 한 잔 마시고, 테이블에 모여 가볍게 세상 이야기를 하고, 적어도 삼십 분 이후에 일을 시작했다. 그렇게 부드럽게 일을 시작하다가 혹시라도 공과금을 낼 일이 있다던가, 개인적으로 은행 일을 처리한다던가 하는 작업을 중간중간에 하더라도 크게 누가 뭐라 하지는 않는다. 야근이 많은 곳도 있지만, 정식 근무시간 내에서는 결코 노동 강도가 세다고 할 수 없다.

그러나 캐나다에서는 하루 7시간 반 동안 일만 한다. 같은 시간 내 노동 강도가 한국보다 훨씬 높다. 회사에서 근무시간에 다른 개인적인 일을 하는 사람들은 거의 본 적이 없다. 한눈팔지 않고 그냥 일만 한다. 그래서 중간에 브레이크 타임도 있어야 하고, 퇴근은 정확하게 정시에 할 수밖에 없는 듯하다. 강도 높은 근무시간을 넘겨서 계속 일하면, 피곤해져서 능률이 안 오르는 게 당연하다고 할 수 있다. 그래서 야근(Over time)을 하지 않는 것이 당연하다 싶었다.

거기에 덧붙여서 주어진 업무를 할 수 있는 시간은 충분히 준다. 한국에서는 빨리빨리 어떻게든 작동이 되는 결과물을 중시해서 처리했다면, 캐나다에서는 최종적으로 작동이 되는 결과물도 물론 중요하지만, 최종 결과에 오류가 절대 없도록 충분한 시간이 주어진다. 충분한 시간을 투입했는데도 오류가 발생하면 매우 수치스럽게 여긴다.

한국에서는 신입사원이 입사하면 정해진 위치, 즉 사무실에서 가장 끝 쪽에 말단이라는 위치에서 온갖 허드렛일부터 시작하는 게 불문율이다. 또 경력사원이 들어오더라도 기존에 유지되고 있는 서열에 따라서 어느 위치에 처하는지 자연스럽게 정해지게 되어 있다. 한 해라도 고참이면 그 고참의 의견이나 발언권이 더 크고 나이 어리고 경력 짧은 후배가 건의사항이라도 올릴라치면 주위에서 다가오는 끊임없는 눈총을 받아야 한다.

하지만 캐나다 회사에서는 사실 그런 입사 순서나 나이와 같은 서열이 무의미하다. 물론 공식적인 회사의 혜택(Perks)을 받는 경우는 회사에서의 근무시간에 따라 차등이 있다. 그러나 업무에서는 회사 내에서의 근무시간이 아닌, 자기의 업무와 직종의 평생경력에 따라 일의 평가를 받게 되어있다. 오늘 당장 5년의 디자이너 경력을 인정받고 경력사원으로 들어왔으면 그에 맞는 시니어 디자이너로서 맞는 업무량과 퀄리티를 생산하면 된다. 한국에서처럼 선배가 후배 사원을 하나하나 가르치고, 또 그 후배가 새로 들어온 신입을 가르치고 키우는 그런 체계는 없다. 모두 동등하게, 프로답게, 자기 일은 자기가 알아서 처리해야 한다. 업무에 대해서 생소한 점이 있으면 직무기술서

나 매뉴얼을 하나하나 살펴보면 된다.

그래서 언제든지 자기의 능력이 되면 고참보다 더 많은 보상을 받아도 전혀 문제가 없는 시스템이다. 즉, 능력에 따른 보상이 제대로 주어지는 시스템이다.

따라서 끊임없이 자기계발을 해야 한다. 누구나 장래계획을 세우고 자기가 공부할 수 있는 것, 업무에 있어서 필요한 것들을 조금씩 공부해 나간다. 급여 인상 폭이 크지 않아서 대개는 일 년에 2~3% 정도라고 볼 수 있으므로, 금전적으로 야망이 많은 사람은 이직하는 어려움을 감수하고라도 회사를 옮기면서 인상 폭을 넓혀간다. 그러기 위해서는 뭔가 자기가 지금 가지고 있는 스펙에 덧붙여서 추가적인 스펙 쌓기에 노력을 많이 한다.

한국에서도 요새는 모든 직장인이 자기계발에 열중이고, 수많은 자기계발 관련 책들이 발행되고 있으며, 평생직장의 개념이 옅어진다고 할 수 있다. 그래도 아직 한국에서는 한번 직장에 들어가면 오래 다니는 게 미덕이라고 여겨지고 있다. 물론 캐나다에서도 오래 한 직장에 다니는 사람이 회사 처지에서는 더 믿음이 가겠지만 한국보다는 훨씬 더 이직이 잦다. 그리고 이직을 하더라도 크게 본인의 경력에는 마이너스 요인은 아니라고 생각된다. 그래서 누구든 호시탐탐 더 좋은 자리로 이직을 하려고 자기계발에 열중한다.

놀 때는 열심히 놀지만, 또 열심히 자기계발과 평생 공부에 자기 자신을 단련하는 캐내디언들을 보면, 이민자인 나에게는 더한 채찍질을 스스로 요구하게 된다.

03

캐내디언 익스피리언스

○ ○ ○

'캐내디언 익스피리언스(Canadian Experience)'를 들어본 적이 있는가? 이는 캐나다에서 일한 경력을 말한다. 한국과 달리 수많은 이민자로 이루어진 캐나다 직장에서는 당연히 캐나다 현지 회사 경력이 있느냐를 많이 따지게 된다.

이는 어떻게든 북미지역에서 일한 경력을 만들어 놓아야 다른 캐나다 현지 회사에 진입하기 쉽다는 것을 의미한다. 캐나다 경력을 중시하는 이유는, 같은 경력이라도 이민 오기 전 살던 나라에서의 경력은 일하는 환경이 매우 다르므로 캐나다 환경에 맞춰가는 것이 필요 없는 기존 경력자를 선호하기 때문이다. 또 다른 이유는 제3세계의 이름 없는 작은 나라에서 온 사람들의 자국 경력이 아무리 화려하고 뛰어나다고 하더라도 캐나다 고용주 처지에서는 그 검증이 힘들기에 경력을 100% 믿을 수 없기 때문이다. 그렇기에 캐나다 경력만을 중시하는 게 어찌 보면 당연할지도 모른다.

이력서에는 확실한 사실만 기재해야 한다. 공문서로 취급이 되는 이력서에 거짓 경력을 기재하면 범법 행위로 간주하기 때문이다. 또한 이는 국가 질서와 규범을 유지하기 위한 사회적인 약속이기도 하다. 하지만 이민자 중 일부는 이력서나 공문서를 위조하는 등 사실이 아닌 내용을 작성하는 예도 종종 있다고 했다.

캐나다 치기공 학교에 다니던 아는 지인 중 한 분은, 학교를 같이 다니던 다른 나라 출신 이민자의 이력서를 훑어볼 기회가 있었는데, 실제 실습할 때의 실력은 형편없었지만 이력서에는 자국의 화려한 온갖 경력이 적혀 있는 것을 보고는 그 나라 출신 사람들의 이력서를 믿지 못하게 되었다고 했다. 또 다른 어떤 한국분은 팀 호튼 커피숍에 이력서를 넣으려다가 커피숍이나 서비스 분야 경력이 전무해 혼자 걱정을 하고 있었는데 다른 나라 출신 사람이 그냥 다른 사람의 것을 카피해 넣으면 되는데 뭘 그리 걱정하냐고 말하는 것을 보고 입이 다물어지지 않았다고 했다.

이러한 황당한 이야기를 들으면 나라마다 중요시하는 점들이 서로 달라서 일어난 해프닝이라는 생각도 든다. 하지만 그들이 중시하는 가치도 캐나다 사회 규칙 테두리 안에서 지켜져야 하지 않을까? 다양한 이민자들의 다양한 문화들이 캐나다에 와서 캐나다 문화에 동화되기까지는 세대를 뛰어넘어 꽤 오랜 시간이 소요되는 것 같다는 생각이 든다.

드러내 놓고 말은 못 하지만 캐내디언들도 그런 일부 이민자들의 정서를 마음속으로는 고려하기 때문에 더욱 캐내디언 익스피리언스를 중요시하지 않을까 생각된다. 그렇기에 정식으로 캐나다 직장경력이 없는 새로운 이민자들은 안타깝지만, 그만큼 직장을 구하기는 쉽지 않다는 것을 염두에 두어야 한다.

그래서 캐나다 직장 경험이 없는 이들은 우선 무급으로 할 수 있는 일을 찾는다. 그중 하나는 자원봉사(Volunteer) 일자리이다. 즉, 돈을 받지 않고 단지 경력을 쌓기 위해 자신의 경력이 사용될 수 있는 곳의 일을 자원해서 하는 것이다. 예를 들어 컴퓨터 관련 직종이라면 지역 학교나 도서관 또는 한인협회와 같은 비영리단체에서 컴퓨터나 네트워크 설치, 초보자 대상 강좌 등에서 일하는 방법이 있다. 이와 같은 비영리단체에서는 예산이 넉넉하지 않으므로 실비만 주고 일할 기회를 준다. 그리고 지원자는 이력서에 한 줄이라도 추가할 그럴듯한 캐나다 내의 경력을 얻게 되는 것이다.

또 다른 한 가지는 풀타임(Full Time) 정직원은 아니더라도 하루에 몇 시간씩 파트타임(Part Time)으로 일하는 방법이다. 회사에서도 검증되지 않은 지원자를 풀타임 정직원으로 채용하기보다는 파트타임으로 먼저 같이 일을 해보다가 일을 잘한다고 생각되면 정직원으로 전환해 주는 경우가 많다.

실제로 나와 비슷한 시기에 이민 온 후배 한 명은 대한민국 해군에서 컴퓨터 강의를 했었는데, 캐나다에 와서는 노인들을 대상으로 한 컴퓨터 강의 및 설치작업을 하는 자원봉사와 파트타임 잡으로 이삼 년 계속 봉사를 했다. 그렇게 몇 년간 고생하다가 함께 일한 매니저에게 실력을 인정받아 토론토 북쪽 마캄지역 시청에 이민자들이 선망하는 지역 공무원으로 취업할 수 있었다. 그리고 이제는 안정적인 직장인의 삶을 꾸려가고 있다. 처음엔 자원봉사, 그다음 파트타임 계약직, 그 후 풀타임 정직원의 과정을 거친 것이다.

물론 앞서 두 가지 방법을 법적 테두리 안에서 악용하는 고약한 고용주들도 있다. 적당한 급여지급 없이 단순 봉사자만 사용하다가, 그 봉사자가 다른 곳으로 취업해서 나가면 또다시 무급 봉사자를 채용하는 식이다. 주로 높은 숙련도가 필요 없는 단순 서비스직에서 그런 경우가 많이 있다. 캐내디언 익스피리언스가 없는 이민자들은 그런데도 울며 겨자 먹기로 그런 일도 감내해 낸다. 매년 30만 명씩 새로 들어오는 이민자가 기꺼이 채워 주는 인력 공급 시장에서, 내가 아니라도 누구든 그 자리를 채워 줄 신규 노동력은 차고 넘쳐 나기 때문이다.

04

1세대 vs. 1.5세대 vs. 2세대

○ ○ ○

알렉스는 상하이 인근 작은 도시 출신의 젊은 친구다. 그의 중국 이름은 잘 모르지만 성이 당(唐) 씨라서 영어로 Tang이라 불린다. 그는 중국에서 불어를 공부하고 오타와에서 칼리지를 졸업한, 어느 정도는 불어가 가능한 웹 프로그래머다.

중국에 있을 때도 많은 서구문화를 접하다 보니 북미문화에 대한 동경심으로 우여곡절 끝에 혈혈단신으로 캐나다에 유학을 온 것이었다. 상하이에 계신 부모님은 타국에서 혼자 고생하는 자식의 결혼에 대해 걱정이 많으시다고 했다. 가끔 내가 한국에서 있었던 직장 이야기나 군대, 가족들 이야기를 해 주면 큰 관심을 보이며 형님 대접을 해 주었다. 중국 친구들은 역시 우리와 정서가 비슷해서 알게 모르게 공감대가 저절로 생겨 금방 친해질 수 있었다.

알렉스는 한국이나 중국의 기업문화를 잘 알아서, 한국의 대기업에 다니면 꽤 안정적으로 생활한다고 생각했다. 한국 대기업에 잘 다니다 그 나이에 도대체 왜 회사를 때려치우고 이민을 왔는지 이해가 되지 않는다고 몇 번이나 이야기하곤 했다. 이는 캐나다에 와서 꽤 여러 사람에게 들었던 이야기다. 바로 왜 한국의 좋은 환경을 포기하고 이곳에 와서 어렵고 힘든 고생을 하려고 하는지 물어보는 경우다.

나도 처음에는 캐나다에 온 이유를 잘 정리해 설명하지 못했다. 캐나다에서 다른 나라 이민자들을 만나면 그들은 한국이 꽤 잘살고 복지도 좋은 나라라고 생각한다. 그래서 왜 잘사는 나라 한국에서 안정적인 직장을 잘 다니고 있으면서 캐나다에 이민을 오게 되었는지 무척이나 궁금해한다. 남들이 그 이유를 자주 물어 오니 오히려 나 스스로 결정에 의문이 생기기도 했다. 직장을 구할 때도 면접의 단골 질문이 바로 이런 질문이었다.

"왜 이전 직장을 그만두고 이민을 오게 됐습니까?"

인터뷰를 위해 좋은 말로 그럴듯하게 정리해 본 답변은 아래와 같다.

"네, 물론 한국에서 저의 지난 이십여 년의 직장, 사회생활은 성공적이었

다고 자부합니다. 그러나 어느 정도 성공한 삶에서 정체되는 느낌을 느끼게
되었고, 모든 것이 새로운 환경에서 새로운 도전을 하고 싶었습니다. 특히 캐
나다 토론토는 세계 도처에서 온 IT 경력자들이 있으므로 그들과 함께 새로
운 세상을 경쟁하는 것이 가능합니다. 그런 점이 제게는 큰 매력이었고, 새로
운 도전을 할 수 있는 이곳을 선택했습니다."

"더구나 아이들의 교육과 환경 문제에서도 더할 나위 없이 매력적인 선진
국이기 때문에 도전과 좋은 환경이라는 혜택을 누릴 수 있는 안전한 곳으로,
전 세계 다양한 도시 중 토론토를 선택하게 되었습니다."

첫 번째는 나를 위한 새로운 도전, 두 번째는 아이들을 위한 교육문제, 그
렇게 이민 온 이유를 대변할 수 있을 것 같다. 내가 접촉해 본 많은 한국 이민
자들은 전자보다는 후자 때문에 이민을 왔다고 하는 사람이 더 많았다.

어쨌든 그의 최대 목표는 참한 중국 아가씨와 결혼해서 가정을 꾸리는 것
이었는데, 소식이 뜸한 요새도 그 목표는 잘 진행되고 있으리라 믿는다. 아직
이 세상에 없는 그의 2세대 알렉스 주니어가 어엿한 캐나다의 자랑스러운 시
민으로 성장하길 바란다.

팀과 마야는 우크라이나에서 온 젊은 부부다. 고려인을 닮은 듯도 하고 그
리스인을 닮은 듯한 동양인 외모의 팀은 프로그램 운영체제 중의 하나인 리
눅스(Linux) 전문가다. 캐나다에 와서는 네트워크 엔지니어로 일을 찾고 있다.

마야는 웹디자이너인데 디자인을 해 놓은 걸 보면 초록색을 많이 써서 도배해 놓곤 한다. 초록색을 좋아하는 걸 보면 아이리시 혈통이 섞인 게 아닐까 살짝 의심이 갔다. 우크라이나에서는 마늘을 까지 않고 그냥 삶아 먹는지 파티 때 육쪽마늘을 까지도 않고 껍질째 삶아 와 먹으라고 해서 놀란 적이 있다. 내가 알지 못하는 우크라이나의 요리문화가 신기했다. 외모로만 보면 영락없는 금발 머리 백인 미녀 캐내디언이지만 영어를 하는 걸 들으면 동유럽 발음이라 단번에 이민자라고 알 수 있다.

이민자들이지만 동유럽 출신인 그들의 사고방식은 서구사회의 사고방식과 별반 다르지 않다. 한번은 모두 펍(Pub)에 모여서 위스키를 한 잔씩 하며 즐거운 시간을 보내는데, 한참 분위기가 올랐을 때 팀이 마야에게 '술은 이미 많이 했으니 그만해라. 한 잔만 더 하면 나와 프렌치 키스해야 한다'라고 하니, 마야가 그 말을 듣자마자 한잔 쭉 들이켜고 모두 보는 앞에서 당당하게 팀에게 프렌치 키스를 했다. 고루한 조선의 후손인 나로서는 너무 놀랍고 민망한 광경이었다. 하지만 그 자리의 모두가 환호했고 오직 나 혼자 손발의 오금이 저려 힐끗힐끗 몰래 곁눈질을 했다.

이민 오기 전 우크라이나에서 결혼했지만 아직 아이는 없다. 이민 오느라 2세 계획이 늦은 것 같았다. 아마도 몇 년 후 아이가 태어나서 캐나다 유치원, 학교에 다니면 그 아이는 이민 2세대로 외모도 그렇고, 언어도 그렇고, 사고도 모두 영락없이 전형적인 캐내디언이 되리라 의심의 여지가 없다. 그렇게 적어도 한 세대가 바뀌는 시간을 보내야 그들의 후손이 토착 캐내디언으로 자리 잡을 수 있는 것으로 생각된다.

이민 1세대는 알렉스나 팀 부부처럼 본국에서 이미 사회생활을 어느 정도 하고 본인의 의지로 이민 온 사람들이다. 그리고 나처럼 초중고생 자녀가 있다면 어중간하나 그들이 이민 1.5세대이다. 이민 2세대는 캐나다에 와서 태어나거나 적어도 초등학교 이전에 이민 와서 거의 캐내디언이 된 젊은 세대다.

1세대와 1.5세대, 그리고 2세대를 구분 짓는 것은 교육이다. 1세대는 모국에서 교육을 받고 성인이 되어서 이민 온 사람들이라서 그들이 영어를 잘 하고 못 하고는 그다지 큰 차이가 없는 듯했다. 연고도 없고 인적 네트워크도 없는 이민 1세대는 캐나다에서 뿌리내리기 위해 온갖 고생과 수모를 받아가며 자립하느라고 발버둥 친 사람들이다. 캐나다에서 그들이 사회 상류층으로 진출하는 건 하늘에서 별 따기와 다름없다. 십 년이 지나도 이십 년이 지나도 본인의 끊임없는 노력이 없으면 영어는 크게 늘지 않아 한계가 있다.

그래도 이민 1.5세대는 청소년기에 캐나다에 왔기 때문에 어느 정도 한국의 교육을 받아 볼 기회가 있었고 더불어 캐나다의 교육이 어떻다는 것도 경험한 세대다. 가끔 한국의 달달한 홈런볼 과자가 생각나 먹고 싶어 하는 것과 같이, 모국의 정서와 말을 어느 정도 간직하고 있지만 그렇다고 캐내디언 사회에 백 프로 녹아들기도 어려운 어중간한 처지다. 한국말은 자유롭게 하지만, 한자 성어나 한국어 고급 표현까지는 이르지 못한다. 비근한 예를 들자면 그들은 운전면허 필기시험을 볼 때 한국어보다 영어로 시험 보는 걸 더 쉽다고 생각한다. 캐나다에서는 여러 나라 언어로 운전면허 시험을 볼 수 있기 때문이다. 물론 한국어로도 필기시험을 볼 수 있다. 1.5세대 아이들은 '전방주시 의무'가 무슨 말인지 잘 이해하지 못한다. 대신 'Observation on the front'로는 쉽게 이해한다. 이런 1.5세대는 성인이 된 후 결혼 상대도 가급적 한국 정서가 통하는 한국 사람을 찾는다.

이민 2세대는 영유아 때 이민을 왔거나 캐나다에서 태어난 아이들을 말한다. 그들은 한국어보다 영어가 더 편할 만큼 사고방식도 거의 캐내디언이다. 집에서도 형제자매끼리는 영어로 대화한다. 그들이 한국어를 얼마나 잘 하느냐 미숙하냐는 집에서 얼마나 부모가 한국어를 사용하느냐에 달려 있다. 그들은 캐나다 사회에서 고위직에 오르는 것에도 전혀 장벽이 없다. 캐나다 지역 방송국 CP24에서 앵커로 활동하는 한 한국여성은 2살 때 이민 왔는데, 완벽한 캐내디언 영어를 구사한다. 혹시라도 2세들이 청소년기에 말을 듣지 않아 부모가 체벌하려고 하면 아이들은 경찰에 먼저 신고한다. 2세대 아이들은 캐내디언 교육을 받았기 때문에 한국 정서에서는 있을 수 없는 사고방식으로 행동한다. 타 인종과 결혼하는 것도 이민 2세대는 자연스럽게 받아들인다.

이민 1세대인 나와 나의 친구들 알렉스, 팀, 마야는 각기 다른 이유와 방법으로 캐나다에 이민 오게 되어 그 시작은 모두 다르겠지만, 이곳 토론토에서 비슷한 시기에 만나 같은 꿈을 꾸며 캐나다 사회에 첫 깃발을 내렸다. 그리고 그들의 1.5세대 아이들, 2세대 아이들은 우리 1세대보다 더 단단하고 큰 깃발을 이곳 캐나다 땅에 꽂아 자손 대대로 큰 거목으로 뿌리내리게 될 것이다. 상하이 唐 군이 할아버지가 될 때쯤은 모두가 함께 울창한 숲을 이루길 기대해 본다.

05

코리안 동료들

○ ○ ○

    회사에는 두 명의 한국인이 더 있었다. 한 명은 길버트, 또 다른 한 명은 다이앤이었다. 길버트는 나보다 3년 일찍 'GuestLink'에 들어왔다고 했다. 나이는 나보다 열 살 정도 적다.

    캐나다 직장에서는 시뇨리티(Seniority)라는 게 있다. 한국어로 말하자면 연공서열의 개념 정도다. 딱 맞게 번역되는 단어는 없다. 이는 한 직장에 얼마나 다녔는지 햇수를 줄 세우는 개념이다. 오래 다닌 직원은 시뇨리티가 높고 들어온 지 얼마 안 된 직원은 시뇨리티가 낮다고 생각하면 된다. 휴가 날짜를 정하는 소소한 것부터 우리 사주 배정 같은 민감한 사항도 시뇨리티 순서로 공평하게 정하게 된다.

길버트는 먼저 들어와서 자리 잡았기 때문에 나보다 시뇨리티가 높은 터 줏대감이었다. 나는 그에게 깍듯이 선배 대접을 해 주기로 마음먹었지만, 정작 그는 우리끼리 한국말을 할 때마다 꼬박꼬박 형님으로 대접해 주었다. 그는 원래 대학생 때 캘거리 근처 에드민턴에 어학연수를 갔었고, 거기서 교회 성가대에 유일하게 있던 한국인과 사귀게 되어 결혼까지 했다고 말했다. 대학교 졸업하고는 무역회사에 다니다가 부부가 캐나다 문화를 잊지 못해 결국 이민을 왔다고 했다.

그에겐 학교에 다니는 사내아이가 둘 있는데, 얼마 전엔 갑자기 와서 "형님! 우리 셋째 가졌어요!" 하며 자랑했다. 그리고는 몇 달 후 예쁜 딸을 낳았다며 싱글벙글해서 다녔다. 한국에서는 웬만해서는 셋째는 엄두도 못 냈을 것이다. 하지만 캐나다에서는 어느 정도 안정된 일을 하고 있다면 셋째 출산을 고려하는 경우가 생각보다 많기에 유별난 일은 아니다.

이는 모두 건실하게 운영되고 있는 사회보장 덕분이다. 캐나다에서는 아이가 초등학교에 갈 때까지 미취학 아동 수당이 나오고, 성년이 될 때까지 미성년수당이 몇백 불씩 지급되기 때문이다. 물론 아이 한 명당 몇백 불 금액이다. 이를 여기서는 쉽게 '우윳값'이라 말한다. 이 외에도 국가에서는 공교육, 의료 보험도 무료로 제공하고 있으므로 젊은 부부들이 아이를 낳는 결정이 한국보다는 훨씬 쉽다. 처음 이민 온 사람들에게 우윳값은 생활비로 정말 요긴하게 쓰인다.

이 모든 것은 캐나다에서는 아이가 우선순위이기 때문이다. 그 때문에 아이들이 탄 스쿨버스도 가장 먼저다. 스쿨버스가 길가에 정차해서 정지 신호를 펼치면 반대편 차도까지 모두 멈춰야 한다. 이를 지키지 않으면 많은 벌금을 물어야 하므로 누구나 이를 잘 지킨다. 캐나다에서는 스쿨버스 다음이 앰뷸런스이고 경찰차다. 노란 스쿨버스가 보이면 학교에 가려는 아이들이 뛰는 경우가 많아서, 또 스쿨버스에서 아이들이 내리면 어디로 튈지 모르기 때문에 스쿨버스가 일 순위가 되어야 한다. 한국에서 종종 통학버스 사고 소식을 듣게 되면 가슴이 아팠는데, 캐나다에서는 그런 뉴스를 본 적이 없는 것도 이와 같은 우선순위 때문이다.

그렇게 셋째가 생긴 길버트는 낳기도 전에 딸인 걸 알고는 더 좋아서 입이 찢어졌다. 위로 아들만 둘이고 셋째는 딸이니 독실한 길버트 가족에게 하나님이 축복을 내려주신 듯했다. 캐나다에서는 산부인과 의사가 남녀 성별을 미리 알려 주는 건 당연한 일이다. 한국에서는 금지되어 있지만, 남아선호사상이 크지 않은 캐나다인들은 아들이든 딸이든 하나님의 축복으로 생각해 애지중지한다. 캐나다에서는 여섯째 아이가 출생하면 무상으로 집을 제공한다는데 길버트의 좋아하는 모습을 보다 보니 저렇게 좋아하다가 여섯까지 낳지는 않을까 걱정도 됐다. 그렇게 되면 한국인 중에서는 첫 번째 수혜자로 등록하게 되지 않을까?

다이앤의 부모님은 한국에서 안경점을 운영하다가 이민을 왔다. 그래서 다이앤은 한국에서 고등학교를 마칠 때쯤 이민을 온 1.5세대였다. 길버트나 나보다 더 캐내디언에 가까웠다. 그녀는 집에서는 하키 맘(Hockey Mom)이다. 미국에서는 사커 맘(Soccer Mom)이라고 하는데, 캐나다에서는 하키 맘이 더 일반적인 용어다. 하키 맘이란 학교에 가기 전, 유치원 때부터 아이들을 아이스하키 클럽에 가입시켜 놓고 차로 데리고 다니며 뒷바라지하는 엄마들을 이르는 말이다. 캐나다 아이들은 걸음마만 떼면 바로 아이스하키부터 배우는 경우가 많다. 아이스하키 링크에 가보면 골대 같은 작은 받침대를 의지해 걸음마부터 배우는 아이들이 많다. 그 애들을 데리고 다니며 뒷바라지하는 것이 바로 하키 맘이다.

그녀는 회사에서 마케팅 전문가로 똑소리 나고 야무지게 일한다. 게다가 무언가 자기에게 부당하다 싶으면 대놓고 매니저와 싸워 원하는 것을 받아낸다. 영어로 싸우기가 어려워 대부분 중간에서 포기하고 마는 몇 년 되지 않은 나 같은 이민자와는 다르다. 그래서 다이앤은 가끔 우리가 모르는 회사의 뒷이야기나 풍문 등을 우리 둘에게 상세히 알려주곤 했다.

다이앤의 매니저 톰은 LGBT 그룹의 일원이다. 한국에서는 단순히 게이와 레즈비언만 알려졌지만, LGBT는 레즈비언(Lesbian), 게이(Gay), 양성애자(Bisexual), 성전환자(Transgender)의 약자로, 이들 모두를 포함하는 모임이다. 미국 쪽에서 동성애자들에 대한 편견과 박해가 한창 심한 1980년대, 토론토 쪽으로 많이 이주해 왔다고 한다. 그래서 캐나다는 다양성에 대해서는 무척이나 관대하다. 특히 토론토에는 동성애자들이 많이 있다. 다운타운에서 아침에 출근할 때면 가끔 건장한 남자 둘이서 손을 잡거나 애정표현을 하는 모습을 종종 볼 수 있다. 이는 한국에서는 아직 상상하기 어려운 일이다. 하지만 캐나다에서는 이미 너무 자연스럽고 일상이 된 풍경이다.

수염이 잔뜩 나고 닭 볏 머리를 한 톰이 간혹 자기 파트너에 대해 다이앤에게 이야기한다고 했다. 요즘 자기 파트너가 자기에게 삐진 것이 있어 속상하다는 것이나, 어젯밤에 둘이 무엇을 해 먹었는지, 알콩달콩한 이야기를 많이 들었다고 했다.

한때는 토론토가 있는 온타리오주의 총리도 레즈비언이라고 공식적으로 오픈했으니 이제는 사회 곳곳에서 내 옆에 있는 동료가 그렇다고 하여도 하나도 이상할 게 없는 시대가 되었다.

가끔은 같은 회사 내의 한국인들끼리(세 명뿐이지만) 점심을 함께하기도 했다. 한식을 먹어도 캐네디언 동료들과 함께 먹으면 음식을 어색한 영어 번역으로 소개하거나, 메뉴를 설명해 주어야 해서 체할 것 같을 때가 있기 때문이다. 한국 동료들과 점심을 같이하는 날이면 양식을 먹든 한식을 먹든 먹는 게 어찌나 편안하고 즐거운지 모른다. 팔이 안으로 굽듯이 역시 내 고향 한국의 문화와 언어를 공유한 사람들과의 시간은 이민 생활의 피곤함을 잊게 해 준다.

06

브라질 할머니

○ ○ ○

어쩌다 한국인이 옆에 같이 앉으면 자연스레 대화를 나누게 됐다. 신기하게도 한국인들끼리는 텔레파시 전달이 잘 되어서 겉모습이 비슷한 같은 극동아시아 사람 중에서도 서로를 잘 구별하고 찾아낸다. 더불어 일본인과 중국인도 잘 구별한다. 물론 코가 크고 머리와 눈 색이 다른 코카서스 인종들은 코가 낮고 검은 머리와 눈을 가진 극동 아시안들을 잘 구별하지 못한다.

병원을 갔을 때 이야기다. 대기실에서 아내 옆에 앉아 기다리던 할머니가 아내에게 두런두런 말을 건네기 시작했다. 할머니는 아마도 월남한 분인 듯 '고렇지 고래' 등의 확연한 이북 말씨를 사용했다. 이처럼 나이가 많은 분 중에는 이북 출신들도 찾아볼 수 있다. 6·25 전후로 월남한 이후 나중에 해외로 나온 분들이다. 이 할머니도 평안도 출신이셨다. 젊었을 때 브라질에 이민 가게 되었다고 하셨다. 처음엔 고생도 많이 했지만, 어딜 가나 남아 있는 한국인 특유의 근면함으로 어려움을 잘 극복해 냈다고 했다. 그렇게 본인의 가족들도 나중에는 어느 정도 자리를 잘 잡고 살만해졌다고 했다. 이처럼 아주 오래전 70년대에는 한국에서 먹고살기가 힘들었기에 돌파구를 찾고자 해외로 이주하는 이민 1세대들이 종종 있었다.

어릴 적 같은 동네에 있던 아버님의 친구분 가족이 아르헨티나로 이주하는 걸 본 적이 있다. 처음엔 향수병에 스페인어도 안 통해서 무진 고생을 했지만 결국에는 한국인의 근면성으로 봉제 공장을 차려서 아들과 딸들이 그곳에 뿌리를 잘 내렸다는 이야기를 나중에 들은 적이 있다. 이 할머니도 브라질에서 장성한 아들이 IBM을 사회 초년생부터 계속 다녀서 오십이 넘고 정년이 넘은 지금도 임원까지 올라가 다니고 있다고 했다. 더불어 근자에 아들이 캐나다로 파견을 가게 되어 따라왔다고 하셨다. 캐나다에 왔던 아들은 다시 미국 IBM으로 옮기게 되어 미국으로 갔지만, 할머니 부부는 캐나다에 남아 지금껏 5년 넘게 살고 있다고 했다. 할머니는 한국에는 연고도 별로 없어 캐나다에서 여생을 보내는 것으로 생각하고 있었다.

캐나다는 대중교통이 잘 되어있어 노인들도 버스와 지하철만 있으면 어디든 원만히 다닐 수 있다는 장점이 있다. 더불어 노인 복지도 워낙 잘 되어 있어서 나이가 들어도 살기 좋은 곳이다.

이처럼 캐나다에 있는 한국인들을 보면 대부분 갖가지, 나름대로 재미있는 스토리를 가지고 있다. 그냥 평범하게 직장을 다니고 사업하는 사람들이야 한국에서 잘 살고 있을 테고, 해외까지 나오게 되는 사람들은 온갖 역경과 어려움을 헤치고 살아온 사람들일 테니 말이다. 하긴 내가 살아온 여정도 그냥 평범하지만은 않기에 이처럼 먼 토론토까지 와서 생활하고 있는 것일지도 모른다. 생각해 보니 지금까지를 되돌아보면, 내게는 무척이나 파란만장했던 이민 생활이었다. 더 많은 시간이 지나고 나면 정말 스릴 있고 흥미진진한 스토리를 엮어낼 수 있을 것 같다. 물론, 캐나다에서 제대로 정착한 사람들에 비하면 나의 이민 이야기는 아직 진행 중이다.

할머니를 만나서 십여 분 동안 일방적으로 이야기를 듣고 나니, 뜬금없이 할머니가 연락처를 달라 하셨다. 집도 한국인이 모여 사는 동네에 두런두런 살고 있으니, 얼마 멀지 않은 걸어갈 수 있는 동네인 것 같았다. 한국에서는 한 번 만난 사람이 전화번호를 달라고 하면 이상한 눈으로 색안경을 끼고 보겠지만, 여기선 그렇게 이야기하다 보면 한국인들끼리는 갑자기 친해져 연락처를 묻거나 커피 마시러 집에 가자고 친근하게 접근하는 경우가 종종 있다.

그런 분들 가운데 하나는 이민 온 지 오래된 사람들이다. 이 경우 사는 게 매일 똑같고 커뮤니티도 작다 보니 만나는 사람도 한정되어 있어서 한국처럼 집단 문화도 많지 않은 일상에 심심하다는 이유로 말동무를 사귀기 위해 다가오는 경우가 많다. 물론 반대로 사람을 사귀는 것, 모이는 것 등이 싫어서 이민 온 예도 있어서 성향이 잘 맞아야 한다.

반면에 이민 온 지 얼마 안 되는 사람들도 그런 경우가 있다. 처음 와서 뭔지도 모르고 사회생활에 유아기로 다시 퇴보하다 보니 궁금한 게 많아서 새로운 사람을 사귀고 싶어 하는 경우다. 그래서 이민을 오면 거의 모든 한국 사람들이 교회나 성당을 먼저 찾는다고 한다. 사람이 많이 모이는 커뮤니티로는 종교기관이 제일 으뜸이기 때문에 많은 이들이 사람들을 찾아 종교를 찾아가는 경우가 많이 생긴다.

어쨌든 할머니는 처음 만난 우리에게 10분 만에 연락처를 달라며 수첩을 내밀었다. 물론 이렇게 연락처를 교환했다고 해서 나중에 연락이 올지 안 올지는 모른다.

70년대부터 오기 시작한 이민 1세대들이 은퇴한 이후 자신의 삶을 돌아보는 때가 되었다. 한인 교회를 중심으로 한 커뮤니티에서는 한인들만이 들어가 지낼 수 있는 양로원, 한인들만이 같이 묻힐 수 있는 공원묘지도 확보하기 시작했다. 아무래도 눈빛만 교환해도 느낄 수 있는 정서와 말이 서로 같은 민족끼리 영원히 같이하고픈 마음이 있는 것 같다.

나도 캐나다보다는 한국에서 살아온 햇수가 더 길어서 한국에는 비빌 언덕이라도 있지만, 우리 아이들은 나중엔 결국 한국보다 캐나다에서 더 오래 살게 될 터다. 친척들도 다 연로하고 관계가 옅어지면 아마 아이들은 캐나다가 고향이라고 생각하게 될 것 같다.

뭐가 좋다고 정의 내리긴 어렵지만, 한국인이기에 한국에서만 살아야 한다는 건 한국에서만 주로 생각하는 사고인 것 같다. 나는 아니지만 내 아들,

손자들이 이 땅을 내 땅으로 여기고 단지 내 뿌리가 한국이라는 것을 생각하며 나름대로 최선의 자기 인생을 살아간다면, 더 넓은 세상을 볼 수 있는 시야가 있다고 긍정적으로 여겨질 수 있지 않을까? 이민 와서 생활해 보니 조금씩 바뀐 내 생각이 이렇다.

세상은 넓고 사람도 다양하고 할 일도 많다. 그래서 어디서나 자신의 능력을 백 퍼센트 발휘하는 능력 있는 한국 사람들이 높은 인구 밀도를 이루며 좁은 한국에서만 살기에는 가진 능력이 너무 아깝다는 생각이 든다. 젊은 사람이든 나이가 든 사람이든, 세상 밖으로 나가서 큰 세상을 보고 살면 좋겠다.

07

Take our kids to Work

○ ○ ○

매년 11월 둘째 주에는 특별한 행사가 열린다. 바로 'Take our kids to Work'다. 회사마다 아침부터 Grade 9, 우리나라로 치면 중학교 3학년이 되는 어린 학생들을 아빠 또는 엄마 회사로 데리고 와서 견학을 시키고 실제 일도 해 볼 수 있게 하는 일종의 직업 체험 행사이다. 부모님들이 실제로 일터에서 어떤 일을 하고 있고 어떻게 고생하는지 간접적으로나마 체험하게 해서 부모님에 대한 자긍심을 고취하고, 또 자기의 진로에 대해서도 막연하게나마 해 볼 수 있게 하자는 취지로 진행되는 프로그램이다.

첫째 아이는 캐나다에 오게 된 시점과 프로그램 일정이 맞지 않아서 경험하지 못했지만 둘째 아이는 마침 9학년이 되어서 회사에 데려올 수 있었다. 아침부터 함께 시내로 출근하는 길부터 신기하게 느끼는 것 같았다. 둘째와 함께 전철을 갈아타고 회사 빌딩으로 들어섰다. 출근한 후 자리 옆에 의자 하나를 더 가져다 놓고 하루를 시작했다. 둘째에게 아빠가 하는 일에 대해 간략히 설명해 주고, 회사소개 책자를 넘겨주며 혼자서 보고 있으라 하니, 두리번거리며 신기해하는 것 같았다. 회사에는 나 말고도 비슷한 나이 또래 직원들이 아이들을 몇 명 데리고 온 것을 볼 수 있었다. 활동량이 많은 아이는 생소한 사무실에서 가만히 앉아 있는 것을 잘 견디지 못한다. 그러다 보니 가장 많이 하는 말이 바로 'Let's take a break!'이다. 길어야 오십 분 하는 수업에 익숙하던 아이들이라 그렇다.

그러다 인사팀에서 연락을 받았다. 아이들을 대회의실로 모이도록 하라는 것이었다. 아이들이 한자리에 모이니, 인사팀장은 회사 전반에 대한 소개 등을 전하는 프로그램을 주관해서 진행했다. 간식도 준비되어 있었고, 아이들은 비록 서로 모르는 사이였지만 중간중간에 함께 게임을 하며 왁자지껄하게 재미있는 시간을 보내는 것 같았다.

같이 근무하는 길버트는 아직 유치원을 다니는 아이들만 있는데 갑자기 9학년 여학생을 데리고 왔다. 어디서 숨겨 놓은 아이인가 잠시 놀랐더니, 같은 교회를 다니는 한국 선배가 마트에서 일하고 있어서 그 선배의 아이를 보낼 데가 없어서 회사에 다니는 길버트에게 부탁했다고 한다. 모든 부모가 번듯한 사무실에서 그럴듯한 일을 하고 있거나, 혹은 소방서, 경찰서, 법원 등 공공기관에 근무하면 거리낌 없이 아이들을 데리고 갈 수 있겠지만 그렇지 못한 경우도 많다. 물론 직업에 귀천이 없다고는 하나 이민 온 지 얼마 안 되어 안정된 직장을 못 구한 사람들에게 이런 행사는 좀 난처한 일이다. 그래서 주변의 아는 사람들에게 부탁하는 일도 많다.

그렇게 오전 근무를 마치고 우리 아이와 길버트가 데리고 온 여학생을 데리고 근처에 유명한 수제 햄버거집에 가서 그럴듯한 햄버거 하나씩 사주고 우리 학생 일꾼들을 조기 퇴근시켜 주었다. 보통 학생들은 오전 정도 견학하면 충분해서 점심 먹고 집으로 간다. 물론 학교에서 오늘 견학한 내용에 대해서 간단한 리포트 써 오라고 했을 테고 집에 가서 숙제하겠지만 말이다.

햄버거집에서 나와서 길버트와 나는 회사로 향하고 우리 아이와 길버트가 데리고 온 여학생은 스트리트 카를 타는 방향으로 보내주었다. 같은 9학년이고 둘 다 한국 아이인지라 학교는 비록 달라도 공감하는 부분이 많은 것 같은데 둘이서 남학생, 여학생이다 보니 같이 가기가 무척 어색한가 보다. 뒤에서 바라보니 둘이서 정말 어색하게 몇 미터 떨어져 이상하게 걸어갔다.

캐나다 사회를 접해 보니 사회 전반의 시스템이 가족과 가족 구성원의 관계를 매우 중시하고, 또한 그걸 뒷받침할 수 있는 문화와 이벤트들이 곳곳에 배치되어 있다. 사회제도가 가족관계를 씨줄, 날줄로 엮어서 튼튼하게 구성하고 있다는 느낌이 들었다. 아이들에게 백 번 천 번 아빠, 엄마가 나가서 얼마나 고생하고 일하는지 아느냐 말하는 것보다, 이렇게 한번 와서 체험하면 부모에 대한 이해가 넓어지고 관계는 더욱 긴밀해질 수 있을 것 같았다. 이런 좋은 제도는 한국에서도 도입해서 추진해 보면 어떨까 싶다.

08

You're Fired?

○ ○ ○

　오랜만에 화창한 목요일 아침, 출근하는 데이비드에게 아침 인사를 건네고 열심히 일하기 시작했다. 오늘 안에 작성하고 있던 리포트를 끝내려 했기 때문이다. 정신없이 일한 지 한 시간쯤 지났을까, 데이비드는 어디 갔는지 자리에 없고 위층에 있는 인사팀장 샤를린이 갑자기 와서는 옆자리 데이비드의 책상에 앉아 책상 서랍을 구석구석 뒤졌다. 그리고 몇 분 만에 그의 개인 물품을 몽땅 정리해서 올라가는 모습이 보였다. 내 옆에 있던 길버트도 모니터에 빠질 듯이 일하느라 눈치채지 못할 정도로 순식간에 일어난 일이었다. 그 옆의 스티븐과 나는 둘이서 멀뚱히 눈빛만 교환하고 조용히 곁눈으로 사건을 주시하고 있었다. 그리고는 그 길로 데이비드는 볼 수 없었다. 그렇다.

그는 갑자기 회사를 그만두게 된 것이다. 바로 옆자리라 의자만 돌리면 대화할 수 있기에 그래도 아주 친했었는데, 뜬금없이 해고되었다니 본인도 얼마나 황당했을까?

북미지역의 직장문화를 많이 들어서 알고는 있었고, 지난 연초에도 갑자기 십여 명이 해고당해서 그럴 수 있겠다 싶었는데, 갑자기 내 앞에서 그런 일이 일어나니 남 일 같지가 않았다. 이처럼 캐나다에서 회사에서 해고되는 경우는 두 가지로 나뉜다.

첫 번째는 일반적인 '해고(Fired)'다. 이는 우리에게 익숙한 문자 그대로의 해고를 말한다. 직원 본인이 일을 잘못하거나 크나큰 실수를 저질러서 책임져야 하는 경우 등이다. 즉, 해고당한 본인에게 원인이 있으므로 정부에서 주는 실업수당도 못 받을 뿐 아니라 다음 회사를 찾을 때도 레퍼런스를 받기 쉽지 않다. 그래서 다시 취직하기도 매우 어렵다. 두 번째는 'Laid off'이다. 한국말 번역은 똑같이 '해고'지만, 회사의 사정이 별로 좋지 못하기 때문에 불가피하게 회사에서 계약을 해지하는 경우를 말한다. 그 때문에 명예퇴직이 더 맞는 번역일 것 같다. 명확하게 책임은 회사에 있다. 이처럼 전자는 직원에게 책임이 있지만, 후자는 회사에 책임이 있다고 생각하면 된다.

영화에서는 해고될 때 상위 매니저가 자리로 찾아와, 'You're fired!'라고 한마디 하면, 그 자리에서 바로 나가는 것을 본 적이 있었다. 책상이고 컴퓨터고 손 하나 까딱하지 못하고 자기 물건만 챙겨서 떠나야 하고, 매니저는 나갈 때까지 서서 지켜보는 그림이 그려진다. 그러나 실제로는 (우리 회사에서는) 인사팀에서 조용히 불러서 해고되었음을 알리고, 짐은 챙겨다 줄 테니 기다리라고 말하고 바로 출입 카드와 회사 핸드폰을 반납하게 하고 내보냈다. 남들 보는 눈이 있으니 조용히 인사팀으로 불러 정중하게 내보내는 것 같았다.

이런 일은 회사에서 몇 번이나 있었기 때문에 보통은 자기가 사용하는 컴퓨터라 하더라도 개인 파일이나 사적인 것들은 저장해 두지 않는다. 그런 문화라서 그런지 모두 자기 자리엔 개인 사물이 그다지 많지 않았다. 한국처럼 회사의 내 자리가 나의 또 다른 공부방이나 아지트가 되는 게 아니고 캐나다에서는 그저 일하는 장소로만 여겨졌다. 어느 날 갑자기 떠나게 된다면 단 1분의 여유도 없을 것이기 때문이기도 하지만, 회사에서는 오직 회사 일만 하므로 더 그렇다.

이처럼 지난해부터 회사 분위기가 좋지 않다는 것이 곳곳에서 감지됐다. 앞서 언급했지만 내가 다니는 회사는 항공 여행 시 사용하는 카드결제기 납품, 또는 수수료로 이익을 얻었다. 지난 십여 년간 미국과 캐나다 중심으로 더불어 유럽 항공사까지 영역을 넓혀가고 있었다. 그런데 최근 태블릿이나 스마트폰 어플을 사용하는 결제방식으로 바뀌는 항공사가 늘어나는 추세라 매출 하향의 어려움을 겪고 있었다. 그 타개책으로 아시아, 아프리카 쪽으로 시장을 다변화하고 레스토랑 쪽으로도 진출하겠다고 경영진이 선언하고 드라이브를 걸고 있었다. 하지만 애석하게도 아직 눈에 보이는 성과는 없었다.

그래서 벌써 지난해부터 몇 개월에 한 번씩 십여 명 넘게 해고를 하고 있어 회사 분위기가 좋지 못했다. 오늘이 또 그날이었다. 설마 나는 아니겠지, 나는 피해가겠지 하는 막연한 조바심이 들었다. 한두 시간이 지나 애드민 수잔에게 전화가 왔다. 부사장 크랙이 회의실에서 찾는다는 내용이었다. 무슨 일일까? 살짝 불안한 구석도 있었지만 큰 의심 없이 회의실 문을 열었다. 크랙과 인사팀장 샤를린이 함께 앉아 있었다. 샤를린이 여기 왜 왔지? 앗! 그렇다. 이런 날이 언제 올 수도 있겠거니 했는데, 나도 선택된 사람 중 한 명이었다. 넓은 회의실에 덩그러니 앉은 두 명이 심각한 얼굴로 있는 모습을 보니 분위기가 싸해지고 머리가 쭈뼛 섰다. 이장희의 오래된 노래 〈그건 너, 바로 너〉가 머릿속에서 맴돌았다. 아무렇지 않은 듯 웃고 싶었지만 내 얼굴이 이스터 석상의 굳은 표정이 되고 있음을 느낀 건 일 초도 걸리지 않았다. 평소에 경영진 중에서도 가장 합리적이고 똑똑하다고 정평이 난 크랙은 친절해서 나도 좋은 호감을 느끼고 있었던 사람이었다. 그는 평소답지 않은 굳은 얼굴로 앉으라고 자리를 권했다. 그리고는 일사천리로 절차를 설명해 주었지만 별로 귀에 들어오지 않았다.

예상은 했으나 생각하기 싫었다는 게 정확한 표현이었다. 이런 현상을 애써 외면하고 있었지만 완전히 피할 수는 없었다. 결국 오늘 회의실에서 이런 자리를 맞닥뜨리게 되었다. 크랙이 설명을 모두 마치고 나니, 수잔이 내 자리에 가서 내 가방과 물건들을 싸서 가져왔다. 그 길로 내 자리에도 갈 수 없고 바로 출입 카드를 반납하여 나가게 됐다. 데이비드와 마찬가지였다.

수잔의 도움으로 어렵게 같이 근무하던 길버트에게 전화했다. 이러쿵저러쿵 간략히 이야기하니 쏜살같이 튀어나왔다. 회사 건물을 나오니 조금 이른 점심때였고, 길버트와 함께 샤와르마를 먹으며 회사 욕을 실컷 퍼부었다. 사실 나는 할 말이 없었지만 길버트가 혼자 사장, 부사장 등 경영진 험담을 해댔다. 굳이 그럴 필요는 없었지만 길버트 덕에 마음이 편해졌다. 아마도 그는 가만히 있으면 나를 해고한 회사와 한패가 되는 듯한 죄책감을 느꼈던 것 같다. 더 이상 길버트가 곤란하지 않도록 붙잡지 않고 쿨하게 인사하며 헤어졌다.

아직 퇴근하기에는 이른 시간이었기에 어디로 갈지 고민이 됐다. 집으로 가자니 아직 내 마음의 준비가 되지 않은 것 같았기 때문이다. 우선 전차를 타고 몇 년을 다닌 정든 회사 건물과 멀어지기로 했다. 다운타운 서쪽에 있는 회사에서 멀어지며, 전차는 동쪽을 향해 계속 움직였다. 슬프진 않았지만 서럽지도, 창피하지도 않았다. 그저 혼자 짠한 마음이 들었을 뿐이다.

09
EI를 받고

○ ○ ○

    회사 인사팀장과 몇 번의 이메일을 주고받았다. 정확히 말하자면 전 회사의 인사팀장이었다. 그녀에게서 앞으로 필요한 몇 건의 서류와 친절한 안내 몇 가지를 개인 이메일로 전달받았다. 그중에는 EI(Employment Insurance)와 관련된 내용이 들어 있었다. 몇 번 들어보기는 했지만 그다지 신경 쓰고 깊이 생각해 보지 않았던 생소한 단어였다. EI는 캐나다 연방정부에서 자의가 아닌 이유로 회사를 그만두게 된 사람들에게 퇴직한 날로부터 45주 동안 얼마간의 생활비를 지원해 주는 것을 말한다. 지원을 받는 45주 안에 본인의 스킬을 업그레이드하고 새로운 직업을 찾아 새 출발을 하라는 의미다. 한국에도 고용보험이 있는데 비슷한 프로세스로 받을 수 있는 것으로 알고 있다.

EI는 실직한 지 4주 안에 신청해야 혜택을 받을 수 있다. 그래서 바로 신청 프로세스에 들어갔다. 이틀에 걸쳐 관련 서류들을 수집하고 담당하는 정부 기관으로 우편물을 보냈다. 얼마 후 관련 메일이 날아왔고, 나를 위한 웹 페이지가 열리고, 간단한 인증을 거친 후 생활비를 지원받을 수 있다는 확인 메일을 받았다. 직접 해 보니 너무 간단해서 고마웠지만, 한편으로는 야속하기도 했다. 당연하겠지만 정부에서 주는 지원금은 100%가 아니기 때문이다. 전 회사에서 받던 급여 대비 최대 55%까지만 받을 수 있다. 엄밀히 말하면 소득수준에 따라 그것보다 더 적은 퍼센트이고 최대치가 55%라는 의미다. 그래서 배부른 소리였지만 '치사하다!'라고 한 번 내뱉고 말았다. 어떤 사람들은 그렇게 회사를 그만두게 된 경우, 현찰로 받는 일용직 일을 해서 수입을 얻고 EI도 함께 받아 오히려 더 수익을 올릴 수도 있다고 했다. 하지만 원칙적으로는 다른 수입이 있으면 EI가 나오지 않는 게 맞다. EI는 받는 동안에는 열심히 구직하고 인터뷰를 보고 새로운 일을 찾을 수 있도록 노력하라는 의미이기 때문에 구직한다는 증거를 보여 주어야 한다.

불과 몇 년 만에 다시 이민 초기, 힘들게 구직하던 시기로 돌아가 버렸다. 그래도 이번에는 그 대단한 '캐내디언 익스피리언스(직장경력)'가 있고, 재정적으로는 어느 정도 버팀목이 되어줄 EI도 있으니 처음에 고생하던 것보다는 별것 아니겠지! 하고 기대했다. 한 일주일 쉬고 비슷한 업무를 찾아서 지원하다 보면 한 달이면 다시 다른 회사에 들어갈 수 있을까? 아니면 이민자들 워낙 많으니 몇 달 더 걸려야 할까? 아니면 장기전으로 가야 하는 걸까? 여러 생각이 많아졌다.

그렇게 한 달이 지났다. 예상과 달리 다시 불확실의 세계로 빠져들었다. 이상했다. 보름 정도 찾다 보면 적당한 자리가 나타나겠지 했는데, 뭔가 좀 잘못된 것 같았다. 생각한 만큼 일자리는 쉽게 손에 잡히지 않았다. 역시 토론토는 숙련된 기술자들과 고학력자들이 많아서 만만치 않은 걸까? 아무래도 재취업 기간을 길게 생각하거나 넓게 토론토 외곽지역 또는 저 멀리 앨버타, 사스케츄완까지 확장해야 할 것 같았다. 오타와, 런던, 몬트리올 등지는 주말 부부 생활이 어느 정도 가능한 지역이니 당연히 고려할 만했다. 캐나다 취업을 고려한다면 각 지역에 대해서도 대략 알아두는 것이 좋다.

앨버타(Alberta)는 밴쿠버가 있는 빅토리아 주(BC주)의 동쪽에 있고 미국 몬태나주 북쪽과 국경을 맞대고 있다. 토론토에서 앨버타의 주도 캘거리까지 가려면 국내선 비행기 타고 4시간은 가야 한다. 시차도 2시간이나 난다. 그래서 캐나다 국내라고 하지만, 다른 나라라고 생각하는 게 속 편하다. 앨버타는 한때 아니 몇 년 전까지만 해도 오일샌드 덕분에 경제가 활성화되어 일손이 모자랐다. 오죽하면 숨만 쉴 수 있는 사람이면 취업이 된다고 했을까. 오일샌드는 땅속 모래를 정제해서 원유를 추출하는 방법인데, 이제는 채산성이 낮아져서 덩달아 앨버타주 경제가 많이 침체하였다. 그래도 인구도 무려 300만 명이나 되어서 아직은 일자리가 많이 있고 큰 기업들도 많이 있어서 계속 취업을 도전할 만한 곳이다.

사스케츄완(Saskatchewan)주는 앨버타 동쪽에 있는 평원지대다. 주요 도시는 레지나(Regina), 사스캐툰(Saskatoon) 등이 있는데 석유와 가스뿐만 아니라 프레리 초원 지역이 대부분이라 밀과 보리 중심의 농업도 발달한 지역이다. 이곳에는 일자리가 그다지 많지 않으니 취업 확률이 높지 않다고 봐야 한다. 한적한 사스캐툰으로 처음 이민 와서 살다가 나중에 토론토로 이주한 아내 친구는, 처음 사스캐툰에 이민 왔을 때 차가 붐비지 않는 그곳에서 자신 있게 초보 운전을 하다가 백인 할머니들을 많이 놀라게 했다고 한다. 그 넓은 사스캐츄완 전역에 100만 명이 안 되는 인구가 살고 있으니 토론토와는 비교가 되지 않게 여유 있는 환경이라 충분히 공감이 갔다.

매니토바(Manitoba)주는 토론토가 있는 온타리오주 바로 서쪽에 있지만 자동차로 가기에는 부담이 되는 곳이다. 역시 프레리 초원 지역인데 백만의 인구로는 역시 크게 괄목할 만한 산업을 찾기 어렵다. 사실 이런 곳에는 일반 회사보다는 개인이 가족 단위로 운영하는 모텔, 슈퍼마켓 등에서 구직자를 찾고 있다. 한국인 네트워크에서는 간간이 같이 일할 직원을 구한다는 공고들이 나온다. 멀리 떨어진 외로운 지역이라서 선뜻 가겠다는 젊은이들은 많지 않은 지역이다.

나는 토론토에서 몇 년 생활했기에 이곳을 나의 베이스캠프 삼아 일을 찾아 캘거리, 에드먼턴 등지로 가는 방안도 고려하기 시작했다. 혹은 혼자 나가서 일하다가 나중에 아예 아내와 합류해서 이주하는 것도 나쁘지 않을 것 같았다. 우선 모든 가능성을 열어두고 기회를 모색해 보려 했다. 경력이 미천

하거나 처음 이민 온 사람들은 앞서 언급한 다른 주나, 토론토 외곽도시에서
이삼 년 경력을 쌓은 다음 토론토로 진입하는 것도 좋은 방법이겠다.

10

한국 이민자들의 직업

○ ○ ○

내가 하던 같은 직종의 일을 하려고 취업 시장을 알아보다가, 실업 기간이 길어지면서 결국 주변 한국 사람들이 하는 일들이 눈에 들어오기 시작했다. 그래서 한국 교포들이 주로 하는 일들을 찾아보았다. 한국에서 이민 온 캐나다 교포들이 종사하는 직업군들은 그다지 다양하지 않다. 이민 1세대들에게 쉽게 흥미를 끄는 직업들은 주로 깊은 영어가 필요하지 않고, 적은 자본으로도 시작할 수 있으며, 말보다는 몸을 먼저 움직여야 하는 업무들이 대부분이었다.

그 첫 번째로 컨비니언스가 있다. 컨비니언스, 한국에서는 동네 작은 슈퍼마켓이라고 보면 거의 정확할 것 같다. 근래는 주거지 인근 곳곳마다 대형마트가 우후죽순으로 들어서서 작은 동네 슈퍼마켓은 거의 죽어가고 있지만, 아직도 시골이나 집주변의 작은 슈퍼는 생명력을 유지하고 있다. 그리고 그러한 컨비니언스는 하루 18시간 이상 끊임없이 유지되어야 하는 소규모 노동력이 필요하다.

그래서 백인들은 이렇게 노동집약적인 컨비니언스에서 손을 떼기 시작하면서 부지런하고 근면하고 군기가 바짝 들어간 새로운 이민자들이 그 공급원이 되었다. 컨비니언스를 인수할 만한 약간의 자본과 근면성을 장착한 한국인들이 대부분의 컨비니언스를 장악하게 된 것은 당연한 일인 듯 보인다.

도시에서 좀 떨어진 한적한 시골을 지나다가 우연히 컨비니언스를 들르면 열이면 열, 꼭 한국 주인장이 오랜만에 보는 한국인을 반갑게 맞아 준다. 그리고는 한 시간이든 두 시간이든 작은 시골 마을 사정을 넋두리처럼 오랜만에 말이 통하는 한국 사람에게 늘어놓기 시작한다.

그런 시골 마을의 컨비니언스는 서너 개의 주유기도 함께 운영하거나, (대부분) 복권가게도 같이 운영한다. 대도시에서는 유동 인구가 많은 곳에 복권가게가 별도로 독립해서 운영될 수 있지만, 인구분포가 적은 시골 마을에서는 이 모든 것을 같은 곳에서 운영하는 점포가 대부분이다. 또 비록 힘들기는 하지만 한쪽 구석에 꽃가게까지 겸해서 운영하기도 한다. 불과 몇 년 전까지만 해도 컨비니언스는 꽤 괜찮고 실속 있는 사업이라고 소문이 났었지만, 요즈음은 그렇게 24시간 얽매여 있어야 하고 휴일도 없이 1년 365일 열어야 하는 힘든 사업을 계속하고자 하는 한국인들이 줄어드는 추세로 주로 인도 이민자들에게 하나둘씩 넘어가기 시작했다.

두 번째는 세탁소 또는 세탁 데포다. 세탁업도 미주 이민 사회에서 한인 이민자들에게 빠질 수 없는 주요한 업무로 자리매김해 왔다. 7·80년대 드라마에 나오는 미국이민 교포들을 보면 세탁소 운영하는 사람이 대부분 주인공으로 나왔다. 부부는 24시간 작은 동네 세탁소에 매여서 일하고, 아이들은 열쇠를 목에 걸어주면 혼자서 집으로 들어가는 전형적인 모습이다.

토론토도 예외는 아닌 것 같다. 컨비니언스가 대부분 대도시 외곽지역을 중심으로 자리 잡기에 문화적으로나 지리적으로 주변의 지인들이 없다는 약점 때문에 외로움을 견뎌야 하는 직업인 반면에, 그나마 세탁업은 그래도 대도시 주거밀집지역에 위치해서 외로움에 대한 어려움은 없다고 할 수 있다. 다만 아침 일찍부터 저녁 늦은 시간까지 소규모 노동력을 투자해야 하는 점은 마찬가지라고 할 수 있다. 그리고 세탁 장비를 구비하고 시시때때로 업그레이드해주어야 하고, 다림질부터 세탁 전 과정에서 온갖 화학약품을 다뤄야 하므로 건강에는 그다지 좋을 것이 없다는 단점이 있다.

세탁 데포는 기존의 세탁소와는 다른 개념이다. 대형 몰의 일부분 또는 도심지 대형건물의 지하상가 한편에 조그맣게 자리 잡고 있다. 크게 매장을 운영할 필요가 없다. 단순히 세탁물을 고객으로부터 받아놓고 모아서 세탁공장에 일괄적으로 보내면 된다. 그러면 세탁공장에서는 완성된 세탁물을 세탁 데포로 배달해 주고, 고객에게 다시 전달하면 된다. 일종의 세탁 중계역할을 하는 점포라고 생각하면 된다. 일부 간단한 세탁물이나 수선물 등은 직접 처리하기도 한다.

세 번째는 부동산중개인, 즉 리얼터(Realtor)이다. 90년대 초반, 캐나다 부동산은 매년 자고 나면 부동산 가격이 폭등하는 황금기였다. 홍콩이 중국에 반환되며 그 여파로 유입된 홍콩 자본에 의해 치솟는 가격에 기름을 부어졌다. 게다가 유행에 편입되어 소시민들까지 따라가며 부동산에 거품이 쌓이기 시작했다. 이런 상황에서 정부는 이자율을 조금씩 올렸고, 견고하지 못했던 시장은 이내 폭삭 사그라들었다. 그 때문에 당시 꼬리를 무는 대출로 무리수를 두어 집을 사 두었던 사람들은 닭 쫓던 개처럼 망연자실했다.

그 이후 점차 시장이 회복되며 캐나다 부동산은 이십여 년 동안 점진적인 증가세를 보여 왔다. 물론 중간에 미국발 부동산 버블을 겪으며 잠시 주춤하기도 했지만, 몇 년 내내 계속 오름세를 이어가고 있다. 이런 분위기에 편승해 리얼터들도 끝을 모르는 블루오션에서 땅 짚고 헤엄쳐 왔다. 그만큼 전반적인 시장 상황이 긍정적이었다.

이처럼 지속해서 상승세를 보였던 부동산 시장으로 인해 덩달아 리얼터라는 직업은 지난 이십여 년 동안 캐나다에서 꽤 매력적인 직업 중 하나로 꼽혀 왔다. 그 때문에 이민을 와서 장사나 사업을 할 수 있는 자본이 없는 젊은 이들은 청소나 접시닦이부터 일을 시작하다 공부를 시작하고 리얼터에 대해 관심을 보이게 된다.

리얼터가 되기 위해서는 총 여섯 개 과목을 약 2년에 걸쳐 시험을 봐야 한다. 법률관계, 토지 관계 등을 전부 영어로 된 두꺼운 책들로 공부해야 하니 쉬운 일만은 아니다. 하지만 한국에서 이민 온 사람들은 비교적 고학력자가 많기에 노력한다면 라이선스 취득이 가능하다. 물론 '꽤 많이' 노력해야 가능하다.

시장이 언제까지 호황일지는 모르겠지만 리얼터에 뛰어드는 사람은 점점 많아지고 있다. 캐나다에서 발행되는 한국 신문을 보면, 리얼터 광고로 끊임없이 채워지고 있다. 처음 리얼터 라이선스를 취득한 사람들은 신문에 의욕적으로 광고를 내고, 명함을 돌리며 본격적으로 시장에 뛰어든다. 하지만 리얼터 라이선스를 유지하려면 매년 협회비도 내야 하고, 사무실도 유지해야 하기에 임대료도 매달 감당해야 한다. 광고도 단발성으로 해 보아야 효과가 없으니 지속해서 게재해야 의뢰가 들어온다. 그렇기에 한정된 커뮤니티에서는 워낙 경쟁이 치열할 수밖에 없다. 그 때문에 어느 순간 지면이 가득 채워졌던 리얼터 광고가 소리소문없이 사라지기도 하고, 신기하게도 새로운 얼굴로 다시 반복해서 그 빈자리를 채워 간다.

처음 리얼터 라이선스를 취득하면 작은 일부터 시작한다. 콘도, 즉 한국으로 치자면 아파트를 렌트(임대)하는 일이다. 임대는 큰돈도 들이지 않고 매달 비용을 지급하는 것이니 크게 손해날 것도 없고 위험성도 적다. 그러다 한두 건씩 콘도 매매를 하고, 나중엔 규모가 꽤 있는 하우스나 상가, 빌딩 매매까지 담당한다. 그렇게 렌트가 성사되면 한 달 치 렌트비를 임대하는 사람, 즉 집주인(Landlord)에게 수수료로 받을 수 있다. 임차하는 사람인 세입자(Tenant)는 한 푼도 내지 않는다. 이는 항상 갑(甲)보다는 을(乙)을 우선 배려하는 문화의 단편이라고 볼 수 있다. 매매의 경우 집 한 채를 사고파는 일이다 보니 규모가 커 꽤 많이 챙길 수 있다. 수수료는 매매가의 3~6% 정도 된다. 캐나다에서는 판매자(Seller) 측 리얼터가 있고, 구매자(Buyer) 측 리얼터가 별도로 있어서 그들 각자가 고객의 이익을 대변하고, 수수료도 반씩 나누어 갖게 된다. 매매의 경우도 구매자 측에서는 수수료가 없고 판매자만 수수료를 부담한다.

이처럼 리얼터는 겉으로 보기엔 꽤 매력적으로 보이는 직업이지만 준비 기간이 꽤 걸리므로 나같이 당장 생계가 필요한 사람은 좀 멀어 보였다.

이 외에 한국인들이 특별히 많이 종사하는 직업군은 두드러지게 보이지 않는다. 소규모 자영업 등이 있고, 한인 사회 마트 등에서 점원 등으로 일하는 사람이나 식당에서 일하는 사람 정도다. 겉으로는 한인 커뮤니티 내 여기저기에서 공생하는 사람들만 주로 보인다. 캐내디언 커뮤니티에서 직장생활하는 사람들은 가물에 콩 나듯 띄엄띄엄 눈에 띄니, 그만큼 토론토 이민 역사가 짧고 그뿐만 아니라 어느 면에서는 캐나다 사회에 뿌리내리기 어렵다는 것의 방증이기도 하겠다.

11
전문직으로 진출하는 방법

o o o

더욱 안정적인 이민 생활 정착을 위해서는 정규 교육과정을 통한 자격증이 가장 빠른 지름길이다. 정규 교육을 받고 대학교를 나와서 전문직으로 진출하는 2세나 1.5세대를 제외하고는 이민 1세대가 전문직으로 진출하는 경우는 많지 않다. 그렇지만 본인 노력에 따라 성공하는 사람들 또한 종종 보아 왔다. 전문직이라고 함은 기술직으로 중장기기사, 트레일러 운전사, 보청 전문의, 항공기술자, 미용사, 간호사, 용접공 등이 있다. 캐나다에서는 이런 직종에 대해서는 공인된 자격증이 있으며 자격증은 일정 기간 교육과, 일정 기간의 실습, 그리고 자격증 시험 등을 통과하면 부여한다. 자격증을 취득하면 해당 분야의 사업장을 오픈하거나 영업 활동을 할 수 있도록 허가한다.

더불어 대부분 1년 단위로 자격증의 유지를 위한 협회비를 납부한다.

이러한 전문직으로 인정받는 직업을 가지려면 대부분 관련 대학(College)을 수료한 후 공인 자격증을 취득하거나, 직접 자격증을 취득해야 한다. 토론토를 중심으로 한 지역에는 조지 브라운(George Brown), 세네카(Seneca), 센테니얼(Centennial) 등과 같은 칼리지가 있으며 다양한 분야의 전문교육을 제공하고 있으니 1~3년의 교육과정을 수료하고 전문가로서 활동한다면 매우 안정된 이민 생활을 바라볼 수 있다.

자격증 중에는 캐나다 내에서 주 정부 간에 공인된 숙련된 기술자로 인정해주는 공인된 레드씰(Red Seal)이라는 프로그램이 있다. 레드씰은 문자 그대로 공인 인증 자격증에 들어가는 빨간색 원형 씰(스탬프)을 말한다. 한국으로 말하자면 공인 기술사 자격증이다. 레드씰을 받은 사람들은 일반 보통 노동자들보다 서너 배는 더 많은 임금을 받을 수 있으며, 각 전문분야의 최고 실력자로 대우를 받게 되는 품위 있는 자격증이다. 56종의 직업군에 대해 레드씰이 있다.

레드씰을 획득하기 위해서는 일정 기간의 교육 및 도제(Apprenticeship)가 필요하다. 그 단계는 다음과 같다.

· 교육기관에서 *Pre-Apprenticeship*을 수료한다.

· 도제(*Pre-Apprenticeship*)를 지원해줄 수 있는 고용자를 찾는다.

· *Province*에 *Apprenticeship*을 등록한다.

· 2년에서 5년간의 유급 도제(Apprenticeship)를 마친다.

· 레드씰 획득을 위한 시험을 통과한다.

이와 같이 레드씰은 직종마다 정해진 일정 기간의 학습 기간과 실습(도제) 기간을 거쳐 시험자격이 부여되기 때문에 기업에서는 고급 숙련도를 지닌 단련된 기술자를 확보할 수 있으며, 당사자는 충분한 보수를 받을 수 있는 제도다.

제러미는 한국에서 10년 넘게 수자원공사에서 일한 경력을 바탕으로 수자원관리기술자(Water Transport Engineer)에 해당하는 영주권을 받아 이민 온 친구다. 그는 처음 이민 와서 수자원 관련 업종으로 취직하려고 몇 번의 도전을 했으나, 익숙지 않은 영어 면접에 번번이 떨어지고 낙담하여 전공과 상관없는 일용직으로 하루하루를 영위해 갔다. 그러던 중 주변 사람들로부터 토론토 내 한 칼리지에 보청 기술자 전문과정이 있어 전망이 좋으니 도전해 보라는 권유를 받고, 보청 전문의(Hearing Instrument Specialist) 과정을 시작했다.

총 3년, 6학기(Semesters) 동안 마스터하는 과정인 이 프로그램은 고등학교까지 12년 과정을 마치고 입학시험을 통과하면 참가할 수 있게 된다. 보통은 젊은 캐내디언 고졸자들이 입학하지만, 요즘엔 간혹 제러미처럼 나이 든 이민자들도 많이 들어간다. 3년의 과정 중 120시간 이상 현장에서 일하는 인턴십이 필수적이며 마지막 학기에는 320시간 이상 병원에서 직접 실무 의사들과 함께 근무해야 한다. 이민 1세대들이 도전하기에는 만만찮은 영어수업과 풀타임으로 공부해야 하는 조건 때문에 어려움이 많다.

이처럼 캐나다 대학의 학기 과정은 정말 만만치 않다. 수업뿐만 아니라 시시때때로 요구되는 과제들, 동료 학생 몇몇과 그룹으로 함께 준비하는 프로젝트, 반복되는 평가 및 시험 등을 따라가려면 학기 중에는 다른 것을 할 시간이 전혀 없기 때문이다. 대학가 근처에서는 학기 중에 여자 남자 구분 없이 더벅머리에 게슴츠레한 눈으로 리포트를 보며 햄버거로 한 끼를 때우는 젊은 친구들을 찾는 것은 그다지 어려운 일이 아니다. 학기 중에는 눈이 반짝 뜨이고 잠이 안 오는 에너지 음료가 날개 돋친 듯 팔릴 정도다.

그런 과정에서 생계를 책임져야 하는 어린아이들까지 있는 제러미는 당장 먹고살아야 하는 문제까지 해결해야 했기 때문에, 밤에는 빌딩청소, 음식점 주방 설거지 등 궂은일을 해 가며 끼니를 때우고 주경야독해서 그의 몸은 으스러져만 갔다. 그렇게 학교 수업에 조금씩 익숙해지며 따라갈 만했지만, 또 한 가지 문제에 직면했다.

바로 본인 스스로 현장실습이 필요한 인턴십을 후원할 업체를 찾아야 한다는 점이었다. 젊은 캐내디언들은 대부분 부모나 친척들의 도움을 받아 알음알음 인턴십 할 병원을 찾아 나섰다. 하지만 제러미는 몸뚱이 하나 믿고 이민 와서, 아는 사람이라고는 한국 커뮤니티에서 몇 번 접촉한 몇몇밖에 없었다. 그러니 어느 병원에서 검정 머리의 영어 더듬이를 채용해서 쓰겠는가. 그게 별거냐고 생각할 수 있지만, 같이 공부하던 한 명 한 명씩 실습할 병원을 찾아 나서는데 나 혼자 덩그러니 남겨진다는 것은 또 한 번 이민사회의

낙오자가 되는 느낌이 들어 숨을 조여 왔다. 그렇게 사회생활의 연결고리가 없고 망망대해에 서 있다는 점이 더 그를 힘들게 했다.

어렵게 어렵게 120시간의 인턴십을 마치고 마지막 학기에는 320시간을 병원에서 일함으로써 3년의 과정을 마칠 수 있었다. 졸업 후에는 슈퍼바이저가 이끄는 1,000시간의 보조 생활과 2,000시간의 경력을 쌓아야 독립적으로 사업장을 오픈할 수 있게 된다. 그렇게 대부분의 캐나다 전문기술직은 기본적인 학교 수업과 더불어 수백 시간 이상의 도제 생활을 거친 후 독립할 수 있게 되어 있다.

헤어디자이너, 즉 미용사도 크게 다르지 않다. 내가 단골로 자주 가는 미용실 원장님도 한국에서는 메이크업 아티스트였지만, 캐나다에서는 동양인을 상대로 한 메이크업 시장이 크지 않다는 걸 바로 파악하고는 헤어디자이너로 방향을 바꿔 재취업에 성공했다. 미용 약품을 다루므로 화학 관련 수업, 살롱을 경영해야 하므로 경영 및 재무일반, 그리고 본업인 헤어스타일링까지, 캐나다 고등교육을 받지 않은 이민자의 처지에서 사전을 찾아가며 2년에 걸쳐 어렵게 미용기술대학을 졸업했다.

학교 수업과는 별도로 캐내디언 미용실에서 인턴으로 1년 이상의 경력을 쌓고, 한인 미용실에서 또 몇 년을 도제로 일하고, 전문자격증 시험을 통과해서 꿈에 그리던 캐나다 자격증을 취득한 후에야 겨우 독립할 수 있는 발판을 마련할 수 있었다. 처음에는 기존 미용실에서 의자 하나만 렌트하는 형태로, 그 이후에는 개인적으로 독립된 영업장을 오픈해 지금은 안정적인 사업을 꾸려나가고 있다.

이처럼 전문분야마다 각론은 조금씩 다르지만, 총체적으로는 이와 같은 과정을 필수적으로 거쳐야 캐내디언 사회에서 인정해주는 전문가로서 지속해서 일하며 발전할 수 있는 앞날을 보장받을 수 있다.

이런 힘든 과정이 없다면 몇 년이 지나고, 십 년이 지나더라도 최저 임금을 받는 보조 인력에서 더 이상 도약하기 어려운 고된 하루하루를 보낼 수밖에 없다. 즉 한 해 두 해 조금씩 나아지는 미래를 보장받기 위해서는 처음 시작하기는 어렵고 힘든 시간의 연속이지만, 그걸 견뎌내면 전문직으로 안정된 생활을 보장받을 수 있다. 그 때문에 처음 캐나다 이민자는 자신에게 맞는 기술직을 잘 선택해서 반드시 전문 교육기관에 입학해서 기초부터 쌓아가는 걸 추천한다. 지금 당장은 힘들고 먼 길이라 느껴지겠지만 그게 오히려 빠른 길이라는 생각을 해야 한다.

12
다시 처음부터

o o o

    백 사장은 헌 집을 새집으로 변신시켜 주는 인테리어 사업자 중 한 명이었다. 집수리는 보통 두세 달이 소요되지만, 일 년 내내 일거리가 있는 것은 아니고 중간중간 쉬는 시간이 생기는 일이다. 그래서 백 사장은 여름철에는 잔디를 깎고, 겨울철에는 눈을 치워 주는 사업도 병행하고 있다고 했다. 안정적인 기본 소득은 잔디 깎는 일과 눈 치워 주는 것으로 보장받고, 통장은 집수리 일로 불린다고 했다. "잔디를 깎는 건 노후 보장이야."라고 몇 번 얘기하는 걸 듣기도 했다.

    아는 분을 통해서 백사장을 소개받고 잔디 깎는 일을 하기로 했다. 말 그대로 일용직 노가다였다. 이처럼 일자리를 백방으로 구하다가 잘되지 않으면 결국엔 가장 진입이 쉬운 일용직이라도 시작하게 된다. 물 건너 이민 올 때 뭐든 가리지 않고 어떻게든 살아 보겠다고 다짐을 했었다. 원하는 대로 일이 잘 안 풀리면 밑에서부터 차근차근 풀어보기로 마음먹었기 때문이다.

이민 온 사람들은 한국의 향수에 젖어 있고 사고방식도 이민 오기 전날의 상태에 머물러 있는 경우가 많다. 보통 그 향수는 '내가 왕년에 한국에서 잘 나갈 때는 말이야'라고 시작된다. 그 건 보통 현재 하던 일이 잘 풀리지 않아 서 과거를 그리워할 때 은연중에 나오는 말이다. 그런 얘기를 들으면 짠한 연민이 스쳐 간다. 어쨌든 미래를 위해 모든 걸 버리고 물 건너 낯선 땅에 왔으면 제로 상태부터 다시 시작할 각오가 되어 있어야 한다. 영어에서도 처음부터 다시 시작한다고 할 때, 'from scratch'라고 한다. 도화지에 백지상태에서 다시 그린다는 의미다. 그래서 상상만 하던 육체노동을 시작했다. 기름진 황톳빛 검은 흙을 뚫고 올라오는 잔디의 파릇파릇한 기운과, 잘린 풀숲 내음이 다가왔다.

백 사장에게서 아침에 집 앞으로 와서 픽업하겠다는 연락이 왔다. 다음 날 아침 일찍 집 앞에서 기다리니, 말 한 마리가 들어갈 정도 되는 박스형 트레일러를 뒤에 붙인 픽업트럭이 다가왔다. 그는 악수도 없이 반갑다며 인사했다. 언젠가 조경사업 하는 브라이언이 자신은 일용직 알바들과 처음 일하려 만나면 꼭 악수한다고 했던 것과 대비됐다. 악수해 보면 이 사람이 육체노동에 얼마나 견딜지 손이 직접 말해 준다고 했었다. 책상에만 앉아 있었던 먹물쟁이인지, 직접 노동을 해 본 사람인지, 하루 이틀이면 나가떨어질지, 오래 같이 일할 수 있는 사람인지 말해준다고 했다.

그는 오늘 하루 모두 열일곱 집의 잔디를 깎아 주면 된다고 리스트를 보여줬다. 정말 많았다. 한 번도 안 해 본 잔디깎이를 무려 열일곱 집이나 한다니…… 잔디깎이는 두 명이면 족했다. 한 명은 집 앞쪽 잔디, 한 명은 뒷마당 잔디를 담당하면 삼십 분도 걸리지 않기 때문이다. 예정된 첫 집에 도착해서 트레일러를 길가에 세워 놓고 장비부터 내렸다. 트레일러 손잡이를 덜컹 젖혀 열었지만 다행히 말이 튀어나오지는 않는다. 앉아서 덜덜거리며 지나가면 잔디가 깎이는 운전형 기계가 한 대 있었고, 그 뒤로 손으로 끌고 다니는 작은 수동형이 있었다. 그 안쪽으로 옆면으로 작은 기름통, 기다란 잠자리채 같은 기계, 포대 자루까지 뭔가 복잡한 것이 가득했다.

백 사장은 이것저것 간단한 주의사항을 알려 주었다. 나는 '윙~' 하는 굉음과 함께 앞뒤로 기계를 끌고 다녔다. 아주 상쾌했다. 예리하게 잘려나간 풀잎 단면에는 살짝 녹색의 진액이 묻어 나왔다. 미세한 현미경으로나 보일 진액을 통해 푸른 풀 내음이 퍼져 나왔다. 시작은 비워진 머리만큼 상쾌하게 순조로웠다. 진작부터 할 걸 그랬구나 하는 생각이 들었다. 돈도 벌고 근육도 단련되고 시간도 잘 가고 맑은 공기도 마셨다. 그렇게 무사히 한 집이 끝났다. 별거 아닌 것 같아서 해 볼만 하다고 생각했다. 이대로라면 오전에 열 집은 해치울 수 있을 것 같았다. 그리고 다음 집, 십분 더 가서 멀지 않은 세 번째 집까지 한 집 한 집 리스트에서 지워 나갔다. 그제야 조금 힘들어졌다. 기계도 이제 내 말은 잘 안 듣는 듯했다. 잔디밭도 그저 고르게 잔디만 나 있는 것이 아니라 중간중간 돌무더기도 있었고, 휑하게 비어 있는 맨땅도 있었다. 그런 곳은 두 배로 힘이 들어갔다.

조금씩 근육이 굳어 간다. 맨손체조라도 하고 시작했어야 했을까. 힘들었다. 다리 근육이 맥없이 풀려가는 게 느껴진다. 신장개업하는 음식점 앞에 서 있는 기다란 바람 풍선 사람처럼 곧추섰다가 이내 힘없이 무너져 춤을 췄다. 이게 아닌데, 내가 너무 쉽게 본 것 같았다. 잠시 쉬며 아무 데나 앉고 싶었다. 백 사장은 근로기준법도 안 지키는 것 같았다. 두 시간 일했다면 십오 분 휴식시간 정도는 있어야 하는 거 아닌가? 그 때문에 한 집 끝나고 다음 집으로 이동하려 조수석에 앉는 시간이 꿀맛 같았다. 어떻게 백 사장 고객들은 다들 다닥다닥 붙어있는지 몰랐다. 다음 고객 집은 어찌 그렇게 가깝기만 한지. 저 멀리, 한 시간쯤 떨어진 동네 집을 하면 운전해 가는 동안 한 시간은 쉴 수 있을 텐데 야속했다.

해는 점점 뜨거워지는데 이제 겨우 중천에 떠 있는 것 같았다. 점심 식사하러 공원 한쪽 귀퉁이에 차를 세웠다. 요리조리 이동해야 하니 큰 트레일러를 몰고 따로 음식점으로 찾아갈 수도 없어서 그냥 차에서 간단히 해결했다. 백 사장이 물어 왔다.

"그래, 첫날인데, 할 만한가?"
"아! 예, 그럼요. 문제없습니다."

백 사장의 물음에 반사적으로 대답했다. 기름에 튀겨지는 부침개 뒤집히 듯 내 머릿속 생각과 전혀 반대의 대답이 나오는지는 이유를 알 수 없었다.

깎여 나간 잔디에서 나오는 신선한 풀 냄새는 반나절 만에 역겨워졌다. 그 렇게 하루 일을 마치고 집으로 돌아오니 계단을 오를 수 없었다. 평소 안 쓰 던 부위의 근육이 잠자는 사자의 코털을 건드린 것처럼 서로 경쟁하며 뒤틀 어지고 있었다. 하루 일을 끝내는 기분 좋은 샤워는 생각도 못 하고 그냥 쓰 러졌다. 내 몸을 위해서 이 순간은 아낌없이 그냥 누워 있기로 했다. 그렇게 짧은 밤이 지나고 다시 아침이 밝았다.

단 하루지만 잔디 깎는 일이 어떤 건지 몸소 체험했더니 이제는 더 두려워 졌다. 괜한 호기를 부린 것 같았다. 그래도 애써 이틀째는 익숙해지겠지 하 는 쓸데없는 기대를 했다. 다행히 잔디는 매일 깎지는 않는다. 집마다 한 주 일 또는 두 주일 단위로 한 번씩 해주면 되기 때문이다. 보통 가족들이 모이 는 주말에 깔끔하게 정리된 잔디를 유지하고 싶으니, 주초가 아니고 주말 즈 음 작업을 요청받는다. 잔디는 이틀 정도 작업하고 그 이후 집수리하는 곳으 로 투입되었다.

캐나다의 집들은 대부분 목재로 짓는다. 기초공사부터 땅을 파고 바닥을 다지기 시작하면서 기둥이 올라가기 시작할 때 보면 신기하게도 모든 벽과 기둥을 나무 목재로 쌓아 간다. 풍부한 산림자원을 바탕으로 자원의 조달이 용이하고 일반 집들은 높아 봐야 이 층, 삼 층이니 목재로 서로 얽히게 엮어도 튼튼해서 백 년도 더 간다. 단 화재에 무척 취약하니 겨울에서 봄으로 넘어가는 건조한 시기에는 주택 화재도 자주 일어난다. 그래서 하우스 보험은 필수다. 게다가 층간 소음도 어쩔 수 없다. 이 층의 아빠 발걸음부터, 강아지가 뛰어다니는 소리까지 쉴 새 없이 들린다. 같은 가족끼리는 상관없지만 층간 세대가 분리된 타운하우스형 집들은 층간 소음의 괴로움에서 쉽사리 벗어나기 어렵다.

이번에 새로 작업하는 집은 두 달 예정으로 골격은 놔두고 실내만 모두 리모델링하는 집이었다. 먼저 바닥 공사를 위해 기존에 있던 거실, 방, 부엌 등 모든 공간의 마룻바닥을 뜯어냈다. 나무로 된 마룻바닥은 기다란 쇠 끌개로 이음새 부분부터 살짝 위로 들어 올려 긁어 내면 시원한 나무 깨지는 소리와 함께 뜯겨나갔다. 하나하나 뜯노라면 어깨 근육이 단단해지는 아름다운 소리가 절로 들려온다. 이렇게 몸을 쓰면 어깨에 아폴로 이두박근부터 배꼽 위 식스팩까지 예술적인 몸매가 만들어지지 않을까 쓸데없는 생각까지 들었다. 벽을 뜯고, 욕실 타일도 뜯고, 미친 듯이 부숴 버렸다. 이러다 집 무너지는 거 아니냐는 것도 쓸데없는 걱정이었다. 아무 생각 없던 첫날에 비하면 이런저런 하찮은 생각도 하게 되었으니, 아주 조금이지만 단련이 된 것 같았다.

그렇게 무 껍질 벗기듯 여기저기 벗겨 놓으니 앞마당에 비치한 커다란 트럭용 화물칸 폐기물 박스가 어지러이 채워졌다. 그리고 다음으로 새로 벽 채가 세워지고, 페인트칠을 하고, 바닥을 다시 깔고, 욕조를 맞춰서 집어넣고, 타일을 붙이는 몇 단계 작업이 순서대로 진행됐다.

같이 작업하는 팀은 경력이 꽤 된 전직 전도사님, 숙련된 기술자인 함 선생님, 그리고 캐나다에서 학교를 마친 나보다 조금 젊은 제이크가 있었다. 그렇게 '판타스틱 4'가 결성되었고, 더해서 워킹홀리데이로 건너온 아르바이트 생이 가끔 일손을 더해 주었다.

워킹홀리데이(Working Holiday)는 캐나다 정부가 매년 해외국가에서 4천 명 정도를 선발해서 일 년짜리 비자를 주는 정책이다. 매년 11월마다 신청을 받고 30세 이하 젊은이들이 서류를 갖추어 지원해서 합격하면 이삼 개월 후에 합격 통지를 보내 준다. 이 정책을 통해서 캐나다 내에 체류하면서 합법적으로 일도 할 수 있고 6개월까지 어학연수도 가능하다. 쉽게 말해 아르바이트 하면서 영어도 배우는 제도다. 그들 중에서 실제로 캐나다 기업에 단기간 취업이 되어 일하는 사람이 얼마나 있는지는 잘 모르겠으나, 1년이라는 제한된 기간이다 보니 한국 젊은이들은 한국인이 운영하는 식당이나 소규모 공사판 등에 투입되기 쉽다. 하지만 사실 그렇게 일하는 것이 얼마나 영어에 도움이 되는지는 모르겠다. 그래도 단기간 캐나다의 사회, 문화를 맛보고 가서 나중에 장기 계획을 세워 다시 찾는 이가 많은 듯했다.

한번은 점심을 먹고 나서 백 사장이 커피 한잔하며 말했다.

"인테리어 사업도 꽤 쓸 만하니 차근차근 배워 봐."

그래도 나하고는 단순 갑과 을의 사이가 아니어서 앞으로의 내 앞날을 살짝 걱정해 주는 것 같았다. 생각해 보니 그런 정도의 말을 해준다는 것은 이 사업이 백 사장에게는 꽤 쏠쏠하게 재미가 있는 듯했다. 사실 어느 정도 구미가 당기긴 했다. 변변치 않은 회사 들어가서 별 볼일 없이 월급쟁이 하는 것보다 훨씬 짧고 굵게 생활할 수 있을 것 같았다. 잠깐 솔깃하긴 했지만 인테리어 사업 같은 복잡한 일을 감당할 자신이 있을지 의문이 생겼다.

그렇게 하루하루 복잡한 단상을 이어가던 어느 날, 욕실에 들어갈 엄청난 무게의 돌판을 깨는 굉음 가운데서 지퍼백에 넣어서 주머니에 보관하고 있던 핸드폰이 울렸다. 핸드폰 저쪽에서 해리스를 찾는 것 같긴 한데 그라인더 소음으로 띄엄띄엄 들려왔다. 급히 집 모퉁이를 돌아 소음을 뒤로하고 다시 헬로 했다.

전화 건 사람은 데이비드였다. 한 회사에 데이비드는 꼭 두세 명 있을 정도로 데이비드라는 이름은 흔하다. 학교에서도 한 반에 꼭 두어 명은 있는 이름이 데이비드다. 그래서 구분하려고 라스트 네임(姓氏)의 첫 자를 같이 사용한다. David Cox는 'David C', David Waytt는 'David W'라고 불린다. 더불어 스티브도 흔해 빠졌다. 피터도 쌍벽을 이룬다.

어쨌든 데이비드라는 사람에게서 전화가 왔다. 지난번 면접을 봤던 회사였는데 벌써 면접 본 지 3주나 지나서 아예 잊고 있었다. 그런데 오늘 한창 정신없을 때 연락이 왔다.

"해리스 씨 맞습니까?"

"네, 맞습니다. 전데요."

"우리 회사에서 지난번 면접 보셨죠? 해리스 씨를 우리 회사에서 고용하기로 했어요."

"아, 그래요. 감사합니다."

처음 이민을 와서 직장 잡을 때보다는 좀 더 여유가 있었다. 전화를 끊고 돌아서서 만세를 불렀다. 백 사장에게 가서 이 기쁜 소식을 전했다. 하지만 전에도 한 번 겪었던 상황이라 아주 담담하고 무심한 듯 얘기했다.

배부른 이야기일지 모르겠으나 인테리어 사업은 나하고는 맞지 않는 사업 같았다. 그래도 이때 마주한 고민이 다 이민 생활의 비싼 수업료 일부처럼 느껴졌다. 그렇게 그분들과 여름을 두 달여 같이 일하고 나니, 집 한 채를 새로 수리해서 새집으로 만들 수 있는 대략적인 방법은 터득한 것 같았다. 이렇게 하루하루 새로운 캐나다에서의 작은 경험들이 나중에 내 생활의 토대를 삼차원으로 구축하는 밑거름이 될 것이요, 내 머릿속 영혼의 신세계를 사차원으로 구축하리라 믿는다. 세상은 참, 살 만한 좋은 곳이다.

해리스!
두 번째
신입사원

Canada

01
두 번째 신입사원

○ ○ ○

두 번째로 캐나다 직장의 신입사원이 되었다. 참으로 힘들고 끈질기게 살아가는 인생이다. 한국에서는 대기업 임원 될 나이에 스스로 캐나다에 와서 두 번째 신입사원 생활을 시작해야 하다니……. 실제로 한국에서 입사 동기 중에는 하나둘씩 임원 생활을 시작한 친구들이 나오기 시작했다. 나라고 별다를 바 없이 한국에서 신입사원으로 입사한 누군가와 같이 원대한 포부를 가지고 꿈을 키웠다. 그랬던 내가 이 나이에 다시 신입사원으로 고생하게 될지 누가 상상이나 했을까?

한국에서는 대학교 졸업하는 시기에 대기업, 중소기업 취업 시즌이 시작되고 거의 비슷한 날짜에 시험을 보고 기업에 들어간다. 경력이 하나도 없는 신입사원으로 모였기에 연수원 등에 가서 신입사원 교육을 받고 각 계열사로 배치받아서 회사 생활을 시작하는 식이다. 그런데 캐나다에서는 신입사원이라는 개념이 없다. 한국에서처럼 일 년에 한 번씩 정기 입사 시험이 있고 단체로 뽑아서 집단으로 교육하고 배치되는 과정도 없다. 내로라하는 대기업도 그렇기에 하물며 작은 중소기업들은 말할 것도 없다. 대부분 기존에 일하던 직원들이 회사를 그만두면 주변에 아는 사람들로부터 알음알음 소개를 받아서 새로 충원하거나 그도 안 되면 공개모집 해서 한 명씩 충원하는 게 보통이다. 한국에서는 취업 청탁은 공정하지 못한 것으로 인식이 되어 공개적인 비난을 받겠지만, 캐나다에서는 이런 식의 취업 청탁은 아주 자연스러운 일이며 다양한 인맥을 활용하는 것은 자신의 능력으로 여겨진다. 그러다 보니 일 년 내내 잡 마켓은 열려 있고, 아무 때고 자기가 필요할 때 지원하고 회사를 옮길 수 있다.

내가 다녔던 첫 번째 회사는 한참 커가는 벤처기업이었기 때문에 새로운 업무 수요가 있어서 한 명 더 채용한 경우였다. 두 번째 회사에서는 기존 직원의 갑작스러운 퇴사로 인한 공백을 메우기 위한 공개모집에 지원했다. 하지만 실제로 그 직무는 에콰도르 출신 다른 사람을 뽑았고, 나는 면접을 보던 임원이 면접 과정에서 내 이력서를 보더니 새로 필요한 다른 업무에 적합할 것으로 평가하여 채용된 케이스였다.

직장생활을 하며 받는 3대 스트레스는 첫 번째는 이직하는 것이요, 두 번째는 승진에서 누락되는 것이고, 세 번째는 사장단 앞에서 발표하는 것이라는 말이 있다. 각자 개인차가 있기야 하겠지만 흔히 말하는 3대 스트레스에서 회사를 옮기는 것이 첫 번째로 들어가는 건 나름 그럴만한 근거가 있어 보였다.

첫날 출근하니 달랑 두 명 정도만 익숙한 사람이었다. 바로 인터뷰 담당했던 사람과 인사팀장이었다. 주변에 온통 모르는 사람들뿐이었던 나와는 달리, 다른 사람들은 모두 서로 잘 알고 있기에 서로 농담도 던지며 웃고 있는 가벼운 분위기였다. 그 가운데 나만 혼자 외톨이 된 듯한 기분도 들었고 여기가 내가 있어야 할 자리가 맞나 생각도 하게 됐다. 그렇게 하루 이틀이 지났고, 업무도 손에 익을 때까지 몇 주는 걸렸다. 그동안은 좀 스트레스가 있겠지만, 그도 참아야 하고 견뎌야 하는 과정이다. 더구나 영어도 서툴고 캐나다 문화도 처음 겪었던 이민 초기 첫 직장 때는 어떠했는지 기억도 나지 않았다. 그때는 모든 게 어색하기만 해서 내가 하는 말이 맞는 말인지 아닌지가 의심스러웠었다. 이제는 두 번째 회사 생활이다 보니 어색함은 반쯤 줄어든 것 같았다. 이제는 영어도 불편함이 많이 사라졌다. 이만하면 견딜만한 맷집이 생겼다. 그렇지만 웬만하면 회사를 옮기지 않고 은퇴할 때까지 계속 다니고 싶다는 바람이 있었다.

우여곡절 끝에 새로 들어간 직장은 회사 보험을 서비스하는 회사였다. 캐나다에서는 회사에서 직원들에게 각종 혜택의 서비스 패키지를 제공하는데 치과, 안과, 물리치료, 한방치료 등이 그에 포함된다. 회사에서는 각종 개인 노조를 대신해서 이런 보험들을 제공했다. 이곳은 한국 전쟁이 끝난 지 얼마 되지 않아 세워진 오래된 회사였다. 나는 이곳의 IT 부서에서 새로 일을 하게 되었다. 더불어 이렇게 오래된 역사가 있는 회사이니 이전 회사처럼 매출 곡선 하락으로 정리해고하는 일은 없으리라는 생각도 들었다. 회사는 사는 곳에서 좀 멀었지만 일만 할 수 있다면 그쯤은 아무렇지 않았다. 캐나다에서 다시 2막을 시작할 수 있다는 것에 감사하는 마음뿐이었다. 그래서 나는 새로운 회사에서 열심히 일하고자 다짐 또 다짐했다.

나의 동료 마크는 자메이카 이민자다. 그는 전형적인 중남미 흑인으로, 입 안쪽 끝 식도 안으로 목소리가 꺼져가는 독특한 발음을 한다. 더불어 캐나다에서 대학교를 졸업한 젊은이다. 부모님이 토론토 인근에서 침대공장을 운영하고, 본인도 주말에는 부모님을 도와준다고 하는 걸 보니, 나중에 물려받으려고 경영수업을 쌓고 있는지도 모르겠다.

피터는 백인 할아버지이다. KFC 할아버지처럼 허연 콧수염을 기르고 있다. 내가 본 백인 중에 제일 합리적이고 너그럽고 인자하다. 프로그래머로 오랜 세월을 일해 온 테크니션이어서 안 되는 일은 뭐든 다 해결해 준다. 차로 꼬박 한 시간을 운전해서 출퇴근하는데, 날씨가 좋지 않으면 가끔 재택근무도 했다. 어린 소녀들의 축구팀 감독으로, 따뜻한 계절이 오면 축구리그에 참가하느라고 바빠서 퇴근하자마자 쏜살같이 달려나갔다. 아마 그들을 지도하는 게 그의 낙인 것 같았다.

매니저 폴은 포르투갈 이민자인데 그냥 캐내디언이라고 보면 된다. 서유럽 출신들은 이민 1세대도 그냥 바로 캐내디언이 된다고 생각하면 대부분 맞다. 단지 사투리를 조금 쓴다뿐이지 문화가 거의 비슷하니 바로 동화되어 버린다. 폴은 아내가 아닌 여자친구(Girl Friend)가 있다. 아이도 있는 중년의 사람들이 Wife, Husband가 아니고 Girl Friend, Boy Friend로 칭하는 동거인들과 사는 것은 캐나다에서는 드문 일이 아니다. 한 번 이혼한 중년들이 다시 결혼하지 않고 그냥 동거하는 경우가 많기 때문이다. 우리 생각으로는 당연히 다시 결혼하는 게 맞지 않을까 생각하지만 캐나다에서는 그게 좀 복잡하다. 새로 결혼을 한다는 것은 두 사람이 경제적 공동체를 갖게 된다는 점이다. 그래서 경제적 자산을 남자, 여자가 각각 그대로 유지하고 싶으면 결혼을 하지 않고 그냥 동거하게 된다. 그래서 우리나라에서는 당연히 대화 중에 남편이나, 아내라고 칭하며 무심코 얘기하게 되는데, 캐나다에 와서 캐내디언들과 얘기할 때는 조심스럽게 그들의 '파트너' 호칭을 존중해서 얘기해야만 한다.

이 회사에는 유난히 십 년, 이십 년 넘게 오래 근무한 터줏대감들이 많은 것 같았다. 물론 앞서 말했듯 오래된 회사라서 그렇기도 했다. 하지만 상대적으로 이민자들이 많이 보이지는 않았다. 회사에서는 내가 전무후무한 유일한 한국 사람이었다. 앞으로 여기서 어떤 그림을 그려갈지, 어떤 스토리가 만들어지고 어디서 어느 정도의 위치를 차지하게 될지, 누구와 깊은 동료애를 함께하며 생활할지 기대가 됐다. 나는 게임을 새로 시작한 레벨 제로의 초보자가 된 것 같았다. 다시 제로부터 시작하는 것이니, 한 스텝, 한 스텝 밟아가며 전투를 준비해야 했다. 누굴 만나게 될지, 그리고 누구와 힘을 겨루게 될지 모두가 나에게 맡겨졌다.

02

토론토 삼국지

○ ○ ○

　어느 날 퇴근길에 지하철을 탔을 때 경험한 일이다. 옆의 아저씨는 중국어로 된 책을 읽고, 건너편 문가의 두 여자는 일본어로 재잘거렸다. 왼쪽 옆에 서 있는 사람들은 신경 쓰지 않아도 단어가 쏙쏙 들리는 한국인이었다. 가끔 볼 수 있는 지하철 삼국지 풍경이었다. 나 자신이 한국 사람이라 지리, 문화적으로 가까운 중국이나 일본인들을 내 주위에서 흔하게 마주치게 되는 것 같았다. 이처럼 캐나다 토론토에는 참 다양한 민족과 인종이 바글대며 서로 부딪치지만 묘하게 조화를 이뤄가며 살아가고 있다.

　캐나다에서는 일본인들은 찾아보기 어렵다. 한국 교민의 3분의 1밖에 안 되는 인구분포를 보인다. 일본이라는 나라가 선진국인 만큼 캐나다라는 선진국으로 수평 이동할 필요성이나 장점이 없기 때문이 아닐까 추측해 본다. 그런데 2010년 3월 일본 대지진 이후에는 그런 분위기가 많이 달라져서, 일본 젊은이들도 해외로 많이 나가려고 하는 분위기가 형성됐다. 그를 반영하듯 토론토 내의 어학원이나 지하철 내에 일어를 사용하는 젊은이들이 부쩍 많아진 것을 느낀다.

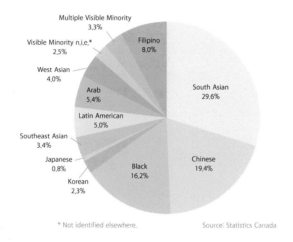

Multiple Visible Minority
3.3%

Visible Minority n.i.e.*
2.5%

West Asian
4.0%

Arab
5.4%

Latin American
5.0%

Southeast Asian
3.4%

Japanese
0.8%

Korean
2.3%

Black
16.2%

Filipino
8.0%

South Asian
29.6%

Chinese
19.4%

* Not identified elsewhere.

Source: Statistics Canada

온타리오 주의 유색인종 비율(2016 기준)*

---

*   2016 CENSUS HIGHLIGHTS: Factsheet 6, Minister of Finance, Ontario. https://www.fin.gov.on.ca/en/economy/demographics/census/cenhi16-6.html

그들은 주로 토론토 인근 몇 군데 분포해 있는 혼다, 도요타, 스바루 자동차 공장을 중심으로 활동하는 것 같았다. 한국인들은 주로 교회를 중심으로 집단을 이루며 모이는 데 반해, 일본인들은 종교적으로 구심점도 거의 없어서 지역축제나 문화교류 등도 거의 찾기 어렵다. 그나마 토론토 북동쪽에는 J-Town이라는 일본인 타운에 개별 일본인 상가가 십여 개 정도 밀집되어 있고 일본 문화센터가 있어서 그들의 존재를 느낄 수 있다.

중국인들은 이곳저곳 어딜 가나 정말 많이 살고 있어서 자주 볼 수 있다. 유색인종(Visual Minority) 중에서 단일 국가로는 가장 많은 비율인 20% 가까이 차지하는 것을 지표에서도 확인할 수 있다. 중국인 중 한 부류는 1990년대 초 홍콩이 중국으로 반환되며 해외로 빠져나간 부자들이다. 대부분 웬만큼 삶에 여유가 있는, 나이 든 노인들이 이에 속한다. 또 다른 한 부류는 중국 상류층에 속하는 사람들이다. 이 중 젊은 사람들은 캐나다로 이주해 한 자녀 갖기 법망을 피해 새로 늦둥이를 가지는 경우도 많이 있다. 중국인들은 동쪽을 선호하기 때문인지 몰라도 토론토 동쪽 지역에 광범위하게 퍼져 있다. 또한 많은 비율을 차지하는 만큼 캐나다 내 직장에서도 어딜 가나 꽤 많은 비중을 차지한다. 더불어 자녀 교육에서도 한국인 못지않은, 또는 훨씬 뛰어넘는 열의를 보인다. 세계 어디나 있는 차이나타운은 토론토에도 역시 있다. 토론토에는 다운타운 서쪽 스파다이나(Spadina St) 거리 근처에 오래된 차이나타운이 있다. 그리고 요새는 토론토 북동쪽 끝에 큰 퍼시픽 몰(C-mall)이 있는

데, 그곳에 가면 마치 중국 북경의 거리에 온 듯한 착각을 일으킬 만큼 중국인들로 번화한 곳이다.

한국인들이 주로 가는 한인타운은 다운타운 약간 북쪽 편에 있는 블로어 (Bloor St) 스트리트를 중심으로 형성되어 있다. 초기 한국 이민자들은 그 중심으로 많이 거주했었다. 그런데 점차 도시가 확대되어 나가자 도심은 주거지보다는 업무, 상업공간으로 변하면서 한인타운도 외곽으로 하나둘 이전하기 시작했다. 그래서 요새는 북쪽 끝에 있는 노스욕 핀치역을 중심으로 제2의 한인타운이 만들어졌다. 블로어의 구 한인타운은 이민 역사가 깊은 연세 많은 분들이 있고, 북쪽의 신 한인타운은 유학생과 젊은이들이 주로 찾는 새로운 한인타운으로 활성화되고 있다. 한국인들은 주로 한인 교회를 중심으로 모이고, 곳곳의 대형 한인 식료품점을 중심으로 교류한다. 아마도 신앙심이 있는지는 상관없이 교회는 한국인들이 서로 모여 정보를 교류하고 교제하며 한국 소식을 전하는 통로의 역할을 아주 충실히 하는 것 같았다.

한인타운 중심 거리에 있는 꼬치를 파는 포장마차 바깥쪽에 걸린 태극기는, 비록 많이 빛이 바래긴 했지만, 처음 이민 온 새내기들을 맞이하는 고향 사람들의 환영처럼 느껴졌다.

03

캐나다 회사의 직급체계

○ ○ ○

매주 월요일 오전엔 팀 미팅이 있다. 어느 조직이나 대부분 한 주를 시작하는 월요일엔 모여서 지난주의 업무 실적을 돌아보고, 다음 한 주를 계획하는 게 일반적이지 않을까. 캐나다여서 다른 특별함이 있지는 않다. 우리 팀은 매주 월요일 10시에 회의실을 예약해 놓고 스케줄을 잡아 놓지만, 특별한 일이 없으면 보통은 취소되는 경우가 많아서 한 달에 한 번 정도 미팅이 진행된다고 보면 된다. 회사의 IT 파트 시스템을 운영하는 팀이기 때문에 그런듯했다.

원래 프로젝트팀과 운영(오퍼레이션)팀이 다른 것 중의 하나는 프로젝트는 시작과 끝나는 날이 정해져 있지만, 운영팀은 일 년 365일 같은 루틴의 일을 반복하는 게 주요임무라는 점이다. 프로젝트팀은 프로젝트 기간 안에 끝내야 하므로 매주 진행되는 업무진척상황이 매우 중요하다. 하지만 프로젝트가 끝나고 나서 일상적인 운영을 해야 하는 팀들은 매일, 매주가 비슷하게 정해진 루틴 안에서 운영되기에 특별한 일이 없다면 만사가 오케이인 경우가 일반적이다. 따라서 회사의 컴퓨터 시스템을 지속해서 운영해야 하는 우리 팀은 그다지 변화가 없기에 매주 업무회의가 필수적이진 않았다.

팀장인 에드윈은 중요한 이벤트가 있거나 전달사항들이 있을 때 미팅을 주선했다. 가끔 옆의 네트워크 팀과 함께 진행하기도 했다. 간혹 한두 명은 재택근무하는 직원도 있어서, 그런 경우 전화로 콘퍼런스 콜(Conference Call)을 연결해 같이 공유했다. 한국에서는 지방 사무실이 있으면 분기에 한 번 정도는 서울 본사로 팀장급 이상이 출장 와서 회의하곤 했었는데, 캐나다에서는 브랜치가 꽤 먼 대륙 동부에서 서부로 흩어져 있는 경우가 많아서 한국처럼 팀장들이 직접 와서 미팅하는 경우는 흔치 않았다. 내가 다니는 회사는 텍사스 달라스, 영국 런던 등지에 지사가 있어서 전화 미팅을 자주 했다. 영국 브랜치 직원들과 전화로 미팅을 하는 경우, 영국식 발음에 익숙지 않은 데다 전화는 감이 떨어져서 보통의 회의보다 더한 긴장감을 가지고 참여했다.

회의는 일방적으로 팀장이 회사의 지시사항을 전달하기보다는 돌아가며 각자 업무의 진척상황을 공유하고 지원이 필요한 사항을 수집해 조율해 가는 식이었다. 한국에서 하던 주간회의와 가장 차이가 나는 점은, 직급이 높든 말단이든 자기 의견을 개진하는 데 익숙하다는 점이다. 한국에서는 보통 직급의 높고 낮음에 따라 발언 기회가 차등적으로 주어졌다면, 캐나다에서는 자기가 조금이라도 관계되거나 아는 점이 있다면 지위고하를 막론하고 의견을 개진했다. 어찌 그리 말들도 많은지 역시나 학교 다닐 때부터 토론문화에 익숙하게 자랐다는 걸 금방 느낄 수 있었다.

사실 한국에서는 사원, 대리, 과장, 차장, 부장, 이사, 부사장, 사장 등의 직급이 정해져 있어서 한 단계 한 단계 승진하는 재미도 있고, 좌절하는 아쉬움도 컸다. 하지만 캐나다에서는 그런 직급의 이동은 거의 없다고 봐야 한다. 즉 크게는 일반사원과 Senior가 붙는 사원 두 단계로 나누어진다. 예를 들어 프로그래머라면 Job Title로 Programmer라 불리고, 프로그래머로 오래 근무해 경력이 쌓이면 그 앞에 Senior를 붙여 주는 식이다. 'Senior Programmer' 처럼 말이다. Developer도 그냥 Developer가 있고 Senior Developer가 있다. Finance Analyst가 있고 Senior Finance Analyst가 있다. 심지어 비서 또는 행정업무를 보는 Administrator도 Senior Administrator가 있다. 그 때문에 근무한 지 몇 년이 되었고 어느 정도 업무에 대해서 혼자서 진행할 경력이 붙었다면, 은근히 Senior를 붙여 주었으면 하는 욕심도 생기게 된다. 그렇지만 Senior 타이틀이 붙고 나서 업무에 대해서 잘 모른다고 하거나 버벅댄다면 그것은 굴욕적인 일이다. 그만큼 본인의 이름 앞에 붙는 타이틀에 대해서는 그 이름의 무게만큼 묵직한 책임감도 함께한다는 사실을 인지해야 한다.

그와는 다르게 팀을 리드하는 Manager 또는 그냥 Team Lead라고 불리는 직책이 있다. 매니저와 팀 리드의 역할은 인사권에 달려 있다. 매니저는 파워풀한 인사권, 승진 고과 책정 권한이 있어서 무소불위의 권력을 휘두를 수 있지만, 팀 리드는 단지 업무에 있어서 일의 배분과 조정역할을 한다는 것이 다르다.

또 그 상위에는 Vice President로 불리는 부사장이 있다. 그렇다고 다들 '브이. 피'로 부르는 VP가 정말 회사의 2인자인 부사장쯤으로 생각하면 안 된다. 회사를 대표해서 영업하거나 회사 내 하나의 부분을 총괄하는 사람은 VP 정도가 붙여진다고 생각하면 된다. 그런데 그 VP가 생각보다 꽤 많이 있다는 게 좀 생소한 부분이다. 한국 회사로 치자면 부문장, 사업부장, 전무 정도 되는 직급이라고 할 수 있겠다. 회사 내에서 이리저리 발에 채듯 있다고 해서 무시할 수 있는 존재는 아니다. 하지만 그렇다고 한국만큼 범접 못 할 위치는 아닌 자리가 VP이다.

앞서도 언급한 바 있듯이 캐나다에서는 레퍼런스 문화가 있어서 매니저와 충돌이 있을 때 대부분 매니저의 의견을 존중하는 경향이 짙다. 물론 직원들 간의 모든 회사 생활에 대한 가이드는 Employee Handbook에 자세하게 소개되어 있고 그것을 기본으로 하지만 그것은 회사의 법이고, 법까지 들먹이기 전에 우선 조정이 필요할 때 매니저 의견을 존중한다는 의미이다.

회사를 옮기거나 국가기관에 자격증을 응시할 때, 보통 현 직장 또는 전 직장 담당 매니저의 레퍼런스 레터를 요구한다. 자신과 함께 근무했던 사람을 객관적으로 평가하기 위해 (평가하는 사람 마음대로 주관적인 것이긴 하겠지만) 대부분의 평가자는 공정하게 평가하려고 한다. 하지만 평가하는 사람도 사람인지라, 자신과 의견 충돌이 잦았던 사람이나 평소 근무 태도가 불성실한 사람에 대해서는 본인도 모르게 부정적인 단어와 어감을 전달하게 되는 건 어쩔 수 없는 일이다. 그런 경우 채용하고자 하는 회사에서 약간의 의문을 가질 수 있고, 이는 구직자에게는 불리하게 작용할 수밖에 없다. 그래서 항상 팀장 또는 매니저와는 좋은 관계를 유지하기 위해 노력하게 된다.

단, 그건 어디까지나 회사에서 일하는 순간에 그렇다는 것이다. 퇴근 후나 주말과 같은 개인 시간에는 회사에서의 관계에는 영향받지 않는다는 것은 확실하다. 업무시간 외에 업무와 상관없는 일로 서로 연결된다던가, 아니면 사적인 부탁을 받는 경우는 절대 있을 수 없다. 혹시라도 개인적인 부탁을 받게 된다면 그건 단호하게 'NO!'를 해도 불이익은 전혀 없다.

04

학생 인턴 잡, Co-op

○ ○ ○

메커트로닉스, 이는 메카닉(기계공학)과 일렉트릭(전기)을 융합한 전공을 말한다. 우리나라로 치면 로봇공학 정도 되겠다. 메커트로닉스를 전공하고 3학년이 된 대니얼은 학기가 시작되고서부터 바로 여기저기 이력서를 보내기 시작했다. 바로 학생 인턴잡, 코업(Co-op program)을 찾기 위해서다.

캐나다의 학기제는 1년이 3개 학기(Semester)로 구분되어 있는데 1학기는 (Fall Semester) 9월부터 12월, 그리고 12월 말에 짧은 겨울방학을 갖는다. 2학기는(Winter Semester) 1월부터 4월, 그리고 3학기는(Summer Semester) 5월부터 8월이다. 대부분 캐나다 온타리오 학교들의 학기가 이와 같이 진행된다. 3학기는 길고 긴 여름방학이 되거나 필요한 경우 추가로 여름학기 수업을 신청해서 듣는다. 많은 기업은 학교 학기에 맞추어서 16개월짜리 코업 프로그램을 운영한다. 그래서 4월 기말고사 끝나고 5월 초부터 다음 해 8월 말까지 회사에 다니면서 학비를 벌 수 있고, 실무경험을 쌓을 수 있다. 또 5월부터 8월까지 4개월짜리 단기 코업 프로그램도 있어서 자기의 계획에 따라 선택해서 다니고 다시 학교에 복귀할 수도 있다.

온타리오주 공대생들은 토론토 인근 워털루(Waterloo), 도요타 공장이 있는 케임브리지(Cambridge), GM 공장이 있는 오샤와(Oshawa), 신흥 IT 산업단지가 있는 오타와(Ottawa) 카나타(Kanata) 등 여러 지역의 회사들에 코업을 나간다. 대니얼은 다행히도 오래된 스웨덴 IT 기업에 취업이 되었다.

캐나다에서 아이들은 고등학교까지는 자신의 집 근처 학교에 다닌다. 그러다 대학교부터 멀리 떨어진 도시의 학교로 가서 기숙사로 들어가는 경우가 많다. 그렇게 해서 독립심을 키워 나가는 것이 일반적이다. 그래서 캐나다 방송에 나오는 광고 중에는 고등학교 졸업 후 가족과 처음 떨어져 기숙사로 들어가는 아이들을 주제로 한 것들이 가끔 있다. 가족들과 기숙사로 이삿짐을 옮기며 포옹하는 모습과 함께 약간 울컥하며 기숙사 방으로 들어가는 모습을 보여 준다. 그 순간 인생 처음으로 혼자 낯선 곳에 남겨진 어린 마음을 달래 주는 구글 미니가 클로즈업되는 식이다. Y2K로 2000년 초 토론토에 이민을 온 친구의 아들은 토론토에서 고등학교를 졸업하고, 워털루의 대학교에서 지질학을 전공하고, 보스턴에서 코업 프로그램으로 회사에 다녔다. 졸업 후에는 지질학 쪽이 강세인 밴쿠버 쪽에 있는 소프트웨어 업체에 취업해서 가족과 떨어져 생활하고 있다.

이처럼 공대생들은 코업으로 갈 기업들이 많이 있으나 상대적으로 문과생들은 그렇지 않다. 은행권이나 보험회사에 약간의 기회가 있을 뿐이다. 우리 회사는 단기 4개월 코업만 운영한다. 그래서 해마다 5월이 되면 학생들이 부서 곳곳에 배치된다. 금융권이다 보니 문과생들이 많은데 그들은 상당히 운이 좋은 편이라고 할 수 있다.

대니얼이 갈 곳은 오타와 카나타 지역이었다. 그래서 대니얼의 가족도 짐을 바리바리 싸 들고 오타와까지 실어다 주고 렌트 집을 구하는 것을 같이 돌봐 주고 돌아왔다. 그는 새로운 도전을 즐기는 스타일은 아니었지만, 어렵게 피하거나 도망가는 스타일도 아니어서 그저 담담하게 어른의 세계로 첫 출근했다. 코업 학생들이 처음부터 막중하고 어려운 일을 할 수는 없는 법이다. 기업은 오히려 코업 학생들을 사용함으로써 어느 정도 값싼 노동력을 확보할 수 있다. 또 정부는 그런 기업들에 세제 감면의 혜택을 주기 때문에 기업도 그 기회를 활용하는 것이다. 학생의 처지에서는 힘든 학업에서 잠시 해방되어 경력도 쌓고 좀 더 편안한 재충전의 기회를 잡을 수 있다.

더구나 코업 학생으로 모범적으로 일을 해 나간다면 4학년 마친 후 본격적인 취업을 할 때 추천을 받아 다시 같은 기업의 정사원으로 채용될 수도 있다. 캐나다에서 신입사원 채용은 거의 없고 경력사원 위주로만 채용하는 데에는 이런 이유도 한몫한다. 한국에서처럼 신입사원으로 뽑아서 처음부터 교육하고 일이 년 지나야 본격적으로 업무에 투입하는 것보다 훨씬 유연하고 합리적인 방식이다.

대니얼은 낯선 도시에 혼자 떨어져 새로운 동료들을 사귀고 선배들에게 일을 배우며 쉽지 않은 생활을 했지만 성공적으로 코업 프로그램을 마쳤다. 더불어 그는 매니저에게서 아래와 같은 덕담을 듣기까지 했다.

"네가 나중에 졸업하고 다시 오면 내가 꼭 뽑아 줄게."

이는 그의 성실함을 통해 얻은 최고의 찬사이며, 그의 일 년 반 동안의 코업 생활이 설렁설렁 다닌 것만은 아니었다는 증거인 듯했다.

05

홍콩 할배들

○ ○ ○

때는 바야흐로 1997년. 홍콩이 영국과 중국의 아편전쟁 여파로 영국으로 백 년간 임차되었고, 그 백 주년을 맞아 중국으로 반환된다고 한창 뉴스가 많이 나왔다. 우리는 그저 한국에서 해외토픽 뉴스로만 접했던 사실이지만 그 당시 홍콩에 살던 중국인들은 홍콩이 중국으로 반환된 후를 걱정해서 1990년대 초부터 해외로 많이 이주했다. 가장 많은 사람이 밴쿠버로 이주했고 더불어 토론토로도 많이 옮겨 왔다.

나와 같이 일하는 홍콩 출신 할배 루이스도 홍콩에서 토론토로 와 유학하다가 이후 1990년대 초 캐나다로 완전 이주한 경우였다. 그의 형은 호주로 가서 활동하는 의사이고, 다른 형 한 명은 밴쿠버로 이주해서 역시 의사로 일하고 있었다. 루이스는 토론토에 와서 고등학교와 대학교를 나왔다고 했다. 그는 졸업 후 지금까지 무려 삼십여 년을 첫 직장으로 택한 이 회사에서 보냈고 은퇴만을 남겨 두고 있었다.

가끔 나누는 대화에서 그가 보냈던 옛 이민 생활 이야기를 엿볼 수 있었다. 그는 자신이 처음 유학 왔던 80년대만 해도 시내 길거리를 혼자 걸어가면 백인들에게 무시당했다고 했다.

"Go back to your country, Chinese~!"

그들은 위와 같이 차이니즈라고 조롱하며 침을 뱉었다고 했다. 지금은 많이 나아졌지만 동양인 이민 초창기에는 역시 이와 같은 어려움이 많았으리라 충분히 짐작됐다. 사실 요즘 토론토에서는 인종차별을 그다지 느끼지 못한다. 동양인의 이민 및 이주는 캐나다 대륙 횡단 철도에 동원하기 위해 20세기 초부터 유입된 중국인들로부터 시작된다. 그 이후 캐나다 정부에서는 이천만 캐나다 인구로는 드넓은 캐나다 땅을 개발하고 또 경제활동을 유지하기에는 어렵다고 판단하게 됐다. 그에 따라 부족한 경제활동 인구를 충족시키기 위해 이민이라는 방법을 선택했다. 그 결과로 1990년 이민 5개년 계획을 시작했고, 매년 20만 명의 이민자를 받아들이기 시작했다. 그에 따라 토론토, 밴쿠버, 오타와 등의 대도시를 중심으로 동아시아, 인도, 남아시아, 동유럽 등에서 대규모 인구가 유입되기 시작했다.

통계청 조사에 따르면 캐나다 전체의 15% 인구가 공용어인 영어, 불어를 제외한 다른 언어를 사용한다고 한다. 그중에서 가장 많은 수가 중국, 필리핀, 인도 순이다. 전국적으로 통계를 내서 그렇지 대도시만 본다면 거의 30% 이상은 해외에서 출생한 이민자라고 보면 된다. 그 정도로 중국인은 백인 다음으로 사회 곳곳 어디에나 많다고 보면 된다. 그에 따라 그들만의 식료품점, 쇼핑몰, 체육관 등의 타운을 형성한 막강한 파워 그룹이 됐다. 필리핀인은 어느 병원에 가든 간호사로 한두 명 이상은 꼭 구성되어 있고 보모, 간병사로도 많이 활동하고 있다. 인도인들도 영국 식민지를 했던 여파로 같은 영연방 국가인 캐나다에 많이 유입되어 사회 곳곳에 자리 잡고 있다.

회사 동료인 에드윈 역시 홍콩 출신이다. 그는 어릴 때 캐나다에 이민 와서 한국 이민 2세들이 많이 가는 워털루(Waterloo) 대학 컴퓨터공학과를 나왔고, 졸업 후 얼마 동안은 싱가포르에 가서 일하다가 밴쿠버로 와서 몇 년을 살다가 다시 토론토에서 직장을 잡아 일하게 되었다. 그는 우리 회사를 합병한 모기업에서 계약직으로 뽑혀 다시 우리 회사로 파견 온 경우였다. 1년 단위의 계약직으로 계약 갱신 시기인 매년 4월만 되면 이번 달이 마지막일지도 모른다며 잘 지내자고 이야기하곤 했다.

그의 경우처럼 에이전트를 통해 캐나다에서 직장을 구하다 보면 가장 많이 듣는 말 중 하나는,

"Do you want to get permanent or contract?" 또는

"Are you ok for Contract position?"이다.

즉, 계약직이어도 상관없냐는 질문이다. 캐나다의 계약직은 주로 1년 단위다. 짧은 프로젝트에 투입될 때는 6개월짜리 계약직도 있다. 한창 직장을 구할 때, 채용회사나 에이전트로부터 이런 질문을 받을 때면 나의 대답은 무조건 '예스'였다. 비록 계약직이라고는 하지만 일단 들어가서 일을 하다가 정규직으로 전환되는 경우가 많이 있기 때문이다. 사실 정말 6개월이나 1년만 필요한 때도 있지만, 일단 채용한 사람이 실제로 얼마나 일을 잘하는지 확신이 없으므로 우선 계약직으로 뽑아 일을 같이해 보고 일을 잘하면 다시 연장하거나 아예 정규직으로 전환해 주는 경우가 많이 있다.

피고용인 처지에서 계약직으로 일할 때 좋은 점은 직접 손에 쥘 수 있는 급여가 정규직보다 많아진다는 점이다. 비록 회사에서 제공하는 의료 보험, 우리사주 등 각종 혜택은 없으나, 대신 회사에서 간접적으로 주는 혜택이나 공통비용들이 제외되니 그만큼 현금으로 보상되기 때문이다. 그 때문에 조직에 얽매이기 싫어하는 자유분방한 젊은이들은 이런 방식을 선호하기도 한다. 고용 사정이 좋은 시절에는 1년 계약직으로 일하다가 자기가 하고 싶은 해외여행을 떠나고 돌아와 다시 계약직으로 일하는 예도 많이 있다. 아는 분 중 대한항공 전산실에서 근무하다가 Y2K 때 이민 온 선배는 계약직으로 전환해 몇 년 동안은 평균 급여보다 1.5에서 2배 많은 급여를 받고 일해 알차게 돈을 모았지만 나중에는 경기불황으로 수요가 줄어들어 고생하다가 결국 어렵게 다른 일을 찾았다고 했다.

　그리고 내가 가장 좋아하는 홍콩 할배인 앨버트도 있다. 그는 루이스와 거의 같은 연배여서 은퇴할 때가 됐다는 점에서 비슷했지만 성격은 정반대다. 친절하고 합리적이고 성실하고 무엇보다 나에게 잘해 줬다. 그는 우리 회사에 근무한 지 20년이 넘었고 프로그래밍 지식이 많아서 인정받은 경우였다.

　앨버트는 휴가를 거의 사용하지 않는다. 이십 년 넘게 근속하니 본인이 사용할 수 있는 휴가가 거의 한 달이 됐는데, 평소에 꼬박꼬박 출근하다가 매년 10월이 되면 몽땅 한 달을 비워 사용했다. 홍콩에 친척들도 있고 부모님도 있어서 아예 10월 한 달 내내 홍콩을 방문하고 오기 위해서였다. 그것도 매번 휴가 마지막 날까지 알차게 보내고 컴백하는 월요일 전날 밤 비행기로 도착한다. 그리고는 한 달 만에 출근해서 시차가 맞지 않는다고 해롱거렸다. 그걸 매년 똑같이 반복했다.

　그러다가 작년 연말 크리스마스를 앞두고 갑자기 선언해 버렸다. 신년 1월 1일을 기해 은퇴한다고 했다. 담당 매니저는 갑자기 들은 얘기지만 어쩔 수 없다고 했다. 일단 열흘의 고지(Notice)를 하였으니 괜찮다고 했다. 그러나 갑자기 앨버트가 나가면 일의 공백이 생기므로 그와 협의해서 석 달간 집에서 온라인으로 재택근무를 했다. 그동안 다른 사람을 물색해서 채용하겠다고 했다.

이처럼 내 주변에 있는 세 명의 홍콩 할배는 회사에서 터줏대감으로 자리 잡고 캐나다 경제를 위해 열심히 일하고 있다. 이런 홍콩, 중국 할배들은 캐나다 IT 산업의 주력 구성원으로 인도인들과 함께 양대산맥을 이루고 있다. 나는 그 사이에 새우 등 터지듯 껴서 고군분투하는 한 명의 코리안이다.

06
캐나다 회사 vs. 한국 회사

○ ○ ○

    캐나다 회사에 다닌 지 벌써 몇 년 되었지만, 그렇다고 해서 어느새 캐나다 회사 생활에 대해서 모든 것을 파악하고 있다고는 할 수 없다. 오히려 캐나다 회사에 다닌 것보다 두 배가 넘게 더 한국에서 회사 생활을 했으니 아직도 더 알아야 할 것이 많아 보인다.

    캐나다 회사와 한국 회사 생활을 단순 비교할 수는 없다. 한국 회사와 캐나다 회사의 다른 점이 눈에 들어오기 시작하지만, 나 자신에게는 몇 가지 고려되어야 할 전제조건이 있기 때문이다. 한국에서는 주로 모든 기간이 대기업에서 생활한 기간이다. 물론 직원 열 명밖에 안 되는 작은 회사 생활도 햇수로 두 해 정도 했지만 말이다. 캐나다에서는 두 군데 회사에 다녔지만 모두 백여 명 남짓 되는 중소기업이었다. 그래서 대기업과 중소기업의 다름에서 오는 차이도 있을 것으로 생각한다. 또 한국에서 직장생활 할 때와 캐나다에서 직장생활 할 때는 시기적으로 몇 년의 차이가 있고, 비록 몇 년밖에 안 되는 시기이지만 급변하는 IT 기술의 발전으로 캐나다 회사에서 기술적으로 좀 더 체계적이고 고도화된 환경에서 일했다고 할 수 있겠다.

더불어 한국에서는 주로 일반 사기업에서 공공기관으로 서비스를 제공하는 업무를 해서 조직이 다른 외부 사람들이 나의 주 고객이었다. 반면에 캐나다 회사에서는 회사 내부 시스템을 유지보수하는 업무가 주 업무이었기에 나의 고객층도 같은 회사 사용자인 것이 다른 점이다. 또한 한국에서는 주로 처음 시작과 끝이 정해져 있는 프로젝트(Project) 단위의 업무를 주로 처리했었고, 캐나다에서는 매일, 매주, 매달의 업무가 동일하게 끊임없이 반복되는 운영(Operation) 업무가 주된 대상인 것도 단순비교가 어려운 점이다.

여하튼 그러한 몇 가지 상이한 점들을 고려하더라도 사회 전체의 문화와 다른 구성원들로 인하여 많은 차이점이 분명히 존재한다는 점은 명확하다. 그런 관점에서 캐나다 회사의 특징을 몇 가지 짚어본다면 다음과 같다.

첫째, 문서화가 매우 잘 되어 있다. 모든 업무 프로세스는 문서화되어 있어서 따로 선배가 일일이 옆에 앉아서 업무를 전수해 주는 스타일의 문화는 없다. 처음부터 그리하였는지 어떤지는 모르겠으나, 오래전부터 계속되어 온 프로세스에는 몇십 년 되어 일일이 타자기로 타이핑된 빛바랜 문서가 꼭 존재한다. 새로운 프로젝트가 생기면 실질적인 업무 이외에 문서화해야 하는 시간도 프로젝트에 포함하여 계산되기 때문에 문서화 산출물은 반드시 존재한다.

한국에서는 많은 부분, 선배의 머릿속에 담겨 있는 업무 프로세스를 끄집어내야 하는 경우가 많았고, 문서화 작업에 크게 시간 배정을 할 수 없는 원가구조로 일했다. 한국에서 사원 시절 선배가 미국회사로 벤치마킹을 다녀와서 했던 말이 기억에 남는다. "뭐가 그리 시시콜콜 많이 적어놨는지 그럴 시간에 코딩 한 줄 더하지……"라고 했었다. 캐나다 회사에서 가끔 곰팡내 나는 매뉴얼을 꺼내서 볼 때마다 선배의 말이 다시 생각나곤 했다. 그래서 누군가가 퇴사를 해서 업무 공백이 갑자기 생겨도 업무 단절되는 것이 없이 유지될 수 있는 것 같다.

두 번째, 업무시간을 충분히 할당한다. 한국에서는 항상 쫓기듯 원가를 빡빡하게 산정하고 모자라는 인원과 부족한 시간으로 바쁘게 회사업무를 수행했었다. 외국 사람들이 한국 사람에게 배우는 첫 번째 단어가 '빨리빨리'라고 하듯이 모두가 바쁘고, 급하고, 서두르는 것이 업무에도 그대로 반영된다. 그래서 오히려 완성해 놓고 대외적으로 오픈 세리모니하고 난 후에 알게 모르게 튀어나오던 오류는 조용히 다시 바로잡느라고 곱절 힘들었던 기억이 있다. 땅덩어리 작은 나라에서 부족한 자원을 대신해서 시간이라는 요소를 알차게 사용할 수밖에 없는 사회와, 넓은 대륙의 캐나다에서는 시간이라는 요소를 무한한 자원이 대신해 주기 때문에 이런 차이가 생긴 것은 아닐까? 그래서인지 캐나다에서도 업무의 끝이 있기는 하지만 전후좌우 사정을 고려해서 충분히 오류가 나지 않도록 시간을 할애한다는 게 한국과는 다른 것 같다. 단, 그렇게 충분한 시간을 할애하는데도 오류를 발생시킨다면, 바람직하지 않은 것으로 인식하고 그 결과를 책임져야 한다.

셋째, 정해진 범위의 업무만 한다. 대부분 일을 시작할 때는 어느 범위에서 언제까지 한다고 문서화되어 있겠지만, 그것이 무 자르듯이 정할 수는 없다. 그래서 한국에서는 구두로 협의하기도 하고 퇴근 후 서로 만나서 한잔하면서 부탁하기도 했다. 즉, 기본은 서로 합의한 문서나 이메일 등 약속된 부분이 있지만, 인간관계와 더불어 어느 정도 유연하게 조정될 수 있다. 한국에서는 그렇게 일이 진행되었다.

하지만 캐나다 회사에서는 어떤 면에서 앞뒤가 꽉 막힌 친구들이 많이 있다. 자기는 딱 애초에 정해진 부분만 완료하면 된다는 외골수를 많이 만난다. 심지어 심하면 자기가 오늘 할 일이 하나, 둘, 셋인데 셋을 모두 끝냈으니 아직 퇴근 시간이 두어 시간 남았어도 그냥 퇴근하겠다고 가 버리는 말도 안 되는 인물도 만나 본 적이 있다. 너무 다양한 인종과 함께 일하다 보니 예측할 수 없는 인간관계를 몇 번 만나다가 그리된 것인지, 아니면 서구사회의 계약중심 문화에 익숙해져서 그런지 잘 모르겠다. 어느 면에서는 좀 누르면 들어가 주고, 빼 주고, 더해 주는, 인간관계가 조금은 결부된 모습이 나에게는 더 편한 듯싶다.

넷째, 고객 중심의 사고보다 인간 중심의 사고가 우위이다. 한국에서는 70·80년대 고도 경제개발시대를 거쳐서 기업이 주도하는 급격한 생산중심의 시기가 있었고, 90년대 이후 들어서는 역시 기업이 주도하는 서비스 우선의 고객 중심 시대가 도래했다. 소비자는 왕이라는 광고 문구처럼 기업이 소비자에게 더욱 많은 서비스를 주기 위해 근로자의 노동력을 어느 정도 희생하는 게 용인되는 시기가 있었다. 그래서 모든 것에 고객이 최우선, 최고의 서비스를 받도록 목표하는 것이 기업의 미덕이 되었다. 그 때문에 회사에서는 항상 고객만족도 조사를 하고, 그 결과를 매년 직원들 평가에도 반영하던 기억이 난다. 물론 최상의 고객서비스가 우선이라는 주장이 틀린 말은 아닐 테지만, 서비스를 제공하는 자의 감정이나 시간을 부당하게 뺏어가면서까지 우선시되는 것은 잘못된 듯하다. 어느 면에서 한국에서는 '감정노동자'라는 단어가 나오기까지 최우선 가치는 고객서비스가 첫 번째 자리를 차지했었다.

캐나다에서도 고객서비스가 우선이기는 하나 고객서비스와 나 자신을 위한 서비스가 동등하게 비중을 차지한다고 하는 게 맞는 표현이다. 무조건 고객을 위한 것이 아니고 고객을 위해 서비스를 제공하는 노동자도 동급의 똑같은 인간이기 때문에 양편이 같은 비중으로 대우를 받는다고 볼 수 있다. 그래서 무조건 '고객님, 고객님' 하면서 굽신거리는 서비스는 그다지 흔하지 않다.

덧붙여서 회사에서는 직원의 안위를 가장 중요한 사항으로 비중을 두어, 직원의 안전을 항상 제일 먼저 챙긴다. 단순 사무직이더라도 회사에서 안전교육(Workplace Health and Safety Training)은 필수적인 교육이며, 직원뿐만 아니라

그 가족에 관한 사고, 병가, 행사 등에 대해서는 어떤 변명도 필요 없이 용인
되는 게 캐나다의 회사문화이다.

07
캐나다의 일 년 열두 달

○ ○ ○

캐나다의 1월 새해 첫날은 물론 공휴일이다. 그다음 날부터 바로 회사는 시작된다. 시무식 같은 것은 없다. 그저 아침 출근할 때 간단하게 인사를 나누는 정도다.

"Happy New Year, All the best~!"

이처럼 서로 인사를 나누고 평소와 똑같이 시작한다. 그리고 캐나다의 1월은 하루건너 삼사일마다 눈이 온다. 눈은 지붕에, 가로수에, 도로에 쌓이고 제설차(Plow Car)들이 거리를 활보한다. 한두 번은 꼭 스노우 스톰(눈 폭풍)

이 내려서 회사나 학교에서 일찍 집에 가는 경우가 생긴다. 회사에서도 항상 안전이 우선이기 때문에 눈이 많이 내려도 그런 이유가 된다. 1월에 내린 눈은 잔설이 되어 봄볕이 하늘하늘 내려올 때까지 생명력을 유지한다.

2월은 그라운드호그 데이(Groundhog Day)로 시작한다. 다람쥐와 비슷한 그라운드호그가 겨울 동면 후 햇빛을 보러 나오는 첫날을 기념하는 날이다. (동양엔 개구리 나오는 경칩이요, 서양엔 그라운드호그 데이가 있으니 참으로 신기했다) 2월 중순에는 가족과 함께 지내라는 'Family Day'가 있다. 2월 말까지는 전년도의 개인 소득을 증명하는 서류(T4라고 부른다)를 갑(甲)인 사용자들이 을(乙)인 개인에게 발송해 주어야 한다. 그렇기에 우리 회사는 바쁘다. 28일까지 우체국 소인이 찍혀야 하기 때문이다.

3월은 T4를 받아서 세무신고 시작하는 달이다. 그리고 초, 중, 고등학교 학생들을 위한 마치 브레이크(March Break)가 있다. 모든 학교는 일주일 휴식 기간을 갖는다. 마치 브레이크 연휴가 시작되는 금요일부터 공항은 가족 단위 여행객으로 엄청 붐빈다. 회사 동료 신디 여사도 지난 마치 브레이크 때 아이들과 마추픽추를 다녀왔다며 자랑했다. 그리고 이 시기는 메이플시럽 (Maple Syrup)을 나무에서 채취한다. 춘분 때는 공식적으로 봄이 시작된다고 선언하지만, 아직 추위가 매서울 때도 있다. 회사에서는 여름방학 4개월간 일할 코옵(Co-op) 학생을 뽑으려는 공고를 낸다.

4월은 메이저 리그 야구(MLB)가 시작된다. 캐나다는 토론토 블루제이스 (Blue Jays)의 한 팀이 미국의 29개 팀과 함께 리그를 운영한다. 블루제이스가 시합할 때는 캐나다 국가를 연주한다. 그리고 4월엔 부활절(Easter Monday)이 있다. 기독교 신앙과 문화가 뿌리박힌 서구사회에서는 중요한 기간이고, 교회를 중심으로 경건한 휴일을 보낸다. 그리고 이 시기에는 동네 잔디밭에 본격적으로 민들레가 만발하기 시작한다.

5월은 마지막 주에 'Victoria Day'가 있어서 이날을 기점으로 본격적으로 따뜻해지고 꽃이 피기 시작하며, 잔디와 꽃들을 새로 심기 시작한다. 이상하게도 Victoria Day 전에 심은 꽃들은 맥을 못 추고 오래 못 간다. 오래 산 사람들은 아무도 이의를 제기하지 않는 공식이다. 이처럼 오월은 향기로운 시기다. 회사에서는 보통 코옵 학생들이 일을 시작한다.

6월에는 아이들의 한 학년이 끝난다. 아울러 졸업식이 있다. 한 달 내내 고등학교를 졸업하는 앳된 어른들이 턱시도에 드레스 입고 거리를 활보한다. 'Prom'이라는 졸업파티가 있어서 아이들이 어른이 다 된 척 다니는 모습을 볼 수 있다. 토론토에서는 프라이드 퍼레이드(Pride Parade)가 전 세계 최대 규모로 매해 열린다. 성 소수자를 위한 퍼레이드인데, 토론토가 유독 성 소수자에게 관대하기 때문이기도 하고 그만큼 많은 숫자의 성 소수자가 분포되어 있기 때문이다.

7월 첫날은 'Canada Day', 캐나다 독립기념일이다. 전국적으로 큰 도시에서는 축제가 있고 거리 퍼레이드가 있고, 작은 도시에서는 나름의 작은 파티가 있다. 어디를 가더라도 많은 볼거리를 즐길 수 있는 시기다. 본격적인 여름이 시작되고 서머타임의 실시로 저녁 9시까지도 어두워지지 않기 때문에 야외스포츠를 길게 즐길 수 있고, Greek Town 축제, South Asian 축제, Carrabian 축제 등 끊임없는 축제가 매주 이어진다.

8월에는 공휴일인 'Civic Day'가 있다. 이때에는 가족 단위로 시골 코티지(Cottage)로, 산으로, 강으로, 그리고 그 외 휴양지로 떠난다. 그렇다고 한국처럼 8월 초 전국이 휴가로 올 스톱 되는 집단적인 모습까지는 아니다. 가는 사람은 가고 남은 사람은 남아서 일하는 정도다. 이 시기에는 블루베리(Blueberry)와 라즈베리(Raspberry)를 수확한다. 한 번 정도는 회사에서 단체로 야구장을 가거나 토론토 아일랜드로 크루즈를 타러 가기도 한다.

9월 초에는 아이들은 학교 기숙사에 들어갈 준비에 바쁘다. 'Back to School'이란 말을 어디서나 들을 수 있다. 첫 번째 주 'Labor Day' 공휴일 후 학교는 공식적으로 수업을 시작한다. 그리고 사과를 수확하고, 단풍은 깊어간다. 강어귀마다 1미터나 되는 연어 낚시를 할 수 있다.

10월엔 야구(MLB)는 끝나지만, 아이스하키(NHL), 농구(NBA) 시즌이 시작된다. 'Thanksgiving', 추수감사절 휴일이 있어서 멀리 다른 도시 학교로 갔던 아이들, 직장에 다니는 아들, 딸들이 집으로 돌아와서 함께 터키 요리를 먹는다. 찬바람이 불기 전에 무스코카 쪽으로 단풍 구경은 꼭 다녀와야 할 시기다. 이제 모든 야외 행사들이 종료되고 관광 시즌도 마감한다. 마지막 날은 온 동네 귀신들이 나와서 핼러윈 초콜릿을 받아 간다.

11월은 평범하고 조용히 넘어간다. 유독 11월은 공휴일도 없고 너무 평범하고 조용해서 지루한 시기다. 그래서 모두 열심히 공부하고 일하는 시기이기도 하다. (겉으로 보기에는 그렇다) 길고 바쁘고 들뜬 산타의 달, 12월을 기다리며 견디는 시기이기도 하다. 'Movember'라는 이벤트가 시작되어 콧수염을 기르는 동료들이 주변에 나타난다. Movember는 Moustache와 November의 합성어이다. 남자들의 건강과 질병에 대한 경각심을 불러일으키기 위하여 누군가에 의해 시작되었는데, 콧수염을 기르면서 동참한다는 의지를 표현하고 모금 운동을 해서 펀드를 모아 관련된 질병 방지에 기부한다.

심심한 11월이지만 온통 푸른 잔디를 지르밟고 다니는 재미가 있다. 살짝 첫눈이 내리고, 햇볕이 따스하게 비추어 녹고, 그 아래 다시 밤이면 살얼음이 차오른다. 아침 출근길에 동네 공원에 넓게 펼쳐진 잔디밭을 건널 때면 부드러운 대지의 쿠션이 하루의 시작을 기분 좋게 열어 준다. 말라비틀어진 기러기 똥을 밟아도 크게 역겨움은 없다.

12월에는 월초부터 케이블티브이에서 크리스마스 관련 영화를 하루 종일 방송한다. 어떻게 그리 많은 산타 영화가 있는지 볼 때마다 감탄할 뿐이다. 회사에서도 일찌감치 크리스마스 파티를 열어서 분위기를 띄우고, 사무실은 빨간 산타 장식을 수놓는다. 'Ugly Sweater Day'가 있다. 이날은 도대체 말도 안 되는 모양의 이상한 스웨터를 입고 다니는 날이다. 일 년에 딱 한 번 입자고 그런 걸 가지고 있다는 게 신기하다. 슬그머니 사라졌다가 내년 초에 다시 나타나는 장기 휴가 족들이 있다. 어디서 나왔는지 사무실 곳곳에 초콜릿이 널려있다. 크리스마스 다음 날에는 'Boxing Day'가 있어서 쇼핑몰이 새벽부터 온통 북새통을 이루며 한 해를 마감한다.

08

타운홀 미팅과 연봉협상

○ ○ ○

회사마다 다르겠지만 내가 다니는 회사에서는 분기마다 한 번은 타운홀 미팅(Town Hall meeting)을 개최한다. 원래 타운홀 미팅이란 정치인들이나 공무원들이 그들의 지역에서 지역주민들의 의견을 청취하고, 그들이 그간 이뤄온 업적이나 새로운 제도 등을 소개하는 자리이다. 지역주민들 누구나 참여할 수 있고 의견을 자유롭게 개진할 수 있다.

회사에서는 보통 평일 하루아침 근무가 시작되기 전 8시부터 근처에 작은 호텔룸을 빌려서 개최한다. 한국에서는 대강당에서 매월 하는 월례조회 정도가 될 텐데, 우리 회사같이 규모가 작은 회사는 강당이 없는 관계로 호텔룸에서 한다.

한 명 두 명 모여들기 시작하면 아침 커피와 간단한 다과를 손에 들고 서너 명씩 무리를 지어 담소를 나눈다. 더구나 가끔 런던 브랜치 사람도 오고, 텍사스에서 출장 온 직원도 사진으로만 본 얼굴을 실물로 보여주러 나타나곤 한다. 회사에서 옆자리에만 있던 동료들 이외에 평소에 접촉이 적었던 타부서 인원들과도 궁금했던 이야기, 사적인 이야기 등으로 교류할 수 있고 멀리 떨어진 브랜치 소식도 들을 좋은 기회가 된다.

이런 경우 보통 날씨 이야기부터 어제 벌어졌던 블루제이스 경기 이야기, 주말에 놀러 갔던 이야기 등과 같은 스몰토크(Small Talk)가 대세를 이루며 두런두런 이야기를 풀어나가기 마련이다. 단, 정치 이야기, 종교 이야기, 금전적인 이야기와 같은 민감하고 서로 견해가 다를 수 있는 화제는 절대 화두에 오르지 않는 것이 불문율이다. 오리진이 서로 다른 민족들이 섞여 있어서 자칫 친한 옆자리 동료끼리도 정치 이야기가 나오면 완전히 상반된 견해로 언쟁을 높이는 경우가 있어서 아예 언급조차 하지 않는 것이 편하다. 그런 견해들은 개인 간의 언쟁으로 풀릴 수 있는 게 아니고 답이 없는 복잡한 문제이기 때문이다.

그런데 몇 명씩 모여 있는 집단들을 먼 눈길로 전체를 바라보면 가끔 한쪽 귀퉁이에 한 무리가 모여 있거나 각자 쭈뼛쭈뼛 어쩌지 못하고 혼자서 핸드폰을 만지작거리는 사람들이 있다. 그들은 보통 이민 온 지 얼마 안 되어서 영어가 아직 미숙한 1세대 초보 이민자들이고, 그리고 그들 중 대부분은 동양인들이거나 동구권 인력인 경우가 많다. 영어가 아직은 미숙한 이유도 있지만, 그들이 좀처럼 이런 자리에서 어울리지 못하는 이유는 대체로 침묵은 금이요, 암탉이 울면 집안이 망한다든가, 왼손이 한 일을 오른손이 모르게 하라든가 등이 미덕이고 주입식 교육에 익숙한 사회집단에서 교육을 받은 영향이 큰 것 같다. 가끔 나도 그런 외톨이 집단에 속해 있고, 그런 어색한 장면들을 멀리서 바라보면 애잔한 느낌이 들곤 한다.

프로그래머와 같은 테크니션들은 중국, 인도와 같은 이민 1세대 동양인들과 동구권 인력이 많은 비율을 차지하고 있지만 회사의 사장부터 임원진, 매니저는 캐나다 교육을 받은 캐내디언이 절대다수를 차지하고 있으며 이민 1세대가 바로 매니저로 활동하는 경우는 거의 없다고 할 수 있다.

본격적으로 자리에 앉아 사장의 경영실적보고, 향후 추진 중인 사항에 대한 비전 및 계획, 관련 업계 소식, 간단한 기술세미나 등을 순서대로 진행하는 것은 한국 회사나 여기나 비슷하다. 회사의 경영실적은 나의 보상과도 밀접한 관계가 있으므로 중요하게 파악하고 있어야 한다. 대략 지난 일 년의 경영실적을 전체 인원수로 나누어 인당 이익률을 계산해 보면 대략 개인에게 할당될 수 있는 임금 인상률을 정확하지는 않지만 가늠할 수 있기 때문이다.

해마다 한 번씩 회사와 내가 밀고 당기는 연봉협상이 진행된다. 회사 측 대리인, 즉 나의 매니저와 나는 One to One 미팅에서, 지난 1년간 나의 업무 성취도를 반영하여 나의 고과를 정한다. 평가 미팅 시즌이 되면 보이지 않는

227

긴장감, 알게 모르게 바른 생활 사나이들이 생겨난다. 일 년 내내 뭐하다가 평가시즌이 되어야만 그렇게 되는 건 누구나 어쩔 수 없는 사실이다.

비록 캐나다의 일반 샐러리맨의 평균 연봉인상 퍼센트는 기껏해야 2.3%라고 통계치가 나와 있지만, 그래도 그 와중에 가능한 한 높게 책정받고자 하는 준비는 잘 해야 한다. 일 년 내내 업무를 하다 보면 자기가 거의 일 년여 전에 무슨 일을 했었는지 기억이 잘 나지 않기 때문이다. 그래서 항상 중규모 태스크 단위로 업무일지를 기록해 놓는 것이 평가를 위해서는 많은 도움이 된다. 나는 엑셀 파일에 일 년 365일의 업무를 하나의 업무가 끝날 때마다 갱신해 놓았다.

하지만 단순히 업무실적만 가지고 평가되지 않는다. 만약 평가항목이 업무실적만으로 이루어진다면 준비하기도 편하겠지만 실상은 그렇지 않다. 눈에 보이는 실적은 별도로 하고 거기에 덧붙여 의사소통능력(Communication), 동료나 상사와의 관계설정(Relationship), 개선해야 할 점(Improvement), 업무 전문성(Knowledge and Competence) 등과 같은 정성적 항목도 포함된다. 따라서 연봉협상 시 매니저와 시시콜콜히 따져서 내 논리를 설득하고 승리하려면, (그것도 영어로 말이다) 미리 며칠 전부터 준비해서 달달 외워도 실상 면전에서는 만족스럽지 못한 경우가 많이 있다. 그래서 직장생활하는 한국분 중에는 좀 우기다가 그냥 대인배처럼 통 크게 합의해 주었다는 분들을 적잖이 보아 왔다.

연봉협상에는 단순히 금전적인 샐러리(Salary)만 해당하지는 않는다. 여기에는 유형의 금전과 함께 무형의 혜택(Perks)도 포함해서 요구할 수 있다. 처음 직장을 잡을 때 그저 취업한 것만 해도 고마워서 그냥 넘어갔는데 나중에 같은 시기에 입사한 동료가 나보다 5일이나 더 많은 연차를 사용하는 걸 보고 물었더니, 자기는 처음 취업 연봉 협상할 때 연봉을 더 못 받는 대신 기준 연차에 더해서 휴가를 추가로 받았다고 알려 주었다. 실제로 연봉 협상하는 매니저가 줄 수 있는 예산 범위는 정해져 있지만, 휴가에 대해서는 매니저가 하기 나름인 경우라서 그와 같이 휴가를 더 받을 여지가 있는 것이다.

09

연락해~! 밥 한번 먹자!

o o o

옆자리 한 명이 회사를 퇴사했다. 네트워크 쪽을 담당하던 매니저 손이 회사를 떠난 것이다. 그는 근처의 컨설팅 회사로 이직한다고 했다. 캐나다에서 회사 이직은 정말 쿨하게 진행된다. 한국에서는 회사를 나간다고 하면 차장님, 부장님과 면담하고 왜 나가는지, 왜 그런 결정을 했는지, 나가 봐야 좋을 거 없다거나, 떠나면 개고생이라며 다시 잘 생각해 보자 등 온갖 말로 회유를 반복한다. 그러다 결국 나가는 것으로 정리되면 몇 번의 환송회를 거쳐야 마지막으로 짐 정리를 하고 인수인계하고 떠날 수 있게 된다. 요샌 그래도 평생직장의 개념이 엷어져서 이렇게 심하진 않겠지만 적어도 내가 다니던 때는 그랬다.

그에 반해 캐나다 회사는 매우 심플하다. 회사를 나간다고 결정하면 딱 2주 전까지 담당 매니저에게 얘기하면 된다. 물론 매니저가 나가는 이유에 대해 살짝 물어보는 경우는 있다. 왜냐면 본인이 나간 사람 후임 자리를 새로 뽑아야 하는 수고스러운 일을 해야 하기 때문이다. 어쨌든 본인이 나가겠다는데 뭐라 말릴 수도 없으니 매니저 상위 임원진에 보고하고 인수인계 절차 밟고, 주변에 친하게 지낸 동료가 있으면 축하 카드 하나 마련해서 봉투 하나 달아서 전 직원에게 회람시킨다. 이 사람이 회사를 그만두게 되었으니 카드에 축하의 한마디 써 주시고, 마음 내키면 봉투에 선물값을 십시일반으로 넣어 달라는 식이다. 그러면 $1, $5 등으로 모인 돈으로 선물을 하나 사서 나가는 날에 카드와 함께 주고 작별한다. 한국의 그 흔한 회식 한번 없다.

새로 직원 하나 뽑는데 적어도 삼사 주일 넘게 걸리니 얼마간은 그냥 빈자리지만 그래도 일은 돌아간다. 모든 일이 백업이 정해져 있고 문서화 되어 있으니 회사라는 항공모함이 돌아가는 데는 전혀 지장이 없다고 봐야 한다.

이처럼 캐나다에서 이직은 그리 큰 흠이 되지 않는다. 많은 사람이 이삼 년에 한 번씩 직장을 옮겨 다닌다. 캐나다에서는 원래 임금 인상률이 고작 일 년에 1~3% 정도이니 한 직장에 있으면 물가 인상분만큼 아주 조금 오르지만, 자기계발을 한 후 스펙을 좀 높여서 다른 직장으로 이직할 땐 적어도 만 불 이상은 높여갈 수 있다.

다른 회사로 더 좋은 일을 찾아 떠나는 것 외에도 회사에는 종종 은퇴자들이 있다. 특히 내가 다니는 회사의 경우, 한국 전쟁 즈음 설립된 오래된 회사이기 때문에 장기 근속한 사람 중에서 은퇴하는 사람들이 속속 생겨났다. 작년에 재드위가 할머니가 떠났고 올해는 로리 할머니가 은퇴했다. 보통은 65세 정년이 되면 은퇴를 하는데, 우리 회사는 은퇴하고도 집에서 재택근무를 하거나 혹은 몸이 허락하면 몇 년 더 근무하기도 했다. 65세 은퇴 후에는 캐나다 정부에서 어느 정도 노인들이 살 만한 연금을 지급한다. 그리고 회사에서도 근무 중에 지급하는 회사연금들이 있어서 보통의 캐나다 노인들은 쪼들리게 사는 사람이 거의 없다고 보면 된다. 그들은 은퇴 시기가 다가오면 어디를 여행하고, 어떤 편안한 삶을 살지 들뜬 마음으로 미래를 계획하는 데 골몰한다.

은퇴자의 경우, 오랫동안 회사에서 고생했으니 가벼운 파티를 열어 준다. 떠나기 전날 점심 후 두세 시쯤 되면 조촐하게 회의실에 모두 모여서 감사패를 전달하고, 서로 좋은 말을 해주고 한 마디씩 축하 인사를 써 준 카드를 전달하고, 가벼운 포옹을 한 번씩 하고 보내주는 식이다. 그러면 다음 날 은퇴자가 답례로 정성스럽게 보낸 카드를 잘 보이는 공용 게시판에 압정으로 꾹 박아서 한동안 붙여 놓는다.

그렇게 친절한 로리도 떠나고, 브라운가이 나피도 떠나고, 스마트한 숀도 떠나고, 중절모 쓰고 다니는 이안도 떠났다. 미련 없이 깔끔하게. 'Keep in touch!' 하자면서 말이다.

'Keep in touch'는 누가 떠날 때 항상 듣는 얘기지만 여태 'Keep in touch' 하는 옛 동료는 거의 못 봤다. 말로만 맨날 Keep in touch여서 나도 이젠 그러려니 한다. 그 말을 들으면 꼭 한국에서 듣던 말, "연락해~! 밥 한번 먹자!"
라는 상투적이고 영혼 없는 말이 떠오른다.

10

로또에 당첨되다

○ ○ ○

미국에서 로또복권이 몇 주 당첨자 없이 그다음 주로 이월되면 파이가 눈덩이처럼 커져서 복권 열풍이 불곤 한다. 한 번은 미국의 파워볼이 몇천억을 넘어 조 단위로 당첨금이 커졌다. 이럴 때는 캐나다에서도 로또에 관심들이 덩달아 많아진다.

점심을 먹고 나른해서 프로그래밍 로직이 꼬여가는 즈음에 피터 할아버지가 부스마다 돌아다니며 "로또 할래?"라며 여러 사람을 꼬드기며 다녔다. 이럴 때마다 나는 별 관심 없이 시큰둥하게 "난 안 해!"라고 답했다. 그게 얼마나 희박한 확률이라고 기대를 해 보겠는가. 물론 매주 당첨자가 나오긴 하지만 그건 사실 다른 세상에 사는 사람들 이야기로 생각했기 때문이다.

한국에서는 회사에서 그런 일이 별로 없었는데 캐나다 회사에서는 같은 사무실에서 직원들끼리 공동으로 로또를 구매하는 경우가 많이 있다. 지난번 팀에서는 일 년을 넘게 꾸준히 몇 명이 매주 꼬박꼬박 돌아가며 사러 다녔고, 영수증을 복사해서 나눠 주곤 했었다.

그래서 어쩌다 가끔 'Company Colleague' 그룹에서 당첨됐다는 뉴스도 나오곤 한다. 지난 연초에도 전기공사하는 회사 노동자들 9명이 6,000만 불 되는 로또에 당첨되어 TV에 나와 인터뷰하는 것을 본 적도 있었다. 방법은 이렇다. 예를 들어 동료들끼리 소액으로 몇 불을 똑같이 걷어서 모인 돈으로 누구 한 명이 로또를 산다. 혼자 살 때보다는 많은 돈이 모이니 확률이 높아져서 기대치를 한껏 들어 올려놓고, 또 끈끈한 동료 의식도 고취하고, 나른한 오후에 졸음도 날려 보낼 수 있다. 그리고 만에 하나 당첨이 된다면 참여한 동료들이 똑같이 나누어 배분하여 가지면 된다.

캐나다 로또는 당첨되면 세금이 없으므로 온전히 당첨자가 가질 수 있다. 하지만 당첨금을 찾으려면 뉴스에 화려하게 신고해야만 한다. 익명으로 조용히 가서 찾고 조용히 사라질 수 없게 되어 있어서 한동안은 어디서 어떻게 알았는지 여기저기서 기부하라고, 도와달라고 전화 공세에 시달려야 한다. 물론 언론에 신상을 공개하지 않고 조용히 당첨금을 찾을 방법도 있다. 당첨금의 3%를 기부하겠다고 하면 신상 공개를 하지 않고 찾아 사라질 수 있다고 한다. 3%가 결코 적은 금액은 아닐 테지만 노출되기 싫은 사람에게는 적당한 금액인 듯하다. 그 정도면 '누이 좋고 매부 좋고'다. 캐나다에는 로또를 비롯한 사회 시스템 곳곳에 기부할 수 있는 문화를 심어 놓아서 기부가 자연스러운 사회 현상으로 자리 잡은 것 같다.

프라풀은 지난가을에 새로 입사했다. 네트워크를 담당하는데 내 뒷자리에 앉아 있어서 자주 얘기를 하게 됐다. 알고 보니 이민 온 지 겨우 6개월 만에 캐나다 첫 직장으로 우리 회사에 들어오게 됐다고 했다. 겨우 6개월 만에 회사를 잡았으니 억세게 운 좋은 사람이었다. 물론 그만큼 실력이 있어서 그런 것이겠지만.

하여간 피터 할아버지가 모집하는 로또에 어린양 프라풀까지 포함해서 우리 팀 여덟 명이 모두 한다고 하니, 불현듯 나만 빠지고 혹시라도 만에 하나 당첨되기라도 하면 다음 주에 나 홀로 사무실에 남아 일할 것 같다는 불길함이 엄습했다.

물론 그런 슬픈 일이 설마 일어나랴 만은, 그래도 한 치 앞의 사람 일을 누가 어찌 알겠는가? 그리하여 눈물을 머금고 거금 $5를 투자하기로 했다. 피터 할아버지는 로또를 사서 자랑스럽게 카피해 메일로 보내주었다. 그렇게 해서 나의 이름도 리스트 중간에 자랑스럽게 자리 잡게 되었다. 피터 할아버지가 덧붙였다. 다음 주 우리가 모두 캐러비안 크루즈 여행 가 있는 동안에, 이번 주 휴가를 가서 참여하지 못한 앨버트가 돌아오면 혼자서 사무실에 앉아 처량하게 일해야 할 거라고.

아~! 정말 그랬으면 좋겠다. 오늘도 로또에 희망을 걸 수밖에 없어 매일매일 사무실에서 땀 빼고 있는 가엾은 월급쟁이들이여. 그래도 같이 일할 동료들이 있어서 이런 허황된 기대도 해 보고, 더구나 그렇게 일할 수 있는 환경이 주어지는 게 행복이었다. 그런데 로또가 됐다. 피터 할아버지가 스물 몇개 되는 조합 중에서 하나가 $3짜리에 당첨 되었다고 자랑스럽게 이야기 한것이다.

사실 회사 생활에 로또는 없다. 회사 생활에서는 그냥 매일매일 조금씩 진전이 있고, 작은 부침이 있으며, 그런 것들이 쌓여서 어느 날 돌아보면 자기 분야의 전문가가 되어있고 시니어가 되어있는 것이다. 캐나다의 회사 생활이라고 해서 크게 다른 것은 없다. 물론 회사에서도 정치는 있다. 하지만 그건 여왕벌과 그 주변의 말벌들 이야기일 뿐이다. 일반 일개미들 처지에서 좀다른 것이 있다면 일반 직원들이 일만 할 수 있는 편안한 환경이 만들어져 있어서 그들은 일과 함께 부단한 본인의 기술개발에 정진한다면 정년 넘어서 오래 장수할 수 있다는 게 조금의 차이라고나 할까?

해리스의
이웃들

Canada

01

다정한 연인이

○ ○ ○

매주 토요일 오전에 수강했던 브릿징 프로그램 클래스의 마지막 수업이 끝났다. 마지막 날에는 평소보다 일찍 수업을 끝낸 후 각자 미리 준비한 음식을 가져와 간단한 파티를 했다. 이를 포트럭(Potluck)이라고 한다. 한국의 학교에서는 종강 파티를 하거나, 학원 등에서는 수강생들끼리 맥주라도 한 잔씩 하고 헤어진다. 옛날 서당 시절에는 한 권의 책을 끝낼 때면 학부모들이 서당 선생님에게 감사의 의미로 떡을 돌려 나누어 먹던 '책거리'라는 전통이 있었다. 이곳에서 함께한 포트럭 파티가 바로 그 책거리와 비슷했다. 포트럭 파티는 모두 음식 한 접시를 가져와 같이 나누어 먹는 문화다. 여러 나라 사람들이 모여 있는 이민자 사회인만큼, 여러 나라의 음식이 각양각색으로 모인다. 그만큼 먹을거리나 모양새가 화려하다.

포트럭 파티의 나의 단골 무기는 항상 '불고기'다. 불고기는 이미 어디서든 환영받는 세계인의 음식이 된 것 같다. 내가 불고기를 내어놓으면 모두 한 번씩은 먹어봤다고 말하며 어떻게 만드는지 묻곤 한다. 이젠 그런 질문에 당황하지 않고 언제든 불고기 레시피를 이야기해 줄 준비를 해 둔다.

오늘의 깜짝 스타는 단연 데이브 선생님이다. 그는 포트럭 때 기타 연주를 하려고 기타를 준비해 왔다. 여럿이 모여 다양한 요리로 요기도 하고, 이런저런 이야기를 나누다 보니, 자연스레 데이브의 기타 연주가 시작됐다. 학생들도 한 명씩 돌아가며 자의 반, 타의 반으로 노래를 하게 됐다.

이민을 와서 가끔 한국인들끼리 모여서 한 잔씩 할 때가 있다. 이때 돌아가면서 노래시키는 한국문화를 떨쳐버리지 못한 사람들이 있는데, 그럴 때 이렇게 얘기하는 한 명이 꼭 있기 마련이다.

"나는 한국에서 노래시키는 게 싫어서 이민 온 사람이야. 나는 절대 노래 안 해."

그러면 아무도 더 이상 뭐라 하지 못한다. 노래 부르는 게 싫어서 이민까지 왔다는데 거기다 대고 더 채근할 수 있겠는가? 참이든 농이든 참 개성 많은 사람이 모여 사는 곳이 이민사회인 것 같다.

그런데 어째 여러 나라 사람이 모이다 보니 우연히 각자 자기 나라 노래를 하게 되었다. 내 옆에는 유일한 한국인 클래스메이트 테드가 있었다. 우리끼리는 한국말로 '함 선생님'이라고 부르고 그는 나에게는 '이 선생님'이라고 했다. 항상 점잖은 그가 뺄 줄 알았더니 갑자기 자신 있게 어니언스의 7080 대표작 〈작은 새〉를 열창한다. 역시 K-pop이니 뭐니 해도 선율이며 가사며 내게는 가장 설득력 있고 가슴을 파고드는 힘이 있게 들렸다. 함 선생의 노래가 끝나자마자 데이브가 갑자기 함 선생 노래를 이어서 하나 하겠다고 했다. 함 선생에게 주는 답가라고 덧붙이면서.

기타를 잡고 앉은 데이브가 전주를 멋들어지게 연주하니 어디선가 나에게도 아주 익숙한 선율인 듯 귀에 익은 멜로디인 듯했다. 그러더니…….

"딩딩딩딩… 다정한 연인이 손에 손을 잡고 … 걸어가~는~ 길~~~. 딩딩 딩딩…."

아니? 이게 무슨 노래란 말인가! 완벽한 한국어 가사 발음에 노래 음정에 감정이입까지……. 갑자기 오십은 족히 넘은 캐나다의 중년 백인에게서 나오는 〈다정한 연인〉 노래를 토론토 학교 강의실 종강 시간에 듣게 되다니……. 정말 의외의 감동에 입이 떡 벌어지고 말았다.

멋들어지게 한국노래 한 곡조 뽑더니 덧붙여서 이 노래는 80년대 대학가요제에서 부른 노래인데 군사정권 시절 독재정권이 끝날 때까지 같이 손잡고 가자는 의미를 두 연인이 손 맞잡고 가자고 빗대어 부른 노래라고 그럴듯

한 해설까지 설명해 주었다. 그렇던가? 글쎄 그건 좀 너무 과장된 의미부여
인 것 같기도 했다. 아니면 다른 노래와 섞여서 노래의 실제 의미가 와전되
었을지도 모른다. 그렇든 아니든 간에, 한국에서 데이브에게 누군가가 그렇
게 노래 의미를 설명한 것 같았다. 그동안 몰랐었는데 데이브는 한국에 가서
영어 강사 생활을 몇 년 한 후 돌아왔다고 했다. 종로의 노래방 문화에 대한
것도 자세히 알고 있었고 인제 보니 기타도 한국에 있을 때 샀던 듯 '삼익 기
타'라고 쓰여 있는 게 눈에 들어온다.

이처럼 토론토에서는 길거리에서 옆에 있는 캐나다인이 한국말을 모를 것
이라고 한국말로 아무렇게나 얘기하는 것은 위험한 행동이다. 주위에서 많
은 한국 교민에게 전해 들은 여러 가지 경험담을 통해 보면, 캐내디언 중에
는 한국에 영어 강사로 다녀온 사람이 꽤 많아서 이런 경험을 한 사람이 한
둘이 아니라는 얘기이다. 어떤 중년여성이 횡단보도에서 옆에 있는 이상한
닭 볏 머리를 한 백인 아이를 보고는,

'참 그 머리 괴상망측하게 하고 다니네.'

라고 생각하며 약간 비꼬아서 역설적으로 말한다는 것이

"참 그 녀석 머리카락 이쁘장하게도 깎아 버렸구먼……."이라고 혼잣말

로 뱉었는데, 그 옆에 있던 백인 아빠가 듣고는 "오우~ 캄사합니다."라고 한국말로 인사해 깜짝 놀라 가슴을 쓸었다는 풍문 아닌 풍문도 들렸다. 그래도 한국을 다녀온 캐내디언 백인 영어 강사들은 대다수가 한국에 대해서 부정적인 것보다는 좋은 이미지와 추억을 가지고 돌아온다. 영주권자를 대상으로 한 영어교실에서도 한국 학생들은 다른 나라 학생들보다 친절하고 예의 바르고 스마트하다는 평가를 한다.

한국은 정말 영어 교육으로 매년 수천억의 돈을 쏟아붓는 유일무이한 나라인 것 같다. 지구상의 다른 나라 출신들을 보면 이민 온 지 불과 얼마 되지 않아서 영어가 유창하게 되는데, 특히 동구권과 남미계는 빠르게 동화된다. 그에 견주어 보건대 한국 사람들이 영어를 익히는 과정은 정말 더디다고 할 수 있다.

한국에서 온 지 얼마 안 된 나이 든 분이 영어가 안돼서 고생을 많이 하고 있던 와중에 한번은 경찰에게 신호위반으로 걸렸는데 교통경찰에게 마음속으로,

'어제 한국에서 바로 와서 잘 몰라서 그랬어요. 한 번 봐주세요.'

라고 입속에서 맴돌았는데 입 밖으로는,

"Yesterday Korea, Today Canada!"

라고 했더니, 교통경찰이 피식 웃고는 그냥 보내 줬다는 웃지 못할 전설도 있을 만큼, 준비 없이 이민 온 분들은 영어 때문에 애처롭게도 많이 고생하고 있다.

언어 구조상 한국어가 속한 우랄 알타이어가 라틴계통 언어와 완전히 달라서 그럴 수밖에 없어서 참 안타까울 뿐이다. 그렇게 많이 영어 공부할 시간에 영어권 학생들은 취미 생활, 운동 활동, 사회관계에 매진하니 우리보다 더 여유 있는 시간을 즐길 수 있는 건 아닐까? 아무튼 세계지도에서 보는 대한민국은 구석 끝에 콩알만 해서 보이지도 않지만, 한번 방문하고 한국 사람들을 알게 되는 캐내디언들은 상당히 긍정적인 이미지를 가지고 있어서 기분은 좋다.

02
재키의 수프 데이

○ ○ ○

외국 도시에서는 한국에서 보는 큰 규모의 한식집보다는 10석 내외의 작은 규모 동네 한식당이 드문드문 포진해서 향수를 달래주는 역할을 한다. 토론토의 한국 음식점들도 그리 크지는 않지만 서너 명 정도의 한국인끼리 모여서 저녁 먹고 반주하기에는 딱 맞춤인 식당들이 대부분이다. 이른 시각이라 군데군데 비어있기는 해도 한국인들이 옹기종기 모여서 저녁 식사에 소주 한 잔씩 곁들여 기울이고 있으니, 분위기는 얼마 전 재개발한다고 없어져서 무척 아쉬웠던 서울의 종각 건너 청진동 뒷골목 생선구이 집이나 다름이 없었다.

서빙하는 분과 주방에서 일하시는 분들이 모두 사투리가 있는 어색한 발음이었다. 한국 본토 발음은 아니고 억양이 약간 중국의 한국 교포 발음이었다. 토론토에도 한국을 거쳐서 캐나다까지 진출한 중국 교포분들이 많이 있기에 자연스러운 일이었다. 특히 요식업에는 많은 숫자의 중국 교포분들이 있다.

젊은 유학생들이 많이 찾는 거리에 있는 한국 음식점들에서는 워킹 퍼밋으로 온 한국의 젊은이들이나, 혹은 유학생으로 와서 잠깐잠깐 일하는 경우가 많다. 약간 변두리나 규모가 큰 곳으로 가면 거의 중국 교포들이 일하는 경우가 많다. 한때는 토론토에만 거의 천여 명까지 있었는데, 요즘은 그 숫자가 아주 많이 줄었다고 한다. 그들 중에는 한국에 유입된 탈북동포들이 한국 국적을 얻고 나서, 다시 캐나다에 진출하여 북한 난민 지위를 얻는 경우가 있었다. 처음 캐나다에서는 이들에게 북한 난민 지위를 주다가, 나중에 실상을 파악하게 되어 그들은 이미 한국 국적을 한번 받은 사람이니 북한 난민의 지위를 줄 수 없다고 파기하게 되었다. 그 여파로 난민 지위로 한번 캐나다 영주권을 얻더라도 다시 영주권 갱신을 못 받아 더 이상 캐나다에 머물수 없게 되어 한국이나 제삼국으로 돌아가야만 하는 경우도 생겼다. 그런데도 원만히 일이 잘 해결되거나 합법적으로 이민 온 분들도 꽤 남아 있다. 이는 강한 생활력으로 힘든 일을 마다하지 않고 몇 년 이상 고생해서, 결국에는 경제적으로 성공한 안정적인 삶을 살게 된 경우다.

외국에 나오면 누구나 꼭 먹고 싶은 것이 한 가지 있다. 나의 경우에는 바로 초등학교 졸업식 끝나면 먹으러 가던 짜장면이었다. 잊을 수 없는 맛이기 때문일까? 가끔 불현듯 생각난다. 그래서 한 번은 한식당에 가서 짜장면을 주문했다. 외국 도시에서 한식당은 '한국 음식'만 있는 게 아니고, '한국에서 먹을 수 있는 음식'이 있는 곳이다. 떡볶이부터 설렁탕, 돈가스, 짜장면까지 한국에서 먹던 온갖 음식이 함께 판매되는 경우가 흔하다.

내가 갔던 한식당도 백화점식으로 음식을 준비하고 있어서 크게 전문성은 기대하지 않았지만, 그래도 막상 하얀 보시기에 정갈하게 나온 까만 짜장면과 위에 얹어놓은 신선한 오이채가 침샘을 자극했다. 아지랑이 피는 봄날 햇살 아래 파릇파릇 미나리를 캐며 기대하는 설렘으로 한 젓가락 돌돌 말아 입 안에 넣고 맛을 음미하니 이렇게 행복한 음식이 세상천지 어디에 있을까 싶었다. 하지만 기대가 워낙 컸던 탓일까, 한 입 씹고 나니 고무줄처럼 이상한 식감에 실망 또한 돌부리에 챈 것처럼 커졌다. 고등학교 때 학교 구내식당에서 먹던 오백 원짜리 고무줄 짜장면 맛이었기 때문이다. 하지만 그날은 배가 고팠기에 끝까지 다 먹었다.

토론토에도 짜장면을 맛있게 하는 중국집이 몇 군데 있다. 중국음식점이 아니고 한국 사람이 운영하고 주방장도 한국 분이다. 처음 이민 갔을 때는 장성 반점 짜장면이 맛있다고 온 동네 소문이 났다. 그런데 얼마 있으니 장성 반점보다는 홍보석 짜장면이 으뜸이라고 소문이 바뀌었다. 그러다가 또 한참 있으니 이번에는 한인 마트에 있는 푸드코트의 중국집이 엄청 맛있다고 소문이 났다.

몇 년 사이로 맛있는 중국집이 이곳에서 저곳으로 바뀌었다. 알고 보니 같은 주방장이 여기저기 스카우트 되어서 옮겨 다녔기 때문이었다. 그러니 바뀐 중국집에서 같은 맛으로 서비스되고 있었다. 참 좁은 곳이다. 토론토는 교포가 10만 명 내외이니, 인구 10만 정도의 정읍, 보령 정도의 작은 시골 읍내 사회라고 생각하면 된다. 그 얼마 안 되는 인구분포에 각 분야에 뛰어난 전문가들이 많지 않으니, 한 분야에 뛰어난 한 명이 있으면 한인사회를 대상으로 한 비즈니스는 어느 정도 성공을 거둘 수 있고, 반대로 크게 전문성이 없어도 비즈니스를 시작해서 어느 정도 먹고살 수는 있다. 오죽하면 순대도 그냥 일반주택 지하에서 가내 수공업으로 만들어서 대형마트에 납품할까.

한국에서의 점심은 동료와 함께 정을 나누고 오후까지 버틸 수 있게 하는 에너지 보충 시간이었다. 하지만 그에 비해 캐나다에서는 오전과 오후를 대충 잇고, 허기를 메우는 약식 행사 정도인 것 같다. 그런 부분이 아쉽기도 해서 같은 회사의 한국 동료와 매주 한 번 집에서 도시락을 가져오지 않고 밖에 나가 식사하게 되었다. 어쩌다 보니 매니저인 스티븐이 그걸 알고 같이 합류하게 되었고, 그와 친한 데이비드, 그 옆의 제니, 가끔은 재키까지도 합류하게 되었다. 하여 아예 날짜를 정해 매주 목요일에는 사무실의 7~8명이 함께 점심을 먹으러 가는 회식 문화가 사무실에 자리 잡게 되었다.

우리는 베트남 국숫집, 중국 만둣집, 가끔은 한국 음식점에 가기도 했다. 한 번은 한국 음식점에 갔는데 메뉴가 익숙지 않은 재키가 무엇을 먹어야 할지 몰라 망설이다 설렁탕을 주문했다. 재키는 작지 않은 체구에 육류, 패스트 푸드에 익숙한 동료였다. 설렁탕을 받고 난 이후 재키는 하얀 육수와 그 밑에 깔린 고기 몇 점을 보고 실망을 금치 못했다. 같이 나온 하얀 쌀밥을 말아 먹을 생각은 못 하고, 그냥 멀건 'broth'일 뿐이라고 투덜댔다. 보기엔 그냥 멀건 국물일 수 있겠다 싶었다. 아무리 생각해봐도 설렁탕 국물은 육식 체질인 서양인에게는 그냥 멀건 스프일 뿐이었다. 그날은 재키에게 음식에 대해 잘 이해시키지 못했다.

게다가 한참 후 다시 똑같은 한국 음식점에 갔을 때도, 재키는 비빔밥에 실망하고 돌아왔다. 어쩌다 보니 나와는 멀리 떨어진 자리에 앉아 신경을 쓰지 못했더니, 비빔밥을 주문했던 것이다. 비빔밥은 각종 채소류, 나물 가운데 약간의 간 고기만 있으니, 재키의 몸집에는 황소에게 새 모이를 주듯 아쉬움이 많았으리라. 그다음부터 재키는 한국 음식점에 간다고 하면 모임에 함께 하지 않는다. 재키에게는 적어도 불고기 백반을 시켜주었어야 했는데.

김치찌개를 주문한 러시아 출신 데이터베이스 엔지니어인 피터는, 그 매운 김치찌개를 국물과 건더기만 건져 거의 다 먹고, 같이 나온 공깃밥은 반찬도 없이 그냥 먹으려 했다. 뒤늦게 발견한 내가 공깃밥은 찌개와 반찬과 같이 먹는 거라고 설명했지만 상관없다며 그냥 먹었다. 그렇게만 먹으면 얼마나 밋밋하고 맛이 없을까. 아마 피터도 한국 음식은 맵기만 하고 맛없는 음식이라 생각할 수 있을 것 같다.

이 때문에 한식당을 가면, 내가 하나하나 알려주어야 할 것 같다는 의무감이 절로 생긴다. 만약 그들이 제대로 한국 음식의 맛을 느끼지 못하고 실망한다면 꼭 내 탓인 것 같아 마음이 좋지 않다. 해외에 나가면 누구나 애국자가 되고, 태극기만 보면 가슴이 뭉클해진다고 하는 말이 있다. 하지만 굳이 어설픈 애국심을 들먹일 필요는 없다. 그런데도 한국을 등지고 먼 나라에 와서 동떨어진 생활을 하고 있더라도, 한국을 대표하는 국가대표 선수가 된 듯한 사명감이 생기는 건 어쩔 수 없는 일이다.

03

개내디언 철새들

○ ○ ○

토버머리(Tobermory)는 토론토에서 북서방면으로 약 3시간 소요되는 아름다운 휴양지다. 이곳은 여름철 휴양지로 마치 바다 같은 백사장이 있는 호숫가 해변이 있다. 바닥이 보이는 물에서 거북이와 해수욕도 할 수 있다. 높지 않은 숲과 산도 있어서 깨끗한 공기를 마시며 트래킹을 즐기는 것도 좋다. 이곳에서는 유람선을 타고 바다 밑에 가라앉은 보물선도 구경할 수 있다. 더불어 시원한 바람을 맞으며 바다 한가운데로 나가는 기분도 만끽하고 유람선에서 홀로 고립된 꽃병 섬에 내릴 수도 있어서 무인도에 온 고독함도 느낄수 있다.

한국인에게는 김연아 선수가 토론토에서 훈련할 때 다녀와 멋진 곳이라

소개해 많이 알려진 곳이다. 토론토에서 무리하면 당일로도 다녀올 수 있고, 2~3일 민박집에서 묵으며 항구도시인 이곳을 즐기는 방법도 있다.

혼자라면 무작정 떠나 발길 닿는 대로 즐기는 것도 추천한다. 하지만 가족과 함께라면 숙소는 예약해야 한다. 나는 B&B를 선택했다. 이는 한국으로 말하자면 민박집이다. 잠자리(Bed)와 아침 식사(Breakfast)가 보장되는 숙소다. 이는 에어비앤비가 본격적으로 나오기 전부터, 시골 각 코티지들에 의해 운영된 것이다. 나는 지도에서 토버머리에 흩어진 몇 군데 관광지를 서로 연결해서 멀지 않은 곳의 B&B 한 곳을 찾아 예약했다. 부부가 운영하는 홈페이지에서 찾아보니 고즈넉한 지역에 호수를 끼고 있는 아늑한 집처럼 보였다. 부부는 주변 친구들과 노인밴드 활동도 하면서 재미있게 사는 노부부인 듯했다.

한껏 부푼 기대를 안고 지도에도 제대로 표시되지 않은 구석을 찾아 헤매다 어렵게 도착했다. 숙소는 토버머리 반도 서쪽 해안가에서 안쪽으로 들어온 작은 만에 있는 이층집이었다. 집 앞쪽에 닿은 물가에 보트도 정박되어 있었다.

캐내디언 할아버지, 할머니와 그들의 친구 부부가 우리를 맞이했다. 로스와 베이 부부, 은퇴한 부부가 한적한 시골에 와서 적적하게 보내며 심심풀이로 손님을 유치하는 것 같았다. 작지 않은 집에 손님은 우리 가족뿐이었다. 기대보다 훨씬 럭셔리한 금수저, 은 쟁반에 식사와 잠자리가 마련됐다. 부부는 따뜻한 여름 시즌에만 지낸다고 했다. 눈이 그친 5월이면 나타나 이 집에서 살다가 추수감사절(Thanksgiving)까지 지내고 첫눈이 내리기 전 10월 말에 보트를 차에 달고 떠난다고 했다. 바로 따뜻한 남쪽 나라 플로리다로 말이다. 천천히 구경하며 국경을 넘어 플로리다로 간다고 했다. 털 달린 두툼한 외투를 한껏 껴입고 출발해 국경을 넘으면 외투를 벗는다고 했다. 워싱턴쯤 지나며 스웨터를 벗어버리고, 조지아주를 지나며 한 꺼풀 더 벗고, 플로리다에 도착할 때쯤이면 달랑 반 팔 티셔츠 하나만 입고 도착한다고 했다. 그리고 플로리다 끝에서 모두 벗고 비키니 차림으로 바다로 바로 뛰어들면 된다고 말했다.

이처럼 캐나다에서 6개월, 미국에서 6개월을 지내는 로스 부부에겐 캐나다나 미국이 모두 자기 고향 같은가 보다. 집에도 성조기와 캐나다기를 나란히 걸어놓고 있다. 아마 이중국적자일지도 모르겠다. 우리가 저녁으로 삼겹살을 구워서 쌈을 싸 먹는데 궁금해하길래 한 점 싸주었더니 엄청 맛있다고 좋아했다.

고속도로를 달리다 보면 여름엔 시골 오두막(Cottage)으로 보트나 트레일러를 달고 운전하는 SUV 차들이 아주 흔하고, 늦은 가을에는 남쪽으로 떠나는 철새족들을 가끔 볼 수 있다. 플로리다에 가서 추운 캐나다의 겨울을 피해서 내년 오월이나 되어 다시 북쪽으로 돌아온다. 딱 인간 철새라고 생각하면 된다. 겨울 시즌에는 캐나다 집은 그냥 비워두거나 단기 임대를 하기도 한다. 캐나다의 은퇴한 부부 중에는 로스 부부처럼 철새 생활을 하는 사람들이 아주 많이 있다. 캐나다의 제일 따뜻한 남쪽이 미국의 제일 추운 북쪽보다 더 북쪽이라서 가급적 겨울을 피하려 한다.

시간에 제약을 받지 않는 은퇴한 부부는 플로리다로 두 집 살림하지만, 아직 현직에 있는 사람들은 짧게 이동한다. 회사나 사업을 계속 운영해야 하니 짧게 일주일, 또는 이삼 주 따뜻한 아랫동네로 휴가를 다녀온다. 중남미 캐러비안(Caribbean Sea) 인근 도미니카, 쿠바, 멕시코 등지가 캐내디언들을 대상으로 한 대표적인 휴양지이다.

캐나다에서 캐러비안 휴양지로 여행을 가는 건 그다지 어렵지 않다. 시간과 여유가 있으면 언제든 3시간만 날아가면 가능하다. 한국에서 가려면 미국을 거쳐서 꼬박 하루 넘게 걸리겠지만 토론토에서는 잠깐이다. 그래서 겨울 크리스마스 휴가 기간 여행지로 인기가 있다. 한국에서 괌이나 사이판을 가는 정도라고 생각하면 된다. 물가도 비교적 저렴하므로 항공, 숙박, 식사가 모두 해결되는 1주일 패키지로 겨울에 까무잡잡하게 태워서 나타나는 사람들이 많다.

회사에서 나의 매니저 스티븐도 매년 2월이면 멕시코로 보름 동안 여행을 갔다 돌아왔다. 그는 매년 똑같은 장소인 멕시코 칸쿤(Cancun)으로 갔다. 내 생각으로는 한 번쯤은 다른 곳으로 갈 만도 한데 질리지도 않은 듯하다. 한국 사람들은 여행의 목적이 관광이 대부분이라 발길 닿는 곳을 넓히고 인증 사진 찍어서 페이스북에 올리는 게 목적이지만, 캐내디언들은 여행의 목적이 휴식이라 질리는 것 없이 그냥 가서 릴랙스 하고 오는 경우가 많다. 추운 겨울을 피해서 따뜻한 남쪽으로 떠나는 철새처럼 그리 겨울을 즐기는 캐내디언들의 전형이라고 할 수 있다.

백화점에서는 여름철에 팔리던 비키니 수영복이 12월이 되면 다시 나타난다. 처음엔 도대체 왜 뜬금없이 한겨울에 비키니가 진열되었을까 의아했었다. 유독 캐내디언들이 겨울에 실내수영장에 많이 가기 때문일까? 나중에 살면서 알게 된 사실은 크리스마스 시즌에 해외로, 그것도 따뜻한 캐러비안으로 많이 나가기 때문이었다.

추운 나라 사람들은 그들만의 해결책을 찾아서 그렇게 인생을 즐기고 여유롭게 산다. 시간과 생활에 그만큼 더 여유가 있어 보였다. 한국형 관광 스타일을 최선으로 알고 있는 나도 캐나다 생활이 오래 지속되면 캐내디언 관광 스타일로 바뀔까?

04

텍사스 앤드루

○ ○ ○

    미국 텍사스에 지사가 있다. 미국과 멕시코 쪽을 담당하는 브랜치인데, 앤드루라는 토종 노랑머리의 젊은 친구가 공장에서 생산된 제품의 검수를 담당하고 있었다. 전형적인 텍사스 미국인이다. 그 친구가 이번에 제품 검수를 위해서 한국에 있는 생산회사로 출장을 다녀왔는데, 오늘 아침 출근했을 때 갑자기 사내 메신저로 연락이 왔다.

    "I ate a dog!"

    뭐라고? 이건 무슨 의미지? 갑자기 내 눈을 의심했다. 메신저 해킹이나 바

이러스일까? 무슨 의미일까? 단어에 무슨 은유적 의미가 있는 걸까? 잠시 고민했다. '그게 무슨 말이냐?'라고 다시 물었더니 어제 개고기를 먹었다고 확인해 줬다. 헉! 개고기를 먹어? 그걸 어떻게 네가 먹어? 갑자기 머리가 쭈뼛섰다. 그걸 뭐라고 네가 거기서 먹었단 말이냐?

그래서 한국 생산회사 담당자에게 연락해 보니 그쪽 담당과장이 없는 새 눈치 없는 초년병과 둘이서 저녁 식사를 하게 됐는데, 그 틈을 타서 약삭빠른 앤드루가 그 친구에게 간곡하게 부탁을 했다고 한다. 앤드루는 거친 텍사스 출신답게 순댓국부터 족발까지 뭐든 잘 먹고 다양하게 다른 문화를 경험해 보고자 하는 도전적인 젊은이였기에 더 이상 캐묻지 않아도 눈에 선하게 그려졌다. 그런 부탁을 받고 처음엔 좀 모른다고 빼 보다가 '나도 다 안다, 지난번에 누구도 먹었다더라' 등의 감언이설로 그럴듯하게 설득해 대니 신입사원도 당했을 것이다. 마침 시내 한복판도 아니고 근처 후미진 골목식당에 개고기 전문점이 있었다고 하니 둘이서만 가 보자고 갔을 것이다. 적당히 그런 건 여기 없고 시골 가야 있다고 둘러대야 했는데 고지식한 신입사원은 깊게 생각하지 못했을 게 뻔했다. 앤드루는 거부감도 전혀 없이 수육에 탕까지 거나하게 먹고 이쑤시개를 하나 물고 나왔다고 했다.

개고기 문화에 대해서는 사실 여러 가지 관점이 있는 게 사실이라 설령 그것에 대한 찬반의 양론을 떠나서 내가 뭐라 판단을 내리고 싶지는 않다. 나라마다 문화의 특성이 있어서 우리가 개고기를 먹는 문화가 있든, 프랑스에서 달팽이를 먹든, 중국에서 원숭이 무엇을 먹든 뭐라 손가락질할 것까지는 없을 것 같다.

하지만 외국에 살며 외국인 친구들과 아주 친해지면 종종 조심스레 물어보는 단골 질문이 바로 한국에서는 개고기를 먹는다는데 너도 먹어봤냐 하는 질문이다. 당연히 호기심이 발동해서 물어보는 것이겠지만, 아마도 묻는 외국인 중 일부는 앤드루처럼 나도 한번 먹어보고 싶다는 건 아닐까?

이런 질문을 받을 때 천편일률적으로 정해진 답이 있다. 원래 그런 문화가 있기는 하지만 과거의 일이고, 지금은 시골이나 가야 남아있는 그런 문화를 접할 수 있다는 식의 답변이다. 그리고 그건 식용으로 사용하는 개들이라 너희가 키우는 푸들이나 치와와와는 다른 종들이며 나는 먹어볼 기회가 없었다 등으로 대충 얼버무리고 만다.

사실을 사실대로 정확하게 얘기해 주는 게 맞긴 하겠지만, 이는 정치인들이 예스라는 대답을 절대 안 하고 다만 '그럴 가능성도 있다'라든가 '긍정적으로 검토해 보겠다'라고 하는 대답과 일맥상통한다. 나의 경험 여부나 진실과는 상관없이 혹시라도 내가 개고기를 먹어봤다고 대답한다면, 그 이후부터 나는 좋든 싫든 내가 아는 이곳 사람들 사이에서는 야만인으로 간주될 수밖에 없기 때문이다. 결국 나 자신의 영업을 위한 불가피한 선택이라고 말하고 싶다.

사실 앞으로 평생을 캐나다에서 계속 산다고 해도 나는 어쩌면 영원한 이방인일지 모른다는 생각이 든다. 내가 캐나다에 건너오기 전까지 수십 년을 살아온 문화가 내 몸속에는 배어 있고, 그걸 부정할 수도 영원히 삭제할 수도 없는 노릇이다. 그걸 부정한다고 내가 온전히 캐내디언이 될 수 있는 것도 아니다.

미국은 멜팅팟(Melting Pot), 이민자들이 이민 와서 각자의 문화를 버리고 하나의 미국, 팍스 아메리카(Pax America)의 기치 아래에 같은 문화를 갖는 것을 목표로 하는 나라이지만, 캐나다는 모자이크 사회(Mosaic Society), 즉 이민 와서 각자 고향 나라의 문화를 토대로 작은 조각을 이어 붙여 큰 캐내디언 문화를 만드는 나라이다. 그래서 각 나라의 문화가 서로 특색을 가지고 공존할 수 있어서 한국문화를 가진 생활관도 그리 문제 되지는 않는다. 하지만 문화적으로 다른 것에 있어서 그들 편의 시각으로 함께 행동하기보다는 뼛속까지 한국인으로 한국 쪽에서 옹호하려는 본능이 나오는 걸 보면 아무래도 이 사회에서 이방인은 맞는지 싶다.

앤드루에게는 그에 대해 아무런 대꾸도 하지 않고 쿨하게 연락했다. 그리고 바로 업무 이야기로 들어갔다. 더 이상 나 말고 누구누구에게라도 이야기가 퍼지는 걸 보고 싶지 않아서 그랬다. 참 살다 보니 별일도 다 있다 싶었다. 별것도 아닌 거 가지고 나 혼자 호들갑이다! 싶기도 했지만. 아! 복날도 아닌데 오늘따라 삼계탕이 생각난다.

05

팀 호튼에서 일하는 빌리

○ ○ ○

　팀 호튼은 캐나다의 국민 커피숍이다. 한국으로 치면 스타벅스보다 많은, 2,100여 개의 점포를 자랑하는 이디야 커피숍과 같이 동네마다 흔하게 있고 누구나 편하게 이용하는 곳이다. 이곳은 60년대 철강공장이 번성하던 해밀턴에서 시작되어 무려 55년 넘는 역사가 있다. 아이스하키 선수 출신 팀 호튼이 철강공장 노동자들이 일하러 가던 길목에 아침 식사를 간단히 먹을 수 있는 샌드위치 커피숍을 열었고 장사가 잘되어 2호점, 3호점으로 확장됐다. 오늘날에는 캐나다 전역에 약 3,800여 개 지점이 있는 대형 프랜차이즈로 자리 잡았다.

　한국 커피숍의 진한 커피에 비하면 물을 섞은 듯한 밍밍한 커피 맛이라 처음 캐나다에 온 한국 사람에겐 싱거울 수 있다. 싱거운 맛이 중독성이 있는 건지, 다른 커피에 대한 선택의 여지가 별로 없어서 계속 마시다 보니 중독이 된 건진 모르겠다. 물론 스타벅스도 있고 맥도날드 커피도 있지만, 그 외에 작은 커피숍들은 조금은 심하다 싶은 팀 호튼의 번창 때문에 모두 쇠퇴하고 말아서 소비자들은 선택의 여지가 없게 됐다.

한국에도 진출하려다 한국 소비자의 입맛과는 동떨어진 데가 있어서 사업이 잘되지 않았다고 한다. 예전에 한국의 전직 대통령 한 분이 캐나다를 방문했을 때 캐나다의 대표 커피를 맛보고 싶어서 대통령 일행이 지나가는 길에 커피를 단체로 주문해 갔다는 일화도 있다. 이민 온 후로 몇 년을 팀 호튼 커피에 익숙해지다 보면, 한국을 다녀오는 길, 토론토 공항 입국장에서 은은하게 퍼지는 팀 호튼 향기에 다시 고향에 온 듯한 묘한 끌림을 경험하게 된다. 스타벅스의 진한 커피 향보다도, 쓰고 텁텁한 이디야의 커피보다도, 그다지 진한 향도 진한 맛도 없는 멀건 팀 호튼 커피가 점점 익숙해졌다. 묘하게 당기는 맛이 이제는 내 취향이 된 것 같았다.

캐내디언은 캐나다 국민 브랜드인 팀 호튼에서 일상을 만들어 간다. 은퇴한 제인 할머니는 매일 아침 그녀의 흑인 남편과 팀 호튼에 들러서 커피 한 잔과 베이글을 놓고 하루를 시작한다. 글렌은 매일 출근길에 설탕 열 스푼, 프림 열 스푼 넣은 커피 한 잔을 주문해 받아 간다. 처음 글렌의 얘기를 팀 호튼에서 일하는 사람에게서 들었을 때 설마하고 믿지 않았지만, 나중에 실제로 정말 그런 개성 있는 사람들도 많이 있다는 걸 알게 되었고 그 후로 자나

깨나 쓸데없이 얼굴도 본 적 없는 글렌의 건강을 염려하게 되었다. 집수리를 전문으로 하는 스탠은 아침 일곱 시 현장에 나가는 길에 작은 픽업트럭으로 'Drive in through'를 통해 빅사이즈 커피와 비스킷 세트를 주문해서 아침식사로 먹는다. 지니 부부는 매주 토요일마다 은퇴한 직장 선배 부부와 함께 팀 호튼에 앉아서 커피 한 잔과 머핀을 시켜놓고 무려 세 시간 넘게 이민 생활, 인생살이 얘기를 꽃피운다고 했다. 중국인 왕 부부는 매주 일요일 오후 햇살 가득한 팀 호튼 창가 구석에 앉아 부부가 마치 심하게 싸운 것처럼, 말한마디 없이 오로지 커피 한 잔을 놓고 한 시간 넘게 조용히 각자 신문을 나누어 읽으며 각자 할 일을 한다. 인도인 나시르는 매일 출근길에 빌딩 일 층에 있는 팀 호튼에서 미디엄 바닐라 초코를 시켜 엘리베이터 타고 자기 사무실로 올라간다. 그렇게 캐나다의 사람들은 자기만의 방식으로 팀 호튼을 애용하고 에피소드를 만들어 간다.

한국 사람들은 여러 명이 음식점을 가면 주문한 음식이 빨리 나올 수 있도록 메뉴를 한두 가지로 단일화시키는 데 익숙하다. 짜장면하고 짬뽕 중에서 한 가지씩 골라서 시키는데 나 혼자 볶음밥이라고 하면 저 녀석은 왜 혼자서 튀냐고 보이지 않는 면박을 받기가 쉽다. 특별한 경우가 아니면 내가 먹고 싶은 게 있어도 그냥 별로 당기지 않는 음식을 먹는 작은 손해를 감수한다. 그런데 캐나다에서 회사 동료들이나 한국 사람들이 아닌 다른 친구들 그룹과 같이 음식점이나 커피점을 가면 각자 개성에 맞는 각양각색의 음식을 주문한다. 나 혼자 특별난 것을 주문해도 아무도 뭐라 하지 않는다.

커피도 아메리카노, 라테, 카푸치노, 에스프레소 등 다른 종류를 선택한다. 가끔 프렌치 바닐라라는 달달한 것을 시키는 사람도 있다. 블랙, 다크로스트, 크림, 밀크 등 섞인 것이 다르고 그것도 One milk, Two sugar, Double double(설탕 2, 크림 2) 등과 같이 각각 농도도 다르다. 밀크인지 크림인지도 구분된다. 크기도 잉어 팔뚝만 한 Large부터, Medium, Small 등으로 다르다. 이처럼 복잡하고 다양한 요청을 점원들은 꿋꿋하게 하나하나 확인하고 주문을 받는다. 나는 비교적 심플하게 "One medium black coffee, please."라고 주문한다. 여기서 누구나 똑같아야 하는 단어는 'please' 하나밖에 없다. 'please'가 들어가는 것은 서비스 제공자에 대한 기본 예의이기도 하고 점원에게서 미소를 건네받을 수 있기도 한 만국의 필수 공용어이다.

획일적인 군대 문화에 익숙한 한국 사람들에게는 좀 불편할 수도 있으나 각자의 개성과 선호도를 존중하고 수용할 준비가 되어있는 캐내디언의 포괄적인 문화에 많이 노출되다 보니, 이제는 그렇게 복잡한 게 당연한 것 같고, 좀 느리게 진행되더라도 개인의 의견이 무시당하지 않고 존중받는 느낌이라 나도 모르게 어깨가 으쓱해진다.

빌리는 그런 팀 호튼에서 일한다. 빌리는 처음 이민 와서 무슨 일을 해야 할지 매일매일 고민하고 여러 생각을 했다고 말했다. 부부는 동네 팀 호튼에서 매일 같이 커피 마시며 의논하던 어느 날 갑자기 매장에서 서빙하고 일하는 게 너무 편하고 좋아 보였다고 한다. 그래서 매장 매니저를 찾아서 일 좀 시켜달라고 부탁해서 파트타임 일부터 시작하게 되었다고 했다. 한국에서는 회사 사장이고 대기업 부장이고, 교수고 뭐를 했든 간에 이민 오면 모두 처음부터 시작이라 무슨 일이든 시작하게 된다. 게다가 영어의 장벽에 처음엔 최저임금 받는 편한 일부터 하는 사람들이 많다. 맨땅에 이민 온 1세대들은 다들 그렇게 시작한다.

빌리는 항상 누구에게나 친절하고 붙임성이 있어서 매일 찾아오는 고객이 주문하기 전에 미리 고객의 주문 패턴을 외워서 바로 커피와 샌드위치를 준비해 둔다고 한다. 고객들은 자신을 기억해 주니 아주 좋아한다고 했다. 내 경우에도 전에 습관적으로 아침에 들르던 팀 호튼이 있었는데 거기서 서빙하던 웬디라는 인도 출신 직원이 한두 달 후부터는 내가 들어서면 바로바로 미디엄 블랙커피를 준비해 주어서 기분이 좋았던 기억이 있다. 누구든 자기의 존재를 알아주면 호감을 느끼게 되어 있다.

이처럼 캐내디언들은 보통 자기가 다니는 동네 매장들을 평생 이용한다. 비단 커피숍뿐만 아니라 세탁소, 슈퍼, 약국 등등. 혹여라도 세탁소에서 서비스가 맘에 들지 않아서 주인하고 한바탕 싸우고 나서도 며칠 있다가 아무 일 없다는 듯이 다시 나타나서 세탁물을 맡긴다. 다른 데 가 봐야 멀고 귀찮으니 자기가 다니던 세탁소로 얼굴 뻔뻔하게 다시 나타나는 것이다. 결국엔 자기 이익을 위해 자기가 유리한 대로 행동한다는 것이다. 사적인 감정은 감정이고, 자기에게 이득이 되는 점이 무엇인지 정확하게 파악하고 감정은 잠깐 접어두고 이익을 좇는 것이다. 명분과 의리를 앞세워 행동하는 동양적인 사고와는 반대로 실용적인 서구사회의 이면은 이런 작은 생활 행동 하나하나 에도 투영되어 있었다.

　빌리는 김포 근처에서 꽤 규모 있는 포장지 공장을 운영했었고, 어느 정도 먹고살 만큼 쪼들리지는 않았다고 했다. 그랬던 빌리는 캐나다에 와서 생업 으로 하는 일은 최저임금 시급에 몸을 쓰는 일을 선택했다. 대신 철마다 딸 들과 함께 중남미 캐러비안, 유럽 등지로 여행을 다니며 마음 편한 생활을 영위하고 있다. 물론 몸을 쓰는 직업이니 가끔 발도 통통 붓고, 서러운 일, 불 편한 점도 많이 있기는 하지만 뭐 이민 와서 그 정도 고생 안 하는 사람이 또 어디 있겠는가.

　한국에서는 나이가 들면 사장님이 되어야 하고, 회장님이 되어야 하고, 의 원님이 되어야 하고 하다못해 이장님이라도 되어야 한다. 유교 문화의 잔재 인지 몰라도 누군가의 위에서 군림하고 대접받아야 하는 뿌리 깊은 대감 문 화(?)가 있는 것 같다. 그것이 바로 명예라고 생각하는 경향이 짙다. 하지만 그런 대감 문화는 그 이면에 자신의 가족과 함께 누려야 할 소소한 행복들은 잠시 접어 두게 된다는 점도 같이 가지고 있다.

　그런 대감 문화를 뒤로하고 이민 온 사람들은, 가족과 함께하는 소소한 행 복을 누리고 거기에서 스스로의 만족을 느끼는 실리를 추구하는 사람들이라 고 생각된다. 물론 이민 온 사람 중에도 한국 사람들이 모인 집단에서 대표 나 무슨 감투를 맡기 위해 동분서주하는 사람들도 있다. 이민 와서까지 그래야 하나 싶어서 옆에서 보며 안쓰러울 때도 있다. 하지만 그건 각 개인의 선택이니 좋고 나쁘다고 가치판단 할 수 있는 문제는 아닌 듯하다.

어쨌든 나는 빌리의 선택을 존중한다. '열심히 일한 당신, 떠나라'라고 하지만 그런 삶이 쉽지만은 않다. 그런데 빌리는 나름대로 부부가 평소에는 열심히 생활전선에서 땀 흘려 일하고, 그 일한 보상으로 스스로 떠날 수 있는 삶을 살고 있으니 그 누가 뭐라 할 수 없는 떳떳한 인생을 살고 있다고 할 수 있겠다. 실제로 그의 선택이 어떤 배경에서 어떤 목적으로 결정이 되었는지 속 깊은 곳까지는 알 수 없지만, 그렇게 자신 있게 행복하게 사는 그가 매우 부럽다. 그래서 그의 캐나다에서 삶은 성공한 이민 생활로 여겨진다.

06

제이슨의 아지트

　　○　○　○

　제이슨은 이민 와서 알게 된 한국 친구이다. 그의 형님은 밴쿠버에 이민 가서 살고 있었다. 해외에 가족 중 누군가가 이주해서 살고 있으면 자주는 아니겠지만 한 번쯤은 가족 여행이든 혼자 배낭여행이든 방문할 기회를 얻게 된다. 제이슨도 여름 휴가철을 이용하여 가족이 형님댁을 방문했다. 당연히 형님 댁에만 머무르지는 않았을 테고 밴쿠버에서 갈 수 있는 관광지를 형님댁과 같이 방문했다.

　밴쿠버에서는 남쪽으로 미국 국경 넘어 시애틀로 갈 수도 있지만 비자 문제가 있으니 보통은 북서쪽의 로키산맥으로 관광을 간다. 한인들이 많이 사는 밴쿠버 코퀴틀람에서 로키까지 가는 데는 하루를 꼬박 달려서 가야 한다.

차를 타고 장장 여덟 시간, 거리로는 무려 칠백오십 킬로미터다. 아침 일찍 출발해도 중간에 한국 사람이 운영하는 시골식당을 찾아가 구수한 된장찌개로 점심을 먹고, 휴게소에서 잠깐 커피 마시고 쉬어 가면 저녁에서야 도착하는 곳이다.

중간에 삼백 킬로미터 정도 지나면, 캄루프(Kamloop)라는 사막 도시를 경유한다. 캄루프는 독특한 이름만큼이나 매력적인 도시이다. 골드러시가 시작되고, 캐나다 동부에서 서부까지 대륙횡단 철도가 건설된 19세기 후반에 브리티시 컬럼비아의 동부와 서부, 북부를 잇는 교통과 물류의 거점도시로 번성한 도시이다. 사막화되고 있는 지형의 특색 때문에 주로 사막에서나 볼 수 있는 초목들을 만날 수 있다. 이런 높은 위도의 지역에서 그런 풍광을 만날 수 있는 것이 매우 이채롭다. 아마도 몇백 년 아니면 그 이후에는 완전한 사막으로 변할지도 모르겠다. 마치 남한강과 북한강이 만나는 두물머리를 닮은 듯한 이곳을 지날 때는 한번 그 안에서 살아보고 싶다는 생각도 해 보았다.

캄루프를 거쳐 도달하는 밴프(Banff)는 메릴린 먼로의 〈돌아오지 않는 강〉이라는 고전 영화의 촬영지로도 유명하고 원시의 아름다움을 온몸으로 만끽할 수 있는 매력적인 로키산맥의 휴양지이다. 세상이 움틀 때나 만들어진 듯한 산과 산의 봉우리는 크게 솟아 있지만, 너무 울퉁불퉁하지도 않고 너무 밋밋하지도 않다. 산들은 적당히 배치되어 한여름에도 흰 눈꽃을 이고 있는 침엽수들이 장식하고 있었다. 가끔은, 그리고 자주 마법 같은 흰 구름 덩어리가 산허리부터 봉우리까지 감싸 안으며 봉우리를 가린다. 그리고 아래쪽 계곡으로는 부서지는 물거품들이 암석을 타고 흐르다 작은 폭포마다 합쳐지고 흩어지기를 반복한다.

제이슨은 밴프에 도착하여 산을 올라 대자연을 만끽하고 대자연의 웅장함이 주는 감동을 온몸으로 느끼는 중이었다. 그 산 위에 넓게 펼쳐진 빙하 설원을 배경으로, 루이스 호숫가 한쪽에 너무 길지 않은 나무벤치에 홀로 앉아 두 팔을 자연스레 옆으로 뻗어 벤치 위 가장자리에 기대선 여인이 보였다. 그녀는 산정의 신선들이 마시던 공기를 혈관으로 빨아들이기 위해 가볍게 고개를 뒤로 젖히고 살포시 눈을 감은 금발의 여인이었다.

한순간 그녀의 뒷모습이 제이슨의 넋을 앗아가 버렸다. 세상 모든 시름을 잊게 해 주는 평온, 자연과 사람이 이렇도록 아름답게 어우러질 수 있음을 알게 해 주는 고요함, 온전히 그녀의 것인 한순간의 적막을 깨어서는 안 될 듯한 송구함이 그의 발걸음을 멈추었고, 그의 호흡을 정지시켰다. 그 순간 하얗게 변한 그의 머릿속으로 캐나다는 무한한 삶의 천국이고, 내가 평생 머무를 수밖에 없는 운명의 땅이라는 생각이 각인되었다. 그것은 그의 운명이었다.

그리고 몇 년을 준비하여 그의 가족은 우여곡절 끝에 토론토에 이민을 오게 됐다. 고개 젖힌 여인의 삶과 똑같은, 화려하지 않을지라도 평온한 삶을 꿈꾸며. 그렇게 시작된 제이슨의 무작정 이민 생활은 꽃길이 보장된 삶은 아니더라도 조금 평범한 생활이었으면 좋았겠지만 아무도 그렇게 쉬운 이민 생활을 보장해 주지는 않았다. 고단한 이민 생활은 현실에서 맞아야 하는 생활이었고 가장은 가족의 생계를 책임져야 하는 하루하루가 버거운 생활이었다.

한국에서는 그럴듯한 공기업에서 안정된 수익이 보장된 중산층이었지만, 캐나다의 사람들은 그를 그저 영어가 좀 어눌한 막노동꾼에 불과한 촌스러운 한 명의 이민자로 취급했다. 원어민이 아닌 이민자들은 'hand-on experience', 즉 실질적으로 손으로 직접 마술을 부려야 하는 직업에 종사하게 되는 경우가 많다. 말로써 설득하고, 전략을 세우고, 계획을 세우는 직업은 아무래도 영어에서 부족할 듯하니, 직접 내 손으로 몸을 써서 단기간에 성과를 보여줄 수 있는 직종에서 일하게 된다는 의미이다. 그도 또한 몸을 써 가며 낮은 임금으로 눈물 젖은 빵을 먹어야만 했다.

캐나다에 한 번 관광을 왔던 사람들은 좋은 곳, 좋은 것, 맛있는 것, 즉 관광지만 수박 겉핥기로 일주일 다녀본 다음 캐나다는 최고의 나라이고, 양질의 삶이 보장된, 누구에게나 공평하고 사회 보장이 잘 된 축복의 나라라고 오해하고 돌아간다. 관광 가이드는 화려한 겉모습을 홍보하고, 관광객들은 이면의 뒷얘기는 한 귀로 듣고 한 귀로 흘려버릴 준비가 되어 있다. 외국인에게 최고의 것만을 보여주는 관광지 이면에는 결국 생계를 위한 삶이 있고, 사람이 사는 일상의 뒷거리는 어디에도 존재한다는 보편적인 사실을 쉽게

간과할 수 있다.

제이슨은 결국 고개 젖힌 여인에게 속아 이민이라는 일생일대의 중대한 결정을 하게 되었고, 그 대가로 한동안 한국에서보다 더 어려운 시련의 나날을 겪었다. 하지만 자기 자신의 미래를 현명하게 판단할 수 있는 그는 매일매일 기도와 삶에 대한 믿음을 통해 스스로 깨달았다. 일련의 계속되는 고단한 하루하루 벌이의 생활을 극복할 방법은 캐나다 내에서 인정받을 수 있는 교육과 그 증거를 만드는 것이라고 말이다. 천천히 돌아가는 것이 가장 빠른 방법임을 깨닫게 된 것이다.

교육은 학교 또는 전문교육 기관이고, 증거는 독립된 경제활동을 영위할 수 있는 공인 라이선스이다. 결국 그는 늦은 나이에도 다시 대학을 다니며 주경야독 끝에 캐나다 졸업장을 손에 쥐었다. 그리고 보청기 전문의로 개업을 하여 지금은 안정된 삶을 누릴 수 있게 되었으며, 다시 찾은 로키산맥에서 벤치에 앉아 여유롭게 고개를 젖히고 맘껏 맑은 공기를 마시고 올 수 있게 됐다.

토론토에서 멀지 않은 한적한 시골 마을로 들어가는 입구에 작은 개울가를 흐르는 아무도 모르는 경치 좋은 둑이 있다. 이름도 어여쁜 트웰브 어클락 포인트(Twelve O'clock Point)이다. 제이슨은 그곳을 지날 때마다 이민 초기에 무척이나 고생했던 시절이 생각나 눈시울을 붉히며 자신의 이민 스토리를 들려줬다. 그리고 그 둑은 아내와 아이들에게도 내색하지 못하고 너무도 지독하게 힘들 때 홀로 찾아와 칠흑 같은 미래에 대해 한숨 쉬며 눈물을 훔치던 자리라고 이야기했다. 그 때문에 보잘것없는 그 둑 자리는 제이슨에게 만 감이 교차하는 경외의 장소이다. 제이슨의 아지트인 것이다. 이민 사회 아픈 뒷이야기들을 담고 있는 우리 이민자들 모두의 아지트이다.

이십여 년이 흐른 후 나는 제이슨이 다녀갔던 로키산맥의 밴프를 갔다. 그리고 제이슨이 얘기해주었던 산 정상으로 올라갔다. 그렇게 어렵사리 찾아간 그곳에서 제이슨이 말한 그대로, 우연히 벤치에 앉아 고개를 젖히고 맑은 공기를 쐬고 있는 한 여인을 보게 되었다. 마치 제이슨의 스토리를 다시 재현한 듯, 기괴하게 오버랩된 장면에 잠시 얼어붙을 수밖에 없었다. 옆집 강아지가 사람 말을 한다고 해도 이보다 더 놀랄 수는 없을 것 같았다. 그래서 나의 호기심은 어떻게 해서든 그녀와 말을 이어가서 좀 더 알아보아야겠다는 생각을 하게 만들었다. 그리고 머뭇머뭇 말을 꺼냈다.

"저… 안녕하세요? 실례합니다. 혼자 계신 데 죄송합니다만… 여행 오셨나 봐요?"

"아… 네, 그런데요……. 무슨 일이시죠?"

"예, 실례합니다만 저는 해리스라고 합니다. 그저 여기 경관을 즐기시는 뒷모습이 호수 쪽이랑 너무 잘 어울리셔서요, 한 폭의 동양화를 옮겨놓은 듯한 경관이네요. 산수화의 선녀 같으세요."

일단 모르는 사람이 접근할 땐 있는 말 없는 말 모두 동원해 좋은 말로 칭

찬부터 해 주어야 약간의 경계심이라도 풀어지는 법이다.

"아! 네… 호호, 뭐 그냥 그렇죠. 저는 스칼릿이라고 해요."

"네 반갑습니다. 그런데요, 혹시 여기 자주 오시나요?"

"그렇지는 않고요. 오랜만에 관광 왔어요. 사실은 꽤 오래전에 왔었죠. 그런데, 무슨 일로?"

"혹시나 해서요……. 이십 년 전에도 혹시 여기 이 자리에 앉아 계시지 않았나요?"

"네. 어떻게 아셨죠? 맞아요, 실은 이십 년 전 생각이 나서 다시 와 봤어요. 이런 얘기하긴 뭣하지만, 그때 남편은 실직하고 돈도 못 벌고 해서 살기도 어려워서, 이혼 생각 중에 마지막으로 여행하자고 해서 들렀었죠. 말도 마세요. 아이들은 배고프다 징징대고……. 너무 골치 아파서 이 자리에 혼자 앉아 있었죠. 저에게는 참 힘든 시절이었어요."

"그렇군요. 근데 그때 근처에 누구 없었나요?"

"아……. 어떤 검은 머리 동양인이 뒤쪽에 따라온 것 같았어요."

"그 사람이 혹시 뭐 귀찮게 하지는 않고요?"

"아뇨, 별로요. 그런데 경치를 보고 그러는지 뭘 보고 그랬는지 계속 원더풀, 원더풀 하고 감탄사만 연발하고 있더라고요. 짜증 나게요."

"아……. 네 그랬었군요. 제 친구였는데, 제이슨이라고, 나중에 그런 얘기를 하더라고요."

"그래요? 참 기묘한 인연이군요."

"예, 예… 그렇네요. 귀찮게 해서 죄송합니다. 좋은 여행 되세요. 그럼 이만……."

제이슨이 만났던 고개 젖힌 그 여인네, 스칼릿은 삶에 찌들어 고뇌에 찬 한숨을 쉬고 있었건만 제이슨이 오해했었나 보다. 그녀가 제이슨을 속이려고 일부러 그런 것도 아니었지만, 그것도 모르고 그녀의 겉모습만으로 속아 이민을 오게 되었다. 역시 무슨 일이든 끝까지 속 내용을 잘 알아보아야 바른 판단을 할 수 있다. 어쨌거나 그런 아픔을 뒤로하고 지금은 보상받는 캐나다 이민 생활을 누리고 있으니 전화위복이라고나 할까? 그리고 이 '이십년 후 이야기'는 믿거나 말거나!

07

딜루와 닐루

○ ○ ○

회사에 한국인이 나밖에 없으니 좋은 점도 있었다. 회사 내에서 한국어로 전화를 하거나 메모를 해 놓으면 아무도 모르는 나만의 암호가 된다는 점이다. 가족과 전화할 때 주변을 두리번거릴 필요도 없고 눈치 볼 일이 없다.

회사 키친에서 점심을 먹으면, 회사는 20층 건물 3층에 있는데, 키친은 한쪽 면이 통유리로 되어있고 그쪽 면에서 밖을 향해 바라보며 앉을 수 있도록 일자 테이블이 붙어있는 구조였다. 테이블에 앉아 식사하며 밖을 바라보면 건물 로비부터 3층까지 시원하게 뚫린 로비를 한눈에 볼 수 있다. 우연히 1층에는 한국외환은행 브랜치가 입주해 있다. 나를 위해 거기 위치한 건 아닌 것 같고 내가 입사하기 오래전부터 자리 잡고 있었다고 한다. 가끔 언뜻

보아도 한국 사람으로 보이는 고객들이 은행을 방문하는 모습을 감시할 수 있다.

하던 일을 마치느라 조금 늦게 식사를 하게 되었더니 키친에는 아무도 없었다. 아니, 못 보던 사람 한 명이 유리 벽면 테이블 끝 쪽에 앉아 있었다. 혼자서 샌드위치를 씹으며 우걱거리고 있는지라 심심하기도 하여 핸드폰을 꺼내어 집으로 걸었다. 작은 아이가 받았다. 그냥 무심하게 아무 얘기나 주고받았다.

"아들! 학교 잘 갔다 왔는가? 공부 잘하고 왔겠지?"

"네! 당근이죠."

"점심은 잘 먹었나?"

"집에 와서 호떡이 있길래 먹었어요."

"아, 그래 호떡 먹었어? 엄마가 호떡 사 놨나 보구나. 맛있게 묵었나? 아빠 거도 남아 있드나?"

그렇게 실없는 얘기를 몇 마디 하고 끊었다.

그런데 갑자기 저쪽에서 아리따운 음성이 들려왔다.

"저……. 한국분이세요?"

으앗! 짧지만 유창한 한국말로 물어본다.

"오, 예 그런데요. 누구세요? 한국 사람 맞는데요, 그런데 어떻게 한국말을 하세요?"

"저 이번에 새로 온 코업 스튜던트인데요, 한국말 좀 배웠어요."

"아, 그러세요. 반갑네요."

"근데 아까 호떡 얘기했어요?"

"앗, 호떡을 어떻게 알아요?"

평소처럼 한국 사람이 없는 환경에서 방심하고 편안하게 전화를 했는데, 오늘 갑자기 무방비로 한국말로 공격을 받았다. 더구나 호떡까지 아는 임자를 제대로 만났으니 소스라치게 놀랄 수밖에…… 알고 보니 인턴으로 와 있는 대학생 직원이 옆에 있다가 내가 집에 전화하는 한국말을 듣고는 너무 반가워서 아는 척을 한 것이다.

해마다 대학교의 한 학년이 끝나는 4월 말이 지나고 5월 초가 되면 대학생들이 인턴, 정확하게는 Co-op 직원으로 8월 말까지 회사에서 일한다. 그래서 처음 본 사람이 회사 곳곳에 포진하고 있었다.

그녀의 이름은 닐루, 오타와 대학 의대에 다니는데 엄마 사라가 우리 회사 재정부서 직원인지라 인연이 되어 여름 인턴 직원으로 왔다고 했다. 사라는 인도 옆의 섬나라 스리랑카 출신인데, 딸 닐루는 고등학교 시절부터 한국 드라마에 심취해서 한국말을 독학으로 공부했다고 했다. 대화를 계속하다 보니 호떡뿐만 아니라 떡볶이에, 순대에 한국의 길거리 음식도 아주 잘 알고 있었고, 〈태양의 후예〉 송중기, 〈방탄소년단〉, 〈엑소〉의 찬열 등을 두루두루 섭렵하고 있었다. 어쨌든 그 후로 여름방학 넉 달간, 그녀와 회사 키친에서 가끔 마주치면 한국말로 간단히 대화하고 안부도 묻는 사이가 되었다.

토론토는 여러 나라 사람들이 많이 같이 생활하는 사회인지라 각양각색 문화를 접하게 되지만 요새는 한류 덕에 심심치 않게 한국말 알아듣는 외국 젊은이들이 주변에 많아졌다. 더구나 동남아 쪽 젊은 학생들은 주의할 인물들이다. 필리핀, 인도, 중국 등등의 중년여성도 대부분 한국드라마를 섭렵한 경우가 많다. 그중 데이지라는 필리핀 아줌마는 나만 보면 한국드라마 얘기에 정신없었다. 보통은 만나면 'Hi, How're you?' 정도로 안부를 묻고 아는 척하는 게 예의인데, 데이지는 인사도 생략하고 바로 본론인 드라마 이야기를 시작했다. 드라마를 즐겨보지 않는 나는 대충 대화를 맞춰 주느라 어려움을 겪곤 했다.

몇 달 후, 8월 방학이 끝나 닐루는 학교가 있는 오타와로 복귀하였고 나도 한동안 닐루를 잊고 지냈다. 오타와는 서울에서 부산거리인데 주말마다 자주 왔다 갔다 할 수 있는 곳은 아니다. 가을도 꽉 찬 어느 날 점심을 먹고 있는데 닐루의 엄마 사라가 내게 와서는 자기 딸이 회사에 찾아왔다고 데리고 왔다. 그런데 사라는 갑자기 옆 사무실에서 찾는 사람이 있어 닐루를 두고 그쪽으로 사라져버렸다. 뒤따라오던 닐루는 오랜만에 나를 만나서 그랬는지 쭈뼛쭈뼛 다가왔다. 나는 오랜만에 다시 만나게 되어 반가운 마음으로,

"닐루구나! 오랜만이야. 잘 지냈어? 학교가 먼데 어떻게 왔어?"라고 인사를 했다.

그런데 닐루는 뚱딴지같이 인사도 없이 딴소리를 했다. "저… 한국 잘 해요"

한국말이 아니고 '한국'을 잘 한다고? 닐루답지 않았다.

"응? 그래 너 한국말 잘 하는 거 내가 잘 알지."

내가 맞장구쳐 주었지만, 닐루는 그저 데면데면하게 나를 대하고, 수줍어하듯 뒷걸음쳤다. 왜 그러지? 내가 뭐 잘못 말한 게 있었나? 어째서 전처럼 반갑게 얘기하는 게 아니고 기분이 좀 안 좋은 것 같은데 무슨 일이 있나 보다. 아니면 어린 여학생이니 중년의 아저씨하고 오랜만에 얘기하는 게 좀 꺼려졌나 하고 혼자 생각했다. 그 순간 엄마 사라가 옆방에서 나오더니 내게 다가왔다.

"해리스, 내 딸 알아보겠어?"

"응? 그럼 왜 몰라? 당연히 잘 알지. 왜 무슨 일 있어?"

그랬더니 사라가 갑자기 깔깔거리면서 박장대소했다.

"쟤는 닐루가 아니야."

"응? 닐루가 아니면 그럼 누구야?"

"닐루 아니고 닐루 동생 딜루야."

"뭐, 뭐라고?"

순간 황당하기도 하고 잠깐 멍해졌다.

"쟤는 닐루 쌍둥이 동생이야."

아하하……. 이제야 이해가 되었다. 닐루가 아니고 쌍둥이 동생 딜루였구나. 닐루가 쌍둥이 동생인 딜루가 있다는 걸 몰랐다. 딜루는 닐루와 정말 똑같이 생겼다. 딜루는 나를 처음 만났으니 서먹한 것이 당연했고, 그래서 엉뚱한 말을 했던 거였다.

그리고 또 몇 달 후, 해가 지나서 잔설이 녹고 겨울 찬바람을 오롯이 이겨낸 파릇파릇 새싹이 돋아나려는 3월이 됐다. 인사팀(Human Resource)에 있는 리사가 회사 전체메일로 공고를 띄웠다. 올해도 여름에 회사에서 근무할 여름 인턴을 모집하니 가족이나 주변에 아는 사람이 있으면 추천하고 지원하라고 안내메일을 보냈다.

보통 캐나다 회사에서 직원을 모집하는 건 먼저 내부공고를 통해서 아는 사람을 추천받아 진행한다. 외부공고는 그 이후에 충원이 안 될 때 진행하는 경우가 대부분이다. 그래서 여기도 학연, 지연, 혈연 등 인맥 관계 네트워크가 매우 중요한 자산 중의 하나이다. 아마 한국보다 더하면 더하지 덜하지는 않을 것이다.

인사팀에서 전 직원에게 보내는 메일을 보면 보통 하나의 이메일 아이디에 직원 전체를 묶어놓고 대표 아이디로 보내곤 했다. 예를 들어 우리 회사 이름은 Benefit Group Administrator인데 BGAHO(BGA Head Office)라는 아이디를 이용하여 본사 전 직원에게 보낸다. 우리 회사는 대서양 동쪽 핼리팩스(Halifax), 서쪽 런던(London), 토론토 북쪽사무실 등등 몇 군데 지사가 있어서 본사는 따로 사용하고 있다.

며칠 후 갑자기 한밤에 핸드폰에서 메일 수신 알림이 떴다. 이 밤중에 누가 무슨 메일을 보냈을까 핸드폰을 열어보았다. 어? 작년에 한 번 만났던 그 딜루에게서 메일이 왔다. 이 밤중에 딜루가 어떻게 나에게 메일을 보냈을까? 내 아이디를 어떻게 알았지? 메일을 보니 딜루는 여름 인턴을 지원하기 위해서 이력서와 자기소개서를 첨부해 보냈던 것 같았다. '잘 됐으면 좋겠어요' 하고 답장을 보냈다. 인사팀 리사에게 가야 하는 메일인데 왜 나에게 왔을까 의아해서 자세히 살펴보니 수신자가 BGAHO로 되어있다. 이제야 상황파악이 됐다. 닐루 동생 딜루는 엄마 사라에게서 인턴 안내메일을 전달받은 후 이력서를 작성해서, 그냥 바로 전체회신을 눌러 자동으로 BGAHO로 수신자를 설정해 보내버렸던 것이다. 그러면 나 말고도 전체 본사 직원들이 모두 딜루의 지원서 이메일을 받았을 텐데. 딜루가 큰 실수를 했다. 불쌍한 딜루

어떻게 해야 하나?

　아니나 다를까 다음날 오전 일찍 9시가 넘자마자 바로 딜루에게서 또 다른 이메일이 도착했다. 이번에는,

　"직원 여러분… 미안한데 어쩌고저쩌고…"

라고 되어 있었다.

　엄마 사라가 아침 일찍 출근해서 주위 직원들로부터 이러쿵저러쿵 딜루의 메일 이야기를 들었을 테고, 사라는 급히 딜루에게 알려주고, 딜루는 당황해서 고민하다가 바로 사과 이메일을 보냈으리라. 그래서 본사 전 직원이 딜루가 학생 인턴 지원한 걸 알게 되었다.

　메일에 첨부된 이력서와 자기소개서를 한번 슬쩍 훑어보았다. 똘똘한 언니를 닮아서 잘 훈련받아 작성한 내용이다. 잘 되어서 이번 여름에도 나하고 한국말 연습하면 좋겠다. 아니다 '이번 여름에도'가 아니고 딜루는 나하고는 처음이겠지.

　근데 딜루의 이력서 맨 끝에 이렇게 한 줄 적혀 있었다.

　"2nd place in Korean Speech Contest"

　오! 딜루가 닐루보다 한국말은 엄청 더 잘하나 보다.

TIP 5

회사 이메일 작성 가이드

○ ○ ○

이메일은 매일매일 너무나도 많이 받고, 보내고, 전달하는 필수적인 문서이기 때문에 기본을 잘 갖추어서 사용하는 데 익숙해져야 한다. 또한 짧은 시간에 급하게 보내지는 경우가 많아서 기본서식이나 예의를 갖추지 못할 수 있으니 기본을 잘 숙지하여 보내는 것이 좋다.

제목(Subject)은 단 한 문장으로 표현되므로 메일의 내용을 잘 대표할 수 있는 주요 단어를 선택하여 기재하는 것이 좋다.
이메일의 첫 시작은 보통 공식적인 관계나 처음 보내는 경우는 'Dear Mr. Son'과 같이 Dear를 사용하고, 일반적인 사내 동료 또는 상사라면 그냥 Hi 또는 Hello로 시작해도 괜찮다.

두 번째 문장부터 본문이 들어가는데, 날씨가 어떻다는지 잘 지냈느냐는 등 불필요한 내용은 넣을 필요가 전혀 없다. 안면이 있고 잘 알지만 오랜만에 연락하게 되는 때도 그냥 'Good morning' 정도에서 시작해도 괜찮다. 업무 관련 이메일이므로 짧고 간결하게 바로 본론부터 필요한 내용을 적으면 된다. 육하원칙에 따라 'who, when, what, why, how, where' 등을 필요한 부분에 적용하여 작성하면 된다. 메일을 보내는 이유와 구체적인 내용을 기술하며, 몇 가지 사항을 나열할 필요가 있는 경우엔 'Bullet point'를 사용해서 열거한다. 회사 메일은 바쁜 업무에도 한눈에 파악할 수 있도록 적절한 단락으로 요약해서 간결해야 한다. 메일 내용의 끝은 어떤 조치가 필요한지(Action Required), 회신이 필요한지 명확하게 의사를 전달한다.

더불어 누군가가 내가 요구한 어떤 일을 처리하거나 도와주었을 경우 꼭 고맙다는 회신을 보낸다. 크게 다른 추가내용은 적을 필요 없지만 단지, "Thank you so much for your help." 또는 상대방의 이름을 넣어서 "Thanks Harris, Much appreciated." 정도로 해도 괜찮다.

맺음말은 공식적으로 항상 Regards, Sincerely 또는 Warm Regards, 정도 해두면 괜찮다. 또는 비공식적인 메일은 Cheers, Good luck 등등을 쓰기도 한다.

마지막에는 나의 Signature를 넣어 둔다. 나의 회사에서의 인적사항은 수신자가 내게 전화나 우편물을 보내야 할 때 필요하고 회사의 공식 로고를 같이 첨부한다. 보통은 회사에서 공식적으로 정해진 포맷이 있어서 거기에 나의 이름과 타이틀, 전화번호, 이메일만 바꾸어서 사용하면 된다.

(회사 e-mail 예시 1)

From: Michelle Jung
To: pmuhammad@rogers.com
Subject: Notice of Initial Load Failure

Hi Paul,

I have tried an initial load for Fund Account file, but found quite some errors.

Here're summary of errors:
  · 408 are of type EffectiveDate
  · 337 are of type CoverageIgnored(Coverage code not matched)
  · 2 are InvalidBirthDate
  · 2 errors are for the same claimant no: 4925. The birth year is 1801 which we don't
    accept.

Please review the error file CNE20190724_INVALID_RECORDS.TXT in /Boston/UAT/
Inbound.

Thanks & Regards,

Michelle Jung
Programmer Analyst | Kaus Telecom Bank Limited
13–500 Galeon St. West | Ottawa, ON | K5B 4C7
T: 305.575.2061 ext 1431 or 1.888.867.1613 | F: 305.575.1486
Email: mjung@ktbgroup.com | www.ktbgroup.com

(회사 e-mail 예시 2)

From: Jeannie Devi<jdevi@koweaber.com>
To: EricaGougan<egougan@koweaber.com>, Susan Heydon<sheydon@koweaber.com>
Subject: Member (008594) spouse info not matched

Hello Everyone,

I am not sure which of you I should be contacting to address this. I had the TD Dental Claims Support Desk contact me because a dental office was receiving the message "Dental Coverage Inactive for this member" when they were trying to submit a claim.

For member # 008594 info changes, the following exceptions are noted today.
This member changed from group 23 to 33 last week, however his dependent was not changed together at the very moment. It seems this spouse need to be correct her name on IBM2031 under group 33.
Before sending the spouse Info to TD bank, please assist to review and confirm her changes.

Warm Regards,

Jeannie Devi
System Administrator | Koweaver Financial Group Inc.
33 Tiger RD, West, Suite 30 | Mississauga | Ontario | M5B 1C3
T:312–975–3366 ext. 318 F:312–975–3386
Email: jdevi@koweaber.com | www.KOWEABER.com

캐나다
문화
따라잡기

Canada

01

설날 음식과 터키

○ ○ ○

해외에 나와 살다 보니 설날이며 추석 같은 명절은 담 너머 옆집 아이 생일처럼 그냥 무심결에 지나가 버렸다. 인터넷으로 한국 뉴스를 보고 고속도로가 귀성객들로 정체된다는 뉴스를 보게 되면 그제야 '아! 설날이 다가왔구나!' 하며 새삼스레 알게 되는 식이었다. 혹은 한국 친구들과 같이 연결되어있는 소셜미디어에서 설 명절 때에 받는 인사 메시지 알림을 통해 알게 되는 정도로 보낸다. 캐나다 달력에는 그저 특별한 날이 아닌 검은색 날로 도배 되어있으니 그럴 수밖에 없다. 더구나 한국 명절은 보통 평일이라 출근하기 바빠 신경 쓸 겨를이 없다. 한 번은 출근했을 때 오히려 캐내디언인 제니퍼라는 동료가 "Happy New Year!!" 하고 인사를 먼저 건네서 깜짝 놀란 적도 있다.

　캐나다에서는 음력 설날이 'Chinese New Year'로 통한다. 그래서 웬만하면 설날에 대해 다 알고 있다. 중국 명절로 알고 있다는 게 기분 좋은 일은 아니지만, 한국인들보다는 중국 사람들이 몇 배 더 많이 진출해 있고 이민 역사도 길다는 것을 고려해 보면 더욱 너그럽게 이해가 된다.

　캐나다에 친척도 없고, 가족이라고는 딱 우리 식구밖에 없으니 따로 기념할 복잡한 절차도 없었다. 더불어 몇 년째 캐나다에서 살다 보니 한국에서 하던 격식이나 전통들이 하나둘 희미해졌다. 그 때문에 아이들이 한국적인 것을 점점 잃어버리는 것 같아 걱정되기도 했다. 그래서 아이들을 위해 때마다 한국적인 것을 잊지 않게 해 주어야겠다는 다짐도 하게 됐다. 간단하게라도 한국에서의 문화 습관에 대한 설명 정도는 강조해서 아이들에게 전해 주려 노력하고 있다.

　캐나다에서는 몇몇 한인 마트에서 설날 제사 음식 스페셜을 항상 기획해 판매하는 모습을 볼 수 있다. 명절 전날에 떡 한 봉지, 만두 한 봉지, 약과, 명태전 같은 설음식을 사서 아침에 떡국 끓이고 그럴듯하게 명절 상차림을 준비할 수 있다. 토론토에서 명절 전날 저녁은 한국 시각으로 명절 아침이다. 그래서 시간을 잘 맞추어 한국에 전화해서 가볍게 명절 인사를 하는 경우가 많다. 이민 생활이 오래된 다른 집에서도 아직도 한국 명절을 기억하며 제대로 명절 준비를 하는지 모르겠지만, 일가친척이 전혀 없는 타국에서 따로 더 챙길 수 있는 것도 없다. 명절만 되면 북적북적 온 친척들이 모였던 한국 생각이 나서 더 쓸쓸하기에 오히려 아무 일도 없는 듯 간단하게 넘어가려 하는 지도 모르겠다.

이민자들은 그렇게 이민 생활에 적응하고 산다. 산이 거기 있으매 오르듯, 물이 거기 있어 발을 담그듯, 내가 물 건너왔으니 물 건너 하는 방식으로 살아가는 것이 새로 일상이 되고 전통이 되는 것이다. 그나마 인터넷으로 소셜 미디어에서 연결되니 잊지 않고 친구들이 가까이 연락할 수 있어 반갑고 고맙기도 했다. 우리의 설날과 추석은 그렇게 지나간다.

직장과 학교에 따라 멀리 떨어져서 생활하는 캐나다 가족들이 같이 모일 수 있는 시기는 일 년에 두세 번 정도다. 먼저, 가을에는 추수감사절이 있다. 캐나다의 추수감사절은 매해 10월 둘째 주 월요일이다. (캐나다보다 따뜻한 미국은 11월 마지막 주가 추수감사절인데, 아마도 마지막 농작물 수확이 가능한 시기에 맞추어 정해진 것 같다) 추수감사절에 가족들이 모이면 빼놓을 수 없는 음식이 바로 칠면조(Turkey) 요리다. 칠면조 요리는 손봐야 할 게 많다. 우선 커다란 냉동 칠면조는 해동하는 데도 오랜 시간이 걸린다. 심지어 하루 넘게 걸리기도 한다. 칠면조 속에 채워 넣어야 하는 채소도 준비해야 하고, 각종 양념과 소스도 준비해야 한다. 그렇게 준비하고 오븐에 두세 시간은 푹 구워 준다. 칠면조 고기는 닭고기보다 건조하고 뻑뻑해서 버터와 기름을 잘 발라주어 촉촉하게 잘 굽는 것이 관건이다.

확실히 몸집이 닭보다는 크기 때문에 다리 한쪽이 닭 다리의 서너 배는 되어 보였다. 그 외에 삶은 감자, 당근, 기다란 그린빈 등을 같이 접시에 올려놓으면 그럴듯한 한 접시가 차려진다. 구운 고기로만 먹기에는 양이 많아서 가족들이 먹고 남은 고기로는 칠면조 수프를 끓이기도 한다. 그러고도 남은 자투리 고기로는 다음날 칠면조 샌드위치를 만들어 먹으면 된다고 전에 회사에 있던 웅얼이 데이비드가 알려 주었다. 칠면조 요리는 그에게서 배웠다. 군침을 흘리며 캐내디언 특유의 감탄사와 뻥을 섞어가며 설명해 주는데, 어릴 때부터 추수감사절이면 어머니가 만들어 주는 터키 요리가 무척 기다려졌었다고 두 손을 비벼가며 아련히 회상하곤 했다. 추수감사절엔 온통 터키 고기, 터키 수프, 터키 샌드위치 등등 터키로 도배를 했었다고. 캐내디언들은 칠면조 요리에 대한 향수가 우리나라 송편 만큼보다 더한 것 같았다.

한국 사람들은 이렇게 복잡한 절차를 거쳐야 하는 칠면조 요리는 건너뛰고 약식으로 통통한 닭요리로 대신하는 사람이 많다. 아무래도 생소한 칠면조 요리에 대한 기억 대신 송편에 대한 기억이 많아서 그렇겠다고 생각한다.

크리스마스에는 좀 더 길게 모일 수 있다. 보통 학교는 크리스마스를 전후해서 연초까지 2주일의 짧은 겨울방학에 들어간다. 회사에서는 휴가 가는 인원들이 많아서 급하게 매일 운영되어야 하는 작업을 제외하고는 크게 일을 만들지 않으려 한다. 그래서 비교적 연말에 휴가를 몰아서 사용하는 사람도 많다. 연말에는 크리스마스이브, 크리스마스, 박싱데이, 그리고 징검다리 휴가, 일 년의 마지막 날, 새해 이브 등 이래저래 설렁설렁 넘어가고 가족과 함께 조용히 지내는 경우가 많다.

이때는 주로 가족 간이나 이웃 간에 선물을 주고받는 시기다. 자연스럽게 고마운 분들이나 옆에 사는 분들과 선물을 주고받는 게 일상이다. 왼쪽 옆집 은 항상 초콜릿을 선물한다. 작년에도 초콜릿, 올해도 초콜릿을 선물 받았다. 오른쪽 옆집은 항상 케이크를 선물한다. 회사 친구 하나는 항상 와인을 선물 한다. 심지어 회사에서 전 직원에게 주는 선물은 올해도 상품권, 작년에도 상 품권으로 매년 똑같은 선물이다. 모두가 항상 똑같은 선물을 한다고 받는 처 지에서 투덜거리는 건 아니다. 주면 주는 대로 감지덕지 받는다. 한 번쯤 다 른 것으로 할만도 한데 항상 똑같고 변하지 않은, 그게 캐내디언 같다는 말 을 하고 싶은 것이다.

고등학교 동창 송년회, 대학교 동창 송년회, 회사부서 송년회, 동호회 송년 회, 고객사 송년회, 고향 친구 송년회 등 수많은 송년회를 쫓아다니느라 하루 도 쉴 새 없이 한잔 걸치고 초점이 흐려졌던 한국의 연말에 비하면 캐나다의 12월은 너무나도 건전하고 조용한 연말이다. 술을 마시고 흥청망청 보내며 밤이면 택시를 잡느라 길거리가 혼잡한 거리의 모습은 어디에도 없다. 그래 서 놀기 좋아하고, 친구와 모여서 한잔하는 것을 좋아하고, 소셜라이프를 좋 아하는 사람들은 캐나다 이민 오면 견디기 어렵다고들 말한다. 하지만 그런 사람들도 캐나다에 와서는 캐나다 사회의 관습으로 동화되어 잘 적응해 가 는 것 같다. 그래야 살 수 있는 사회이기 때문이다.

02
시월의 마지막 날

○ ○ ○

한국에서는 세월이 가도 영원히 잊히지 않고 해마다 딱 하루 동안만 울려 퍼지는 노래가 있는데, 바로 이용의 〈잊혀진 계절〉이다. 그는 처음 노래를 작곡할 때 이를 예상했을까? 어쨌든 한국에서는 10월의 마지막 날엔 그 노래를 싫어도 몇 번은 듣곤 했었다. 캐나다의 시월은, 한국과는 다른 문화의 모습이 있다.

노스 아메리카 문화(North America, 캐나다와 미국)에서는 10월의 마지막 날은 어른이나 아이에게나 신나는 추억을 안겨주는 날이다. 호박 장식을 필두로 두어 주 전부터 집 앞에는 여러 가지 기묘한 장식이 나오기 시작하고 아이들을 위해 초콜릿, 사탕도 준비한다. 이름하여 핼러윈(Halloween)이다!

이맘때 교외 농장에는 호박 출하를 준비하는데 어쩜 그렇게 크고 둥근 호박이 영그는지, 한국에서 본 기껏해야 주먹보다 좀 더 큰 호박과 비교해 보면 참 신기하고 이국적이다. 이 호박은 먹기보다는 장식용으로 쓰이는 것 같다. 장식용으로 사용할 호박의 위 뚜껑 부분을 톱니 모양으로 잘 썰어서 떼어 내고 가운데는 홀라당 모두 파내어 속을 비워 낸다. 그리고 얼굴처럼 이목구비를 멋지게 조각내서 뚜껑을 씌워 놓으면 영락없는 호박 귀신이 만들어진다. 미국 드라마에서 많이들 보기도 하고 경험도 했겠지만, 호박 귀신 안에 밝은 등불이 나오도록 만든다. 10월의 마지막 날 며칠 전부터 집 앞 입구 주변을 이 호박 귀신을 중심으로 기괴한 장식으로 치장한다.

아이들은 이날 "Trick" or "Treat"를 외치면서 초콜릿, 사탕 등을 한 바구니씩 얻기 위해 집집마다 찾아다닌다. 보통은 몰려오는 동네 아이들을 위해서 미리 초콜릿, 사탕, 과자 등을 준비해 놓고 아이들이 문을 두드리면 나누어 준다. 이런 문화가 싫거나 귀찮은 사람, 익숙지 않은 동양 이민자 가정들은 아이들이 몰려오는 걸 피하려고 실내 전등을 모두 끄고 아무도 없는 듯 등화관제 모드로 들어간다. 교통안내 방송도 이날 저녁에는 Little Goblin(꼬맹이 귀신)들이 초콜릿에 기분이 한껏 들떠 동네 여기저기 불쑥불쑥 튀어나오니 골목길 운전을 조심하라고 당부한다. 아파트 같은 곳은 미리 엘리베이터에 초콜릿을 도네이션 받는다고 공고문을 붙여 놓아 십시일반 모아 놓고, 경비실 앞에 커다란 초콜릿 박스를 준비한다.

우리 아이도 저녁이 되자 밖으로 나가더니 두어 시간 만에 조그마한 배낭 한가득 초콜릿, 과자, 사탕류를 넣어 와서는 한껏 고무되어 흥분했다. 그런 문화를 알긴 알았지만 설마 가방이 차고 넘치도록 초콜릿을 가득 담아오는 모습을 보니 놀라웠다. 아이들에게는 정말 잊지 못할 추억이 되겠구나 싶었다. 이런 어린 시절 추억이 생기면 나중에 그 달달한 추억이 생각나고, 친구들끼리도 그 신나는 기분을 공유할 수 있을 것 같았다. 그렇기에 어른들도 아이들과 함께 핼러윈을 즐길 수 있겠구나 싶었다. 왜 캐나다 총리가 핼러윈 데이에 로빈후드 분장을 하고 아이들과 동네를 순회하는 모습이 뉴스에 나올까 그제야 이해됐다.

이런 핼러윈은 켈트인의 전통 축제에서 유래한 행사다. 악령을 피하고자 악령의 분장을 하는 것에서 시작되었다고 했다. 유래가 어떻든 간에, 종교적인 다름으로 그 의미가 꺼려지더라도 지금의 시대에는 이미 북미권에서 아이들을 위해 즐기고 베푸는 의미를 담고 있으니 적어도 북미권에서 생활한다면 아이들을 위해서 작은 추억과 너그러움을 보여줄 수 있는 하루로 같이 즐기면 좋겠다.

어른들도 갖가지 분장을 하고 모여 파티를 열고 즐기는 경우가 많다. 우리 회사도 핼러윈 코스튬(Costume) 경연을 한다며 멋진 분장을 하고 오라고 했다. 아시아의 문화와는 거리가 있어서 어색함을 숨기기 어려웠다. 그해에는 카우보이 복장을 하고 온 팸이라는 할머니가 우승했다. 캐나다의 10월에는 모두가 즐기는 핼러윈이 있다. 괴상망측한 유령의 모습에 놀라는 아이들의 즐거운 비명과 설렘을 함께 즐길 수 있는 날이다.

03

빼빼로 데이에는 양귀비꽃을

○ ○ ○

11월이 시작되면서 갑자기 길거리에는 여기저기 빨간 꽃장식 배지를 옷깃에 달고 다니는 사람이 많아졌다. 한국에서도 사랑의 열매라고 기부를 하거나 불우이웃돕기 모금을 하면 야생 백당나무 모양으로 나와 가족, 이웃을 상징하는 작은 열매가 3개 달린 배지를 받아서 달고 다니는 사람들이 있었다. 특히 뉴스 방송하는 앵커들이 홍보목적으로 꼭 달고 나오며, 정치인들은 좋은 일 했다고 과시하려는지 달고 다녔다. 물론 아직도 계속되고 있지만, 일반 사람들이 달고 다니면 왠지 과시하는 것 같기도 하고 왼손이 하는 일을 오른손이 모르게 하라는 가르침과는 상반되어 쑥스럽게 느껴졌다.

캐나다에서는 그것보다도 훨씬 커서 눈에 확 뜨이는 빨간 꽃을 배지로 달고 다녀서 겉으로만 보기에는 좀 촌스러워 보인다. 역시 땅덩어리가 크니 참새도 한국 참새보다 크고, 길거리에 불쑥 나타나는 청설모도 팔뚝보다도 더 크고, 가끔 길거리에 나타나서 차량흐름을 방해하는 기러기도 가까이서 보면 어찌 그리 큰지 모든 게 다 한국보다는 크다. 그래서 배지도 역시 크게 만드는구나 하고 혼자 생각했다.

그런데 역사에 조예가 깊은 모니카의 Remembrance Day에 대한 설명을 듣고 나서, 왜 빨간 꽃을 달고 다니는지 이해가 갔다. 11월 11일 그리고 11시는 1차 대전에서 독일이 항복한 날이다. 그래서 이날에 맞추어서 우리나라 현충일과 같은 전몰장병의 날을 11월 11일로 정하고 11시에 기념식도 열린다.

1차 대전 당시만 해도 항공편이 그리 넉넉지 못하여서 전장에서 전사한 군인들을 싣고 비행기로 고국으로 돌아갈 형편이 되지 못했었다. 요즘 같으면 이라크나 아프가니스탄에서 전사하면 크고 좋은 관에 국기를 덮어서 최고의 예우로 다시 고국으로 귀국해서 장례를 치르는 데 문제가 없지만, 그 당시에는 그럴 수 없는 처지이니 그나마 전장에서 국가묘역을 정해서 기렸는데 벨기에에 있는 플랑드르 필드(Flanders Fields)가 그런 곳 중의 하나이다.

전쟁이 끝나고 묘역이 정리되니 그 외중에 줄줄이 늘어선 묘역 사이로 하나둘 빨갛게 피어나는 꽃이 있으니, 그것이 양귀비(Poppy)꽃이었다. 빨간 양귀비꽃이 들판에 아름답게 피어나니 마치 장렬하게 전사한 병사들의 피를 상징하듯 선홍색으로 가슴을 더욱 아리게 했으리라.

그리고 그냥 가슴으로 아파하는 것으로 그치는 게 아니라 실제로 전몰 유가족들을 도울 방안을 찾기 시작했다. 그들은 대부분 생계를 책임졌던 하늘 같은 남편, 든든한 아들, 동생들로서 전쟁터에서 전사했으니 가족들은 살길이 막막했으리라. 그걸 가만히 보고만 있을 수가 없어서, 살아 돌아온 동료들이 십시일반 모아서 자식들 교육하는 데 보탬이 되고자 했다. 그 하나의 방편으로 그들은 양귀비꽃 모양의 꽃장식을 팔아서 모금해 왔다. 영국에서 시작된 이 전통은 영연방으로 이어져서 캐나다도 매년 11월이면 양귀비꽃을 달고 다니게 되었다.

토론토에도 지하철 입구나 도서관이나 어디에서든지 쉽게 1달러만 내면 양귀비 배지를 달아주니 이런 역사와 깊은 뜻을 아는 캐내디언들은 많이 달고 다닌다. 이민 온 지 얼마 안 된 초심자들은 캐나다 역사에 대해 잘 모르니, 생뚱맞게 무슨 빨간 꽃을 크게 달고 다니나 의아해한다.

그런데 재미있는 건, 오래전 한국에서 G20 모임이 개최되었을 때 당시 영국 총리 카메룬이 한국을 방문하기 바로 전에 베이징을 경유해 방문했는데, 마침 그 기간이 Poppy 리본을 달고 다니는 시기인지라 만찬장이나 만리장성에서나 빨간 꽃을 달고 다녔다고 한다. 중국에서는 역사적인 이유로 별로 좋지 않게 보이니 달지 말아 달라 정식으로 요청했지만, 영국에서는 정중하게 거절했다고 한다. 남의 나라 관습에 이래라저래라 하느냐고 반문할 수 있지만, 중국으로서는 백 년도 더 전인 19세기 중반에 영국과 치른 아편전쟁 때문에 많은 치욕을 당했던 것을 상기하면 충분히 이해할 수 있는 대목이다. 당시 아편전쟁의 원인이었던 아편의 원료인 양귀비꽃을 적으로 총칼을 들이

댔던 나라의 국빈이 빨갛게 가슴에 달고 와서 중국 땅을 누비고 다니니 기분이 좋지만은 않았겠다고 생각된다.

어쨌든 한국에서 상업적으로 이용되는 빼빼로 데이, 11월 11일을 즈음해서 캐나다에서는 너도나도 양귀비꽃을 가슴에 착용하고 다니니, 오해하지 마시길 바란다. 이런저런 캐나다 문화를 하나둘씩 살면서, 생활하며 배우게 되니 새로 온 이민자들은 항상 두 귀를 쫑긋 세우고, 두 눈은 불탈 정도로 두리번거리며 다녀야 한다. 새로운 문화와 그 문화를 만든 사람들을 배워 나갈 수 있는 게 또 다른 이민 생활의 재미이기도 하다.

04
아이스 피싱과 말표 신발

○ ○ ○

아이스 피싱(Ice Fishing)을 갔다. 이는 한국으로 치면 화천에서 매해 겨울에 하는 얼음낚시를 말한다. 하지만 한국에서 수천 명 모여 바글바글하고 떠들 썩하게 행사를 치르는 얼음낚시와는 아주 다르다. 캐나다의 얼음낚시는 조용하고 한가롭게 진행된다.

토론토 북쪽 1시간 거리에는 제법 큰 심코 호수(Lake Simcoe)가 있다. 심코 호수는 강화도의 두 배나 되는 넓은 면적의 호수이다. 호수 주변에서 호수 가운데로 조금만 나가면 수평선이 보이고 그 반대편의 끝 쪽은 보이지 않아 서 마치 바다로 나가는 듯한 느낌을 느낄 수 있다. 이곳은 토론토에서 북으로 1시간 정도 올라간 곳이고 호숫가라서 겨울 평균기온이 -10도 이하이다. 그래서 해마다 11월부터 호숫가 주변으로부터 살얼음이 얼기 시작해서 1월이 되면 꽤 두껍게 얼음 땅을 형성한다. 그리고 2월이면 얼음은 아주 두꺼워져서, 웬만해선 깨지지 않을 만큼 안전해진다. 호수 가운데 몇 킬로 안까지 모두 꽝꽝 어는지는 내 목숨을 담보로 직접 들어가서 확인해 보지 않아서 모르겠다. 설마 한가운데까지 모두 얼지는 않으리라 예상해 본다.

캐나다의 날씨 덕분에 주변 가장자리에서 얼음낚시를 즐길 수 있었다. 캐나디언들은 참으로 복 받은 자연환경을 가지고 있다. 겨울이 되면 알아서 이런 천혜의 환경을 제공해 주니 온갖 겨울 스포츠와 레저를 즐길 수 있지 않은가? 캐나다에서 아이스하키가 어릴 적부터 아이들을 위한 겨울 스포츠로 자리 잡을 수밖에 없었겠다고 캐나다에 와서 새삼 몸으로 느낄 수 있었다.

심코 호수 남단에는 마치 프라이팬 꼭지 손잡이처럼 좁게 삐져나온 곳이 있다. 그곳은 아주 넓지 않고, 토론토에서 가장 가까운 곳이어서 아이스 피싱하기 딱 좋은 곳이다. 그 주변 한 작은 마을에 이민 온 지 오래되신 한국 분이 컨비니언스(편의점)를 운영하고 있다. 아침 일찍 동트면 바로 출발해서 아침 9시 전에 도착했다. 이곳 컨비니언스는 동네 사랑방 역할을 충분히 해내는 유용한 장소였다. 보통 시골의 컨비니언스에서는 기본 생필품인 빵, 음료수, 과자류부터 채소, 과일, 쌀, 감자 등등 식료품은 말할 것도 없으며 주류를 파는 주류전문점(LCBO) 역할도 한다. 거기에다 원두커피를 내려서 팔기도 하고, 바깥에는 작은 주유기 두 대 정도를 설치해서 주유소 역할도 충분히 해낸다. 더불어 복권도 절대 빠질 수 없는 품목이다. 이는 시골 동네의 사람들이 일주일에 한 번은 컨비니언스에 들르는 핑곗거리를 제공해 주기도 한다. 한국에서는 동네 미용실이 발 없는 소문과 풍문의 진원지 역할을 하는데, 캐나다 시골 마을의 가십거리는 컨비니언스에서 만들어진다.

약속한 컨비니언스 주차장에 차를 대고 내리니 찬 기운이 훅하고 들어옴을 느낄 수 있었다. 밤사이 맹렬하게 낮아졌던 동장군 바람 덕에 동이 트고 두어 시간 되었으나 아직도 뼛속으로 찬 기운이 스며들었다. 동장군이 햇살을 핑계로 물러서며 장군은 아니고 동대령 아니 동소령 쯤 되는 자에게 마을을 물려준 듯하다. 군대에선 장군이 아니라 소령쯤 되어도 꽤 힘을 쓰듯이 아직은 스며드는 찬 기운이 폐 속을 통해 온몸으로 영향을 미치고 있었다.

어쨌든 그 컨비니언스 문을 열고 들어가니 잔잔한 커피 향과 함께 어디선가 꽤 익숙한 어묵 향이 섞여서 묘하게 코를 자극했다. 주인장이 한국 분이니 대표적인 한국 겨울 간식인 어묵을 끓여 팔고 있었다. 아, 좋다! 한국에서 동네 슈퍼 앞을 지나갈 때마다 포장마차에서 나던 부산 어묵 냄새였다. 바다 건너 정말 오랜만에 맡아보는 뜨끈한 국물 맛이었다. 바깥공기에 노출되었던 머리카락 꼭대기부터 발가락 끝까지 흐물흐물 녹아버렸다.

하나둘 모여 인원점검이 끝난 후, 뽀빠이 바지를 입은 키가 큰 백인 아저씨가 우리를 인도했다. 차량 몇 대에 구겨 타고 호수 한가운데로 들어갈 시간이었다. 대체 차를 타고 얼어붙은 호수 가운데로 들어가는 기분은 어떨까? 작은 SUV에 다섯 명 빽빽이 타고 있지만, 적어도 1톤은 가볍게 넘을 텐데 얼음의 단단함을 믿어도 될까 하는 의구심이 들었다. 지면과 호수 표면이 같은 표고가 아니어서 한번 덜컹하고 내려서더니 결국 호수 안으로 진입했다. 차를 10분쯤 타고 들어가면 조그만 헛간 같은 오두막집 앞에서 내려준다. 이는 영어로도 헛(hut)이라 부른다. 시골 한옥 마당 끝 한 편에 있는 뒷간보다 작지 않지만, 그렇다고 거기서 살림을 할 만큼 크지는 않다. 하루 정도 호수 바람을 피하기는 딱 좋은 크기였다. 한쪽으로 난 쪽문을 열고 들어가니 양쪽으로 마주 보고 네다섯 명 앉을 수 있도록 예배당 긴 의자처럼 간이 나무의자가 벽 쪽으로 붙어 있었다. 안쪽 끝에 작은 난로가 있고, 가운데는 그냥 호수 바닥이었다. 바닥이 뻥 뚫려 얼음에 그대로 노출된 위에 바람막이 구조를 세워놓은 형상이었다. 가운데 몇 개의 동그란 구멍을 뚫어 놓아서 그 안으로 간이 낚싯대를 넣어서 고기를 잡을 수 있게 해 놓았다. 재미있었다. 양쪽에 마주 보고 앉아 구멍 사이로 서로 세월을 낚으면 심심하지 않을 것 같았다.

우리를 안내한 거구가 헛 바깥쪽에도 엄청 큰 드릴로 구멍을 몇 개 뚫어 주었다. 헛 안이 비좁으면 찬 공기 마시며 밖에서 낚을 수도 있다. 공간이 작으니 뒤로 크게 젖혀 휙 하고 한번 내질러 던지는 여느 낚시질은 불가능했다. 그저 연날리기 실패같이 작은 낚싯대의 줄을 풀어서 구멍 안으로 내리면 그만이었다. 싱겁기 이를 데 없지만 동그란 낚시 구멍 밑으로 얼음을 뚫고 호수 바닥이 선명하게 보였고 그 중간에 간혹 똘똘한 고기 한 마리 유유히 지나다니는 것도 보였다. 호수 바닥까지 몇 미터인지는 잘 모르겠으나, 물릴 듯 안 물릴 듯 지나가는 떠돌이를 멀뚱히 보고만 있어야 하니 오히려 낚시꾼이 유리병에 갇힌 물고기 같았다.

한가해서 좋았다. 물고기만큼 세월도 같이 낚을 수 있을 것 같았다. 주변에는 드문드문 이웃 헛들이 있지만, 그들이 뭘 하는지는 아무 소리도 들리지 않아 알 수 없었다. 다만 가끔 끼룩끼룩 겨울 철새들만 날아다닐 뿐이었다.

그런데 주변에는 화장실이 없었다. 급하면 다시 차를 타고 베이스캠프였던 컨비니언스까지 가든지, 아니면 헛을 뒤로하고 호수 가운데 쪽으로 조금 걸어가야 했다. 내가 뭘 하는지 뒤에서 잘 안 보이는 곳까지 말이다. 시원하게 해결하면, 맑고 청정한 호수를 오염시킨 듯하여 바닥에 있을 물고기들에게 미안했지만 눈 한 번 오면 잘 덮어지겠지 싶었다. 혹시라도 수평선 넘어 반대편에서 성능 좋은 망원경으로 조준할지도 모르겠으나 그런 망원경을 여기까지 가지고 올 사람은 없으리라. 그 순간 쩡 하는 대포 소리가 사방을 울렸다. 가끔 낮에 기온이 살짝 오르면 얼음표면이 쩡 하고 갈라지는 소리에 초행자들은 겁먹기도 하지만 아무도 그 위험성에 대해 귀 기울이지 않을 만큼 얼음표면은 안전했다.

화천에서 겨울에 열리는 빙어낚시는 얼음 위에 촘촘히 구멍을 뚫고 시끌벅적 인산인해를 이루던데, 그에 비하면 캐나다의 아이스 피싱은 너무나 한가롭게 자연의 잔잔한 정취를 즐길 수 있어서 신선이 된 듯한 기분이었다.

보통 한국 사람들은 여름에 캐나다를 방문하기 때문에 겨울에는 잘 방문하지 않는 것 같다. 그렇지만 겨울에 캐나다를 방문할 기회가 생긴다면, 2월의 북극 같은 호수에서 하는 아이스 피싱을 꼭 추천해 주고 싶다.

심코 호수의 아이스 피싱은 일본에까지 그 유명세가 전해져서 2월이면 일본에서 방문한 방문객들이 삼삼오오 찾아오는데, 아마도 삿포로 같은 일본 열도 북쪽에 사는 얼음낚시의 묘미를 아는 사람들이 아닐까 추측해 본다. 한국인 중에는 겨울철 아르바이트로 하루 이틀 낚시도 주선해 주고 토론토 시내 관광도 시켜 주는 사람도 있는 모양이었다.

점심을 먹고 해가 중천에서 넘어가니 얼음구멍이 점점 좁아진다. 기온이 낮아짐에 따라 얼음구멍 가장자리로 살얼음이 차오르기 때문이다. 한겹 한겹 쌓이는 살얼음을 작은 바가지로 계속 퍼내 주어야 막히지 않고 처음 동그란 모습을 유지할 수 있다.

헛 안에서 일행들과 양쪽에 마주 보고 앉아 겨울 이야기를 하고 있는데 갑자기 앞쪽 친구가 내 옆에 앉은 아들의 신발을 보고는 유레카를 외친다.

"우와…! 말표 신발이다!"

맞다. 나와 아이는 말표 장화를 신고 있었다. 이민 오기 일주일 전, 가져가야 할 것, 챙길 것이 너무 많아서 정신없을 때 동대문 평화시장 일대를 지나가다가 갑자기 눈에 뜨인 시장에서 파는 겨울 장화였다. 캐나다는 추운 나라이고 눈도 많다고 하니 겨울 장화는 꼭 필요할 듯싶었다. 그래서 얼떨결에 하나씩 장만한 장화를 몇 해째 묵혀두고 있다가, 겨울 호수로 낚시 간다고 하니 챙겨 신었다.

"맞아, 옛날엔 말표 신발이 있었지."
"이야! 이게 얼마 만에 보는 거냐. 한국 생각난다!"

선명하게 찍힌 말표 그림에 저마다 한마디씩 추임새를 넣었다. 조금은 뻘쭘하기도 했지만, 역동적으로 뛰어가는 말표 로고를 신고 있으니 그들 가운데 내가 암행어사가 된 기분이었다. 바다 건너 이국에서 오랜 이민 생활을 헤쳐나온 그들에게 먼 옛날 말을 타고 이 고장 저 고장 달려가던 암행어사의 마패를 바람에 스치는 옷깃 아래를 엿보여준 듯 발가락이 간지러웠다.

TIP 6

캐내디언의 아이스하키 사랑

○ ○ ○

캐나다는 북미 4대 스포츠 중 하나인 아이스하키가 국기처럼 주목받는다. 그 때문에 매년 10월부터 시작되는 시즌에는 다음 해 초여름까지 많은 사람이 아이스하키 퍽의 움직임에 초미의 관심을 보인다. 캐내디언에게 아이스하키는 종교이고 생활이고 믿음이다.

캐나다의 프로 아이스하키팀은 밴쿠버 커눅스(Vancouver Canucks), 캘거리 플레임스(Calgary Flames), 에드먼턴 오일러스(Edmonton Oilers), 토론토 메이플리프스(Toronto Maple Leafs), 오타와 새니터스(Ottawa Senators), 몬트리올 캐내디언(Montreal Canadiens) 등 6개 팀이 있다. 비록 가장 최근 스탠리컵 우승이 까마득한 1993년 몬트리올 캐내디언이었고, 내가 사는 토론토의 메이플리프스는 우승한 게 반세기도 더 넘은 1967년이어도 지속해서 끊임없는 사랑과 관심을 받고 있다. 내가 장담하건대 메이플리프스가 우승한다면 아마 그 열기로 캐나다 땅의 반은 녹아 없어질지도 모른다.

메이플리프스의 경기 티켓은 보통 제일 싸다고 해도 $127이 넘고 좋은 자리는 $500 정도까지 한다. 그렇게 비싸도 거의 매일 그 넓은 경기장이 꽉꽉 차는 걸 보면 그 인기가 대단하다는 생각이 든다. 메이플리프스의 경기가 있는 날에는 시내에 메이플리프스 유니폼을 입고 다니는 사람도 많이 볼 수 있다. 또 직접 아마추어 클럽에서 정기적으로 플레이에 참여하기도 한다.

적어도 북미에 살면서 조금은 여가도 즐기면서 살고 싶다면 아이스하키나 NBA 농구 경기 정도는 한번 가보는 게 좋겠다. 직접 체육관에 입장해서 바로 앞에서 엄청 큰 거구들이 쉭쉭 거리며 땀 흘리는 호흡 소리를 들어 보면 내가 직접 경기를 하는 것이 아니더라도 왜 그렇게 보러 오는지 체감을 할 수 있다. 세상에서 제일 재미있는 게 싸움 구경이라는데 공인되고 그럴듯하게 고급스럽게 포장된 싸움 구경은 내가 대신 누군가를 정복한 듯한 묘한 정복감을 느낄 수 있다.

메이저 리그 티켓이 너무 비싸다면, 그런데도 하키를 관람해 보고 싶다면 마이너리그도 있다. 마이너리그의 토론토팀은 말리스(Marlies)인데 메이플리프스와 달리 성적이 괜찮아서 2017년 시즌에는 우승도 했었다. 원래 팀 이름은 토론토 말보로였는데 담배 이름이라 애칭으로 '말리'라고 불리다가 정식 이름으로 붙게 되었다.

캐나다의 국민 스포츠인 만큼, 캐나다의 초등학생들은 누구나 다 커뮤니티센터에 가서 아이스하키를 배우는 것 같다. 성장기에 아이스하키를 거의 접해 보지 못한 나 같은 한국 사람들은 대부분 아이스하키에 흥미를 별로 느끼지 못한다. 육중한 몸매가 엄청난 순발력으로 요리조리 몸을 쓰는 걸 보면 대단하다고 느낄 수 있지만, 얼음판과 별로 친하지 않은 나로서는 그 움직임에 별로 공감하지 못하니 아이스하키는 통 재미를 느낄 수 없다. 그래서 진정한 캐내디언으로 가는 길은 아직 먼 듯하다.

더 나은 삶을 향한 한 가장의 해외 취업, 이민 생존기
🇨🇦 나는 캐나다에서 일한다

312

05

캐나다에서 집 장만하기

○ ○ ○

    한국에서 남동향을 선호하는 것과는 달리 캐나다에서는 남서향 집을 선호한다. 겨울이 비교적 길어서 거실이 남쪽으로 향해야 긴 시간 햇살을 볼 수 있기 때문이다. 보통 아침에는 가족들 모두가 직장으로 일찍 출근하고 학교에 가기 때문에 가족들이 집에 없는 경우가 많고, 오후에는 네다섯 시면 집에 들어와서 저녁 늦게까지 햇살의 혜택을 누릴 수 있어서 해가 지는 서향을 더 좋아한다. 더불어 보통 일 년의 2/3, 3월 중순부터 11월 초까지 무려 아홉 달 동안 서머타임을 실시하니 해가 길어지기 때문이기도 하다. 가끔 집 매매 광고에 보면 남서향이라는 것을 굳이 강조하는 것을 찾아볼 수도 있다.

캐나다에서 일반인들이 사는 집은 세 가지 형태로 분류할 수 있다.

첫째, 일반 하우스이다. 일반 단독 주택이라고 생각하면 되고, 토론토 전체 가구의 65%, 토론토 외곽지역은 90%가 거주하는 형태다. 넓은 실내 공간과 텃밭으로 활용할 수 있는 뒷마당이 있고, 계절마다 잔디 관리를 잘해 주어야 하는 앞마당이 있어서 사생활이 보장된다는 점이 큰 장점이다. 그리고 일반 하우스는 이민 온 사람들이 한국의 아파트 문화에서 벗어날 수 있다는 점에서 절대적으로 선호하는 집이다. 한국의 주택과 다른 점은 대부분 나무로 만들어진다는 점이다. 층간 방음은 보장할 수 없지만 한 가족이 사는데 그 정도는 충분히 감내할 수 있다.

둘째, 콘도(Condo)이다. 한국으로 치면 주상복합아파트라고 생각하면 된다. 한국의 아파트와 같은 콘크리트 고층 건물이고 건물 내에 체력 단련실, 수영장, 독서실 등 공동 편의시설도 있고 경비원(Security)이 상주하여 보안에도 문제없다. 주거하는 각 개인이 콘도의 소유자가 되며, 렌트도 가능하다.

셋째, 아파트(Apartment)이다. 콘도와 유사하지만, 개인이 소유하지 않으며, 회사가 소유하고 일반인에게 렌트를 해 준다. 보통 세탁시설은 각 개인 유닛에 없고 지하에 별도로 있어서 공동 이용한다. 콘도보다는 편의시설이 떨어지지만, 비용 면에서 저렴하다는 장점이 있다. 한국의 아파트는 캐나다의 콘도와 아파트의 중간 정도 개념으로 이해하면 된다.

어떤 형태의 주거지이든 캐나다에는 전세라는 개념 자체가 없다. 다달이 정해진 월세(렌트비)를 매월 집주인 또는 집을 소유한 회사에 납부해야 한다. 보통 1년 단위로 계약을 하는데, 첫 달에 마지막 달 치까지 두 달 분 렌트비를 내야 한다. 그런데 캐나다 내에서 경제활동 이력이 없거나 소득이 없으면 몇 달 치를 한꺼번에 요구하기도 한다. 그래서 반대로 생각하면 목돈을 마련하지 못하더라도 직장만 있다면 캐나다에서는 쉽게 거주할 집을 구할 수 있다.

처음 캐나다에 오면, 도심인데도 불구하고 사방에 넓게 깔린 잔디와 몇십 년, 몇백 년은 됨직한 나무들로 둘러싸인 녹지 환경에 감탄하며 부러운 마음이 든다. 토론토라는 말도 원주민 말로 '물속의 숲'이라는 어원에서 유래했으니, 물가에 있는 숲속에 지어진 도시라고 생각하면 되겠다. 콘도 22층에 사는 선배의 집을 방문했을 때 구름 위에서 바라본 토론토는 영스트리트를 중심으로 우뚝 선 빌딩들 이외에는 그리 높은 빌딩이 없고, 동서남북 사면이 마치 낮은 숲속에 파묻혀 있는 것처럼 보여, 지평선까지 끝없이 펼쳐진 길이 매우 인상적이었다. 주택가 곳곳에 자연스럽게 아름드리나무들이 솟아 있어서 하늘에서 보는 도시 전체는 마치 거대한 아마존 숲처럼 보이기도 했다.

이처럼 이렇게 높은 곳에 와서야 토론토가 서울과 다른 자연 친화적인 도시이고 그래서 매일 공해 한 점 없이 맑은 하늘을 볼 수 있다는 것을 알게 되었다. 워낙 비옥한 나무와 자연환경이 주어진 천혜의 땅이라 하더라도, 이런 쾌적한 환경들을 유지하는 노력은 지속되고 있다. 주민들의 자발적인 노력과 함께 어느 정도 강제적 법률도 이를 뒷받침한다. 보통 '하우스'라고 편히 지칭하는 일반주택에서 뒷마당이든 앞마당이든 내 집 안에 있는 나무를 베는 데에도 정부의 허가를 받아야만 한다. 가슴 높이보다 높고 둘레가 어느 정도 이상의 나무는 한 그루 베어버릴 때 그에 상응하는 세 그루 이상의 나무를 공원이든 어디든 꼭 심고 그 확인서가 있어야 베어낼 수 있는 법률이 있다.

하우스에 살기 위해서는 손놀림과 부지런함이 있어야 한다. 겨울에는 꼭 집 앞과 마당 앞의 눈을 매일 치워야 한다. 눈 깜짝할 사이 무럭무럭 자라나는 잔디는 적어도 일주일 또는 이 주일에 한 번, 깔끔하게 밀어 주어야 한다. 캐나다 들어온 지 얼마 되지 않은 이민자들이나 게으른 사람들이 잔디 관리에 소홀하게 되면, 그걸 창문 너머 유심히 관찰하던 이웃집 캐내디언 할머니에게 걸려서 신고당하는 일이 종종 생긴다. 그럼 시 당국에서 일차 경고가 날아오고 그래도 잔디를 깎지 않고 버티면 이차로 벌금이 나오게 된다. 인자하게 생긴 은퇴한 노인들은 사실 마냥 인자하지만은 않다. 동네 질서를 흐트러뜨린다 싶으면 바로 신고에 들어가기 때문에 지킬 건 지켜주는 게 사람의, 아니 캐나다 동네 시민의 의무이다.

덧붙여 캐나다에서 집을 장만하는 방법 몇 가지를 소개한다.

첫째, 재정이 여유가 있을 때 백 퍼센트 내 돈을 내고 사는 방법이다. 이 방법은 크게 고민할 것이 없다. 그냥 시장에 나온 물건 중에 위치 좋고, 학군 좋고, 가격이 적당한 매물을 확인하고 리얼터에게 연락해서 계약하면 된다. 주로 현찰을 바리바리 싸 들고 온 중국인들이 계약하는 방식이다. 시장이 지나치게 과열되다 보니 주 정부에서는 외국 자본으로 집을 구매할 경우, 15%의 과세를 하기 시작했다.

둘째, 얼마간의 현금 동원력 밖에 안 될 때, 은행의 도움을 받아 나머지를 지급하는 경우다. 예를 들어 집 한 채에 50만 불*이라고 해 보자. (캐나다 전국 평균 집값이 그 정도다. 물론 오로라가 보이는 극지방도 포함된 통계기 때문에 밴쿠버, 토론토는 평균값에 두 배가 될 수도 있다) 그 50만 불 중에서 내가 준비할 수 있는 여력('Down Pay'라고 하며 초기 일시불로 지급하는 금액)이 20만 불이라고 하고, 나머지 30만 불을 은행의 도움을 받는다. 여기서 중요한 것은 30만 불을 은행에서 차입하기 위해서는 구매자의 소득과 신용점수를 따져 은행에서 승인을 받아야 한다. 만약 신용 정도가 좋지 않다면 신용점수만큼 은행에서 차입할 수 있는 금액의 폭이 줄어든다.

캐나다 가구당 평균소득은 6만 불이 조금 안 된다. 만약 내 소득이 6만 불이라고 하면, 은행에서는 대략 소득의 다섯 배 정도를 대출(Mortgage)해 준다. 보통 젊었을 때 안정적인 직장을 잡고 결혼한 이후 돈을 일부 모아 대출을 받아 작은 콘도를 장만한다. 그렇게 매달 대출 금액을 갚아 나가다가 아이들이 태어나면 하우스로 옮기고, 평생을 모기지를 갚다 은퇴할 때쯤 빚을 다

---

* 2018년 기준 평균 $488,600, Median house prices in Canada from 2017 to 2019
  https://www.statista.com/statistics/604228/median-house-prices-canada/

청산하고 온전한 내 집이 생긴 기념으로 가족 파티를 하는 모습이 일반적인 북미의 집 장만 패턴이다.

직장 동료 엘킨은 토론토에 유학 왔던 일본 여자와 결혼할 때에 신혼집으로 집값의 5%만 내고 작은 콘도를 구매했다고 했다. 그때는 한창 금리가 낮을 때였다. 개인마다 사정이 다르고, 때마다 시장 상황이 달라지니 가장 중요한 것은 나의 능력을 잘 가늠해 보고 그에 맞는 모기지 컨설팅을 받는 것이다. 그 이후 집을 결정해야 한다. 그래서 리얼터만큼이나 전문 모기지 컨설턴트도 독립적으로 많이 활동할 수 있는 직종이다.

그리고 마지막 세 번째로, 집을 살 여력이 되지 않는 경우다. 어렵게 이민을 와서 안정된 직장생활을 하더라도 캐나다에서 집을 살 만한, 즉 다운페이 할 목돈을 모으기는 쉽지 않다. 이 경우 렌트로 지내다 노후 준비를 위해 정부에서 제공하는 저소득층 아파트를 신청하는 방법이 있다. 하지만 이마저도 신청한다고 해서 바로 나오는 것은 아니다. 순서를 기다리고 은퇴할 때쯤 되면 나오는 아파트다. 이는 정부가 소유하는 지정된 아파트를 대상으로 제공되는 것으로, 위치나 시설이 마음에 들지 않을 수 있다. 그래서 세 번까지는 배정된 아파트를 거부할 수 있는 선택지가 있고 그 이후 아파트가 정해지면 저렴한 비용으로 평생 살 수 있도록 지원을 받을 수 있다.

리얼터들은 렌트나 매매를 통해 이익을 얻는 것을 일반적인 목적으로 한다. 하지만 요즘 리얼터 라이선스를 취득하는 사람들은 꼭 그런 목적만 가진 것은 아닌 것 같다. 본인이 부동산을 꽤 소유한 경우, 사고파는 것을 몇 번 반복했을 때 높은 수수료가 빠져나가는 것이 배가 아파 본인이 직접 자신의 건물을 매매하기 위해 라이선스를 취득하는 예도 있었다. 또한 리얼터를 하며 알게 되는 상당한 부동산 관련 지식과 정보를 바탕으로 자신의 자산을 재투자, 배치하며 이익을 만들어가기 위해서도 취득하는 예가 있었다.

06
내일은 내일이 있다

○ ○ ○

"늦게 공부하려니 힘드시죠?"

복사가게에서 주인아저씨가 한국말로 물었다. 어찌하다 보니 늦은 나이에
또 학교에 다니게 됐다. 노트를 복사할 일이 생겨 학교 안에 있는 복사가게
를 찾았을 때, 일하시는 주인분이 한눈에 보아도 한국분이었다. 이백여 페이
지 정도의 분량을 프린터에 넣고 웽웽거리는 기계음만 듣고 있으려니 주인
아저씨가 말을 걸었다.

내가 다 늦은 나이에 공부하는 걸 어떻게 아셨는지. 대학생 정도는 안 봐
주더라도 대학원생 정도로 봐 주면 좋겠다 싶었다. 더구나 동양인들은 동안

으로 보이는 사람이 많아서 자기 나이보다 어려 보이기 때문에 좀 그래 주면 좋겠는데, 역시 한국 사람끼리는 통하는 게 있는가 보다. 그렇다고 아니라고 할 수도 없어서, "아, 예. 뭐 그렇죠……."라 대답했다.

교통카드도 대학생용의 저렴한 것을 이용하고 있었다. 그런데 문제는 가끔 버스에 올라타거나, 지하철에서 들어갈 때 기사분들이나 검표원들이 "Hey, wait……." 하면서 신분증을 보여 달라고 했다. 뭐 자주는 아니지만, 열흘에 한 번 정도는 보여 달라는 사람을 만나는 것 같았다. 늦은 만학도여서 학생으로 안 보이는 듯했다.

나이 들어서 공부하는 사람도 많이 있기는 하지만, 역시나 제때 할 수 있을 때 제대로 공부해 놓는 게 제일 바람직하다. 그걸 여태 모르고 학교 다닐 때는 대충대충 다녔으니 후회가 막급이다.

그렇게 후회만 하고 있을 시간도 없고 겨우겨우 진도를 따라가고 있는데 벌써 중간고사도 지나갔다. 처음 보는 시험인지라 허겁지겁 치르긴 했는데 이제는 그룹 프로젝트에, 프로그래밍 실습이니 뭐니 하면서 한시도 좀 편히 쉬게 안 두니, 이 정도면 그게 교수들의 임무인 것 같았다. 젊었을 때 이렇게 24시간이 모자라도록 공부했으면 장학금은 매번 떼 놓은 당상이었으련만, 그걸 이제야 깨닫게 되었으니……. 그래도 깨달았다니 다행이다 싶었다. 어쨌든 그래서 오늘도 내일 미팅 자료 준비하고 예습하고 복습하고 실습하고 늦은 잠을 자야 할 것 같았다.

한 살이라도 더 나이가 많아지고 싶은 이십 대를 뒤로하고, 삼십 대로 접어들면 대개는 한 살, 한 살 더 먹게 되는 걸 두려워하기 시작한다. 한해 한해 나이가 들어가는 것, 즉 나이 먹는다는 것이 두렵기만 하던 삼십 대 초반. 도대체 내가 어떻게 나이 서른을 넘게 되었는지, 이제 마흔으로 달려가면 세상이 어떻게 변할지 막막한 미래에 대해 불안해졌다.

그때 한 친구가 송년회 술자리에서 했던 말이 떠오른다. 이제 곧 서른둘이 되면 정말 지금까지 느껴보지 못한 새로운 서른둘의 세계가 펼쳐질 것이니 너무나 흥분되고, 인생의 또 다른 즐거운 모험을 맛볼 수 있어서 좋다고 했다. 그리고 작년에도 역시 서른하나가 되는 것에 대한 흥분에 즐거웠었다고 했다.

너무도 뜻밖인 그 친구만의 논리에 갑자기 작은 충격을 받았다. 그러나 고맙게도 그 말 이후로 나는 나이 먹는다는 것에 대해서 어떤 두려움도 떨쳐버릴 수 있게 되었고, 매해 새로운 도전과 매 순간 내 인생의 새로운 경험을 할 수 있다는 것에 대해서 감사하게 되었다. 매년 새로운 한 해를 맞아 나이가 한 살씩 더해짐을 유쾌한 마음으로 즐길 수 있게 됐다. 내년 새해도 동트는 새벽안개를 뚫고 들려오는 종달새 지저귐처럼 청명하고 아름답게 다가올 것을 기대하게 됐다.

한 해, 한 해가 지나감을 아쉬워하는 과거지향의 사고를 버리고, 아무도 해보지 못한 새로운 도전을 위한 미래지향의 사고를 통해서, 적어도 나이에 대해서만은 행복할 수 있게 된 것이다. 그래서 한국에서뿐만 아니라 캐나다에서 맞는 새해도 또 그렇게 매년 새롭게 다가왔었다.

캐나다에서 맞이하는 새해를 벌써 몇 번째 겪어 왔다. 이제는 캐나다로 향했던 짧은 항해를 끝내고 나의 길었던 여정을 돌아본다. 그간 나의 캐나다 생활은, 잠시 걸음을 멈추고 뒤돌아볼 수 있는 쉼표도 없이 급하게 몰아치는 파도와 풍랑을 헤쳐 나가기에 바쁘게 살아온 듯하다. 지금 당장 배가 쓰러지지 않고 무사히 나아가기 위해 이쪽저쪽 균형을 잡는 데 급급했었다.

내가 몇십 년 동안 이루어 놓은 한국에서의 삶을 멀리하고, 이국땅에 와서 살면서 추구했던 것은 무엇이었는지. 남들보다 좋은 차, 좋은 집, 더 맛난 것을 먹어야 하고, 더 나은 것을 입어야 하는 것이 목표 아닌 목표가 된 듯한 생활이었다. 더구나 남의 땅에서 소수자로서 편견과 보이지 않는 차별을 넘어서야 했고, 내 가족이 이 땅에 온전히 뿌리를 내릴 수 있도록 울타리를 세워야 했다.

매일 전쟁터와 같이, 그렇게 하루하루를 넘기기에 급급하여 그 안에서 진실로 추구해야 할 가치를 캐나다 생활 기간 만큼 잠시 잊고 산 듯하다. 나의 삶을 잠시 접어두고 일상의 분주함만 있었던 건 아닌지. 그러한 기회비용이 바로 이국땅에서 새롭게 살기 시작했을 때부터 잃어야만 했던 반대급부의 수업료가 아니었는지 반문했다.

캐나다로 와서 생활한 것이 흔히들 말하는 '아메리칸 드림'이었을까? 언제부턴가 막연하게 꿈꾸던 것을 쫓기 위해서 시작한 캐내디언 드림은 아니었던 것 같다. 이 세상에 나오는 다른 종족의 인류가 있어서 그들과 나를 견

주어 보고 그 속에서 내가 경쟁을 하고 싶다는 욕망을 찾아 도전한 것이라고 보는 게 옳을 것 같았다. 아마도 우주선 타고 외계인이 있는 금성이든, 목성이든 그런 곳에 자유롭게 다니는 시기에 태어났다면 아마도 나는 우주선 타고 그들과 경쟁하기 위해 떠났을지도 모르겠다.

이제는 미약하나마 내가 그들과 경쟁하면서 살아온 캐나다에서의 생활을 토대로 밟고 올라서 나의 삶의 가치를 찾아야 할 때가 된 듯하다. 그래서 다시 동쪽의 반짝이는 샛별을 찾아, 나의 생활이 소박하더라도 나의 정신세계 만큼은 풍요로운 삶을 찾아서 나아가려 한다. 그렇게 지금은 또 다가올 나의 새로운 미래를 위해 새로운 도전을 진행하고 있다. 이처럼 나에게 내일은 또 다른 내일이 기다리고 있다.

나는 왜 캐나다로 향했을까? 비록 내 손으로 직접 선택한 길이지만 그것
이 전생으로부터 정해진 운명인지 예정된 일인지 나 자신도 모르겠다. 이 세
상을 사는데 많은 길들이 있다는 것을 알게 되었고, 그런 다양한 길을 알게
된 이상 내 인생에서 한번쯤 그 길들을 밟고 경험해야 하겠다는 의지가 생겼
으며, 그 의지에 대한 의무감이 들었던 것 같다. 그래서 그렇게 정해진 길을
걸어 나간 것이었다. 노란머리, 빨간머리, 까만머리, 곱슬머리들이 거기 있
으니 그들과 부대끼고 경쟁해서 내가 어디쯤 위치해 있는지 알고 싶었다고
할까? 그리고 더 시간이 지난 후에 후회하지 않기 위해서 실행에 옮긴 것이
었다.

그런데 막상 이민을 와서 실상을 파고 보니 어디든 사람 사는 모습은 비슷
하다고 느꼈다. 대한민국에서 바라보는 캐나다 생활은 동경과 선망의 대상

이기는 하지만, 사실은 힘들게 가시밭길 걸어가는 사람도 있고, 평범하게 살아가는 사람도 있고, 아주 편한 시기를 즐기는 사람도 있다. 국가나 사회의 기반시설과 환경이 윤택한 선진국이라고 해서 모두가 그 혜택을 골고루 누리는 것은 아니다.

이민 생활을 어떻게 시작하느냐에 따라 많이 달라지겠지만, 맨바닥에서 맨손으로 시작하는 많은 사람들이 이민 초기에는 많이들 고생한다. 한국 사람들은 태생이 근면, 성실하니 해가 지나면서 결국엔 제대로 자리 잡고 살만해지기는 하지만 당연히 개인차가 있다. 그러므로 이면의 잘 포장된 껍풀을 벗겨내지 않고 그저 캐나다에 산다고 부러워하는 것은 그들의 노력과 투쟁을 충분히 이해하지 못한 것이다.

그나마 캐나다는 다민족 이민자들이 구성원을 이루는 사회라서 가진 것 없는 이민자들이 빨리 따라잡을 수 있도록 사회기반시설이 어느 정도 완충 역할을 해 줄 수 있다. 그러기에 이민자에게 최적의 나라지만, 사실 한국에서 태어난 사람이 갑자기 해외로 가서 생활한다는 것은 당연히 한국 사람이 한국에서 노력해야 하는 것보다 곱절 이상의 노력이 필요한 것은 자명하다. 그래서 내가 캐나다에서 누릴 수 있는 혜택을 (그만한 곱절의 노력에도 불구하고) 남들만큼 온전히 누리지 못할 각오가 되어 있는 사람들만 이민 오는 게 좋다. 그렇지 않고 급한 마음에 단지 캐나다에서 누릴 수 있는 장밋빛 혜택만 생각한다면 비교적 긴 여행을 오거나 유학 정도가 적당하다.

또한 이민을 결정한 나뿐만 아니라 까만 머리의 나의 후손들이 낯선 땅에서 영원히 살게 될 수 있다는 점을 간과해서는 안 된다. 나는 비록 내 의지로 어느 정도 살 만한 대한민국 안의 주류사회를 등지고 캐나다 속의 비주류사회로 향했지만, 어디서 태어나야 할지 선택권이 없는 후손들이 태어나면서부터 비주류로 사회에서 살아야 한다는 점을 생각해야 한다. 더구나 그들 중에는 나처럼 비주류로 사는 것보다 꼴찌로 살아도 주류사회에서 살고 싶어 할 후손도 있을 수 있다는 점은 생각해 볼 만하다.

　그런데도 나는 대한민국으로 다시 돌아간다는 생각은 없다. 내가 씨앗을 뿌리고 뿌리를 내렸으니 돋아나는 새싹을 위해서도 뿌리는 움직이지 않으려 한다. 그리고 새로 피어나는 열매를 바라보며 거름이 되기로 했다. 나의 이야기는 그렇지만, 캐나다로 떠나려 하는 모든 사람의 스토리가 같을 수는 없다. 그렇다고 하여도 모든 각오를 다지고 대한민국을 떠나는 항해자들은 나로부터 시작되는 새로운 종족을 창조하는 마음가짐으로 시작하기 바라며, 누구의 도움도 받을 수 없는 신대륙을 찾는 개척자의 정신으로 무장하고 오길 바란다.